L'impossible séparation

entre les jeunes adultes et leurs parents

Philippe Hofman

L'impossible séparation

entre les jeunes adultes et leurs parents

Albin Michel

Introduction

Les sociétés s'étourdissent de crises et de changements. Tout devient incertain et obsolète, à l'image des objets de consommation. Dans cet univers mouvant de ruptures inattendues et d'unions improbables, chacun cherche sa voie et des liens solides pour résister. Les familles semblent le meilleur refuge même si les liens qui unissent tous leurs membres n'ont jamais été aussi complexes. Bien qu'ils prétendent souvent le contraire, les parents et leurs enfants de plus de 20 ans ne se lâchent plus. Pour les jeunes, le doute et l'incertitude infiltrent toutes les étapes de l'accès à l'autonomie. Ces *adulescents* et autres *Tanguy* qui décrivaient une pathologie sont devenus une norme de comportement sans limite d'âge, à l'instar des sociétés jeunistes. Les parents qui ont voulu une autonomie précoce ont aussi été les timoniers de la protection infantile. Ils sont partagés entre un désir affiché de voir leurs enfants voler de leurs propres ailes et un besoin de les assister en permanence. Après s'être coupés de tout, ils se sont collés à ce qu'ils avaient de plus essentiel, devenant alors des sortes de *coupés-collés*.

Depuis leur adolescence, les jeunes adultes-*collés* sont partagés entre le désir de liberté et le besoin de dépendance.

Quel que soit le domaine, ils doutent toujours de leurs choix. Leur enthousiasme et leurs projets s'épuisent vite. Ils n'ont pas les moyens ni même parfois l'envie d'une indépendance résidentielle. Ils restent plantés jusqu'à 30 ans dans leur territoire d'enfance, leur chambre, leur maison (enfin, celle de leurs parents). S'ils arrivent à partir, ils ne seront jamais autant délestés que leurs parents qui avaient fui le nid et tracé leur route. Fortement subventionnés, ils vivent les rêves de liberté avortée de ces derniers. Une ouverture au monde, protégée par un contrat de sécurité indéfectible : au moindre dérapage, ils demandent à leurs parents, qui résistent mal, un soutien moral et financier. Paradoxalement, ils ne veulent pas qu'on se mêle de leurs affaires et se targuent de tout décider seuls. Leurs activités souvent addictives sont aussi changeantes. Ils sont fascinés et très vite lassés par les objets high tech qu'ils accumulent. Saturés d'images, accros au scoop et aux sensations du jour, ils zappent en permanence. Dans leurs choix amoureux, ils sont parfois perdus dans une identité sexuelle flottante. Ils ne croient plus naïvement à l'éternité des sentiments et des engagements. Ils sont dans une quête impossible de partenaire idéal. Dans leur vie de couple, ils n'envisagent que des unions affectives de courte durée. Ils sont souvent insatisfaits, inquiets et craintifs. Après des années d'études hésitantes et de déterminations enfin affichées, leurs choix professionnels restent toujours indécis. Les crises économiques et la précarité des métiers ne les aident pas. Ils adhèrent facilement aux discours ambiants catastrophistes où le présent est sordide et l'avenir redoutable. Ils y réagissent par des volte-face d'orientation autant nécessaires qu'incompréhensibles. Au travail, un léger incident d'autorité ou de pouvoir peut provoquer fuites et effondrements dépressifs. Devenus trentenaires, sous prétexte de carrière et de liberté, ils repoussent toujours plus loin la possibilité d'être parent.

Les parents-*coupés-collés* de ces adolescents éternels auront été les pionniers de l'émancipation. Ils ont rompu avec la tradition, le sacré et les liens d'alliance. Au même âge que leurs jeunes, sans argent ni diplôme, ils quittaient précocement le nid pour s'éloigner de la soumission parentale traditionnelle. Ils croyaient aux idéologies collectives et humanistes. Ils rêvaient d'une société fraternelle rejetant le profit, l'individualisme, la consommation... Ils avaient conçu leurs unions affectives selon leurs choix amoureux. Leurs bébés sont devenus des personnes et des enfants rois. Ils les ont observés, choyés ; les nouveaux pères les ont enveloppés comme jamais dans l'histoire des hommes. Les séparations conjugales ont majoré ce surinvestissement parental en y distillant une culpabilité tenace. Devant la fragilité de leurs enfants, les parents ont voulu naturellement les protéger sans retenue. Ils leur ont rêvé une vie idéale, passionnante, épanouie, sans danger ni injustice... Ils ont vécu et pensé pour eux, par procuration. Les jeunes détestent cela, mais ils en ont profité pour se plaindre ou régresser. Le maternage s'est répandu. Pourquoi s'en priver ? Après des décennies de négociation démocratique, le retour de l'autorité est devenu impossible. Chacun déplore son petit désastre filial, peu y échappent malgré une fierté affichée à étaler l'enfant le plus brillant ou le moins farfelu.

L'anxiété s'est généralisée, on veille nuit et jour sur les progénitures semi-adultes, mais aussi sur ses vieux parents. Ces ancêtres, autrefois abandonnés, sont devenus fragiles. Ils réclament soutien et proximité. Ils ajoutent une dose d'angoisse et de culpabilité. Entre l'impression d'avoir abandonné ses parents et celle d'avoir fragilisé ses enfants, l'affolement règne. De nombreux jeunes seniors deviennent des urgentistes au moindre dérèglement de leurs proches.

Les parents épuisés en ont assez de ce soutien permanent. Cette génération « libérée-sacrifiée » aimerait pouvoir être tranquille, profiter de la vie, prendre un peu de distance. À force de supporter les plaintes et la répétition, ils finissent par être excédés. Ils se fâchent, adoptant une posture autoritaire qui leur rappelle leurs aïeuls. Forts de leurs décisions, ils tentent de prendre de la distance, mais finissent par accourir au premier signe de vulnérabilité. Ils restent fondamentalement des coupés-collés.

Dans cet ouvrage, nous tenterons de démontrer à quel point les séparations et les choix sont difficiles voire impossibles dans la nouvelle donne familiale. Ce livre ne sera pas un constat affligeant sur les interdépendances, mais plutôt un éclairage sur la puissance et la pérennité des liens affectifs qui unissent les nouvelles familles. Ce lien se construit sous l'effet d'une dépendance non assumée, qu'il serait temps de dégager de ces principes obligatoires d'autonomie assenés depuis la crèche. Peut-on se libérer de liens affectifs autant aliénants que constitutifs ?

1

Les études

Jeune indécis – parents anxieux

Maman avait commandé un fraisier géant chez Mangin. Un luxe de pâtisserie. On n'a pas tous les jours vingt-cinq printemps ! Les vieux ont raison : ça passe si vite.

Fidèle à son stress, maman vérifiait chaque détail. Aujourd'hui, je lui pardonnais sa fébrilité. J'avoue que depuis ma prématurité je l'avais bien gavée d'angoisse. En maternelle, devant ma passivité, elle avait fait tester mon QI. Elle me croyait surdouée contrariée. Les tests m'ont révélée moyenne et un peu lunaire. Ça ne l'a pas arrêtée : si j'étais aussi molle, c'était la faute du système inadapté. En CP, je me souviens qu'elle maudissait la méthode globale qui serait la cause de tous mes retards. Elle m'a dégoté des écoles mirifiques où je restais toujours aussi molle. En troisième, papa, épuisé par ses angoisses, a fini par la quitter. J'ai pu enfin redoubler tranquille mais maman, déléguée militante, pleurait au conseil de classe. Au lycée, j'ai encore ramé. Je coûtais une fortune en cours particuliers. À 20 ans, j'ai fini par avoir un bac de complaisance. On l'a fêté en famille avec le rituel du fraisier. Les profs m'avaient fortement conseillé un BTS, maman ne trouvait ça pas si mal, mais j'ai préféré la fac d'éco avec Caro. On s'était dit : les voies « royales » sont réservées aux élites, pour nous, les petites looseuses, autant jouer à l'étudiante. Et puis, avec cinq mois de vacances, sans compter les absences et les grèves ! On était des copines-sœurs, on s'est bien éclatées, les exams avec. Devant le désastre, maman m'emmenait dans les salons étudiants. Elle avait concocté des fiches comparatives. J'ai fini par abdiquer pour un IUT de gestion compta mais mon niveau de maths et mon retour de mollesse m'ont plombée. Maman s'est effondrée. Les cachets l'ont amortie. À l'automne, j'ai essayé psycho. Maman clamait partout que j'avais enfin trouvé ma voie : une psy. Avec ce bazar généralisé, c'est sûr, je ne manquerais pas de travail ! La psycho n'était pas du tout ce que je croyais. On faisait des stats et de l'anglais, des disserts, et les profs parlaient comme des dicos. Je ramais et je séchais pas mal. Papa s'est affolé à son tour, il a repris le flambeau de l'orientation. Il m'a collée dans cette géniale école de commerce ultra-privée chère. J'y ai fait des fêtes d'enfer. J'ai goûté à tout, mais un jour, après une belle gueule de bois, j'ai fini par avoir honte. Papa se ruinait, maman s'enfonçait et moi aussi. Le BTS de banque conseillé en terminale nous a tous sauvés. L'alternance m'a donné Julien. Maman l'adore et il adore le fraisier.

La maternelle séparation

Pour tous les enfants de France, le rêve démocratique est véhiculé par l'école maternelle depuis le plus jeune âge : dès 3 ans ! Un dévouement maternel, républicain, gratuit, unique au monde, accompagne l'enfant à la découverte de la vie. Espace du langage partagé, du jeu, du rapport à l'autre, édifice chaleureux qui initie aux joies des fêtes, du chant, des déguisements. Un îlot colorié et magique qui masque parfois le sinistre familial et urbain. Un espace extraordinaire qui va bien au-delà du savoir et des apprentissages. C'est avant tout un lieu de rencontre avec l'altérité et l'inconnu. Dans la cour, les enfants découvrent les jeux collectifs, leurs règles, leurs astuces, leurs tricheries, ils se confrontent au groupe et à la rivalité…

Pour les parents, l'école est avant tout un lieu de séparation. Les enfants des années 1960 ne ressentaient pas cette anxiété familiale. On les laissait en toute confiance derrière les hauts murs des écoles. Les enseignants étaient tout-puissants et les parents aussi soumis que leurs enfants à l'institution. Depuis plus de trente ans, les nouveaux parents, qui se sont coupés très tôt de leurs ascendants, sont devenus des anxieux collés à leur chère progéniture. En témoignent certains parents éplorés devant les grilles de l'école maternelle, contraints de lâcher leurs chérubins qui s'empressent de courir vers leurs copains.

La mère du récit est une caricature de cette anxiété parentale. Sans exagérer cette inquiétude, de nombreux parents coupés-collés reconnaissent combien ils ont eu le ventre noué à chaque rentrée scolaire ou départ en classe de découverte. Confier son précieux enfant ne va pas de soi, une certaine confiance est nécessaire. Derrière les murs de l'école, l'enfant disparaît dans l'anonymat du groupe et doit se soumettre à la loi des maîtres. Au corps séparé du cocon parental s'ajoute la substitution de l'esprit : les apprentissages de l'école sont aussi porteurs d'une séparation fatale entre les imprégnations naturelles et singulières de la famille et celles du programme scolaire. Ces deux systèmes d'acquisition de la pensée et du raisonnement s'opposent. D'un côté, c'est le règne de l'affectif, avec toutes ses interactions complexes depuis la vie fœtale. De l'autre, la pensée s'organise selon des jeux, des apprentissages et des règles collectives.

L'angoisse et l'espoir du niveau intellectuel

Après l'accueil enchanté des deux premières années de maternelle, l'école devient sérieuse, essentielle. C'est le lieu princeps des apprentissages et de la socialisation. L'institution scolaire est alors chargée de toutes les attentes.

À 5 ans, les premières évaluations de santé et de compétences permettent une bonne prévention des troubles du développement. Cependant, ces diagnostics précoces ternissent l'ambiance ludique et installent l'enfant dans une trajectoire scolaire qui pourrait déterminer son avenir. Si ces évaluations globales d'adaptation et d'acquisition échouent, parents et enseignants s'inquiètent. Ils se rejettent souvent la responsabilité du futur désastre. Certains parents, comme la mère du récit, y voient une inaptitude à saisir et stimuler le fonctionnement intellectuel de leur merveille incomprise. Ils se précipitent vers les instances scientifiques pour pratiquer des tests.

Malgré les tentations de sophistication de l'étalonnage de l'intelligence, on utilise toujours le fameux test de QI pour appréhender l'intelligence globale des enfants et des adolescents. Ce test de connaissance générale explore les capacités verbales et pratiques du raisonnement, de la logique et de l'adaptation. Il est coté et délivre un score moyen de 100. Les 120/130 sont rares, ils font la fierté des parents qui affichent avec ferveur la performance de leur génie. Ils constituent aussi une preuve malheureuse qui permet de sauter une classe, en général la dernière année de maternelle, où le génie s'ennuie forcément. Ainsi, certains parents, pour satisfaire leur ego arrogant, vont jusqu'à soustraire une année d'enfance magique et ludique à leur enfant qui n'a souvent rien demandé, sinon de pouvoir continuer à jouer avec ses camarades. À cet âge œdipien, c'est une belle castration moderne : *Tu ne joueras point et te dévoueras à l'effort pour la fierté de la descendance !*

Des parents coupés-collés moins mégalomanes, comme la mère du récit, gardent toutefois l'espoir de pouvoir confirmer leur thèse intuitive d'enfant précoce dissimulé. Ils pourraient enfin démontrer, courbes à l'appui, l'incapacité à dépister des enseignants. Ces élans masquent à peine un désir inconscient de restauration des failles personnelles de l'estime de soi. Plus on est fragile, plus l'enfant devra être invulnérable et donc exceptionnel.

Les premiers apprentissages

Nos enfants ne sont pas des petits Asiatiques surentraînés depuis leurs 2 ans, qui doublent leurs journées scolaires jusqu'à l'épuisement. Ils sont seulement surstimulés par l'anxiété parentale et les médias. Ce qui risque d'en faire de jeunes adultes éclectiques juste un peu écœurés par les apprentissages.

Dès le cours préparatoire, les polémiques autour de la pertinence des méthodes syllabique ou globale sont emblématiques de la rivalité entre les parents instruits et les enseignants. Les parents élevés scolairement à la méthode syllabique et à la stimulation répétitive de la mémoire, réclament les mêmes méthodes qui ont fait leurs preuves, surtout s'ils ont un bon niveau d'études.

Les parents seniors sont les derniers spécimens du XXe siècle à avoir connu les écoles unisexes, les encriers et les plumes Sergent-Major. L'écriture s'est détériorée dans les années 1960 avec l'apparition du stylo Bic, reléguant les pleins et les déliés à une calligraphie d'ancêtres. De nos jours, c'est l'orthographe qui disparaît. Les parents coupés-collés trouvent des responsables désignés : les instituteurs et leur méthode globale, les SMS, le manque de stimulation écrite au profit de l'image. Mais on pourrait aussi y voir le reflet d'une société éclatée sans cadre ni autorité dont les parents si exigeants seraient les responsables… Cette insuffisance devient caricaturale dans l'enseignement supérieur où les étudiants de toutes filières accusent d'énormes carences de vocabulaire et d'orthographe. Des confusions et des coquilles qui font le désespoir des profs et le délice des humoristes.

Derrière les polémiques technico-pédagogiques sur la pertinence des méthodes se profile nettement la rivalité parents-enseignants. *La méthode que j'ai apprise (ou dont on m'a gavé) ne peut être que la bonne. C'est celle que je peux transmettre seul en alphabétisant mon enfant sans ce recours à l'école et à ses nouveautés pédagogiques.* C'est ce même mouvement qui se retrouve dans l'exigence de devoirs conséquents dès le plus jeune âge. Certains parents extrémistes deviennent des instituteurs suppléants, dans l'espoir secret d'être meilleurs que le maître. Ils s'acharnent des heures durant à abrutir leur enfant avec leur méthode, sous le prétexte du travail nécessaire à la maison. Le suivi scolaire parental est devenu une garantie de réussite scolaire. Les inégalités sociales se perpétueraient selon les possibilités intellectuelles et temporelles de l'entourage qui soutient les enfants. Le pilotage de la scolarité est donc une affaire de disponibilité et de culture familiales. Les stratégies de cartes scolaires et d'aides personnalisées sont contrôlées par les parents. Les enfants ayant bénéficié de cette attention constante souvent onéreuse réussissent mieux. Cet adage est surtout flagrant pour les élèves en difficulté qui, à force de soutiens pertinents et d'orientations supervisées, s'en sortiront tout de même.

L'échec scolaire

Certains enfants, pourtant très soutenus, résistent à la pression des adultes et deviennent de plus en plus passifs, comme la jeune fille du récit qui décrit sa mollesse. Cette passivité est une forme de résistance, mais elle est souvent inefficace. Face à cette posture, l'angoisse parentale se durcit et redouble de critiques sur l'école. L'enfant est alors piégé. Il va passer des heures pénibles, voire conflictuelles, auprès de ses parents acharnés. Face aux exigences naturelles de l'école, il risque de s'enfoncer dans ce mécanisme de fermeture psychique qui l'entraînera dans une spirale d'échec.

La scolarité du primaire se donne pourtant le temps de l'adaptation. Durant cinq ans, une attention précieuse des enseignants accompagne tous les enfants, et particulièrement les plus vulnérables.

Parents coupés-collés et enseignants tentent de trouver des astuces, des solutions stimulantes pour éveiller l'enfant. Après de nombreuses tentatives, une pléthore de soutiens s'organise : orthophonie, soutien scolaire individuel, psychothérapies… Ces dispositifs sont souvent très efficaces, mais ils soulignent que, dès 5 ans, l'enfant est soumis aux exigences de l'adaptation. Ses résistances ou son retard le stigmatisent vite. Un fond d'angoisses partagées entre parents et enfant s'installe. La moindre difficulté peut alors devenir un drame inscrit au dossier scolaire, qu'il faut déléguer d'urgence aux spécialistes de la rééducation cognitive, sociale et affective.

Des parents inquiets et blessés par les difficultés de leurs enfants continueront à trouver des coupables désignés dans les méthodes ou les enseignants. Il faut comprendre la douleur profonde de ces parents et de leur enfant. Par souci d'objectivité pédagogique, certains enseignants, impuissants à restaurer l'appétit scolaire, soulignent des difficultés qui deviennent irréversibles. Ils brisent alors les croyances parentales de restauration magique de la réussite scolaire. Cette épreuve de réalité n'est souvent qu'un couperet supplémentaire. La seule conduite digne est de les accompagner, les soutenir au maximum, avec tact et vérité, les guider sans les condamner davantage. Il y a toujours des solutions.

La nécessaire perfection pédagogique

Après avoir idéalisé l'école et été soumis aux dogmes et au pouvoir des maîtres, les parents coupés-collés sont arrivés au centre du dispositif scolaire. Aujourd'hui, leurs désirs et leurs aspirations doivent être respectés, entendus, valorisés. Leur participation, légale depuis vingt ans, à tous les niveaux du système éducatif, n'a fait qu'entériner cette affectivité débordante. Forts de ce nouveau droit, les parents (surtout ceux des classes favorisées) se situent autant à l'extérieur qu'à l'intérieur des murs de l'école – les enseignants ne sont plus les seuls maîtres à bord. Désormais cultivés, affranchis par le savoir supérieur que n'avaient pas pu acquérir leurs propres parents, ils ont un avis sur chaque détail pédagogique. Dans ces conditions, les tensions et les rivalités parents-enseignants vont bon train. Enfants et adolescents en sont souvent l'enjeu. Ils s'en amusent parfois, mais en souffrent le plus souvent.

Aucun enseignant n'étant parfait, les critiques et les rumeurs circulent, étayées par les a priori glanés dans les quartiers, les médias et les témoignages subjectifs des enfants. Comme la vérité sort de leur bouche innocente et que : « Mon enfant n'est tout de même pas un menteur ! », tout fait signe pour une persécution organisée. Les conflits sont inévitables. L'époque est assez paranoïaque, plaintes et procédures pleuvent au moindre dérapage. L'erreur est proscrite et chaque métier doit être défini par un cahier des charges inflexible. Il convient de se protéger derrière les alinéas serrés des règlements. La peur se diffuse. Les enseignants en mal de reconnaissance sont devenus frileux face à toute action et réflexion. Une parole lâchée, détachée du contexte de la journée scolaire, peut se transformer en discrimination, voire en insulte. Un geste d'agacement tourne à la maltraitance. Un peu de tendresse, et l'abus sexuel est suspecté… Les enseignants idéaux doivent être infaillibles, soumis aux règles strictes de leur institution, avoir une autorité « naturelle », être fermes et chaleureux, à l'écoute de tous, accessibles, stimuler l'éveil et la curiosité intellectuelle avec des méthodes approuvées par les parents et fondées sur un consensus scientifique… En somme, des compétences idéales pour des enfants idéaux. Les parents sont à l'affût, gare aux dérapages.

Heureusement, les enfants du primaire restent du côté des enseignants. Ils ont en leur présence unique de représentant du savoir un exemple identificatoire inattaquable : « Si la maîtresse l'a dit, c'est que c'est forcément vrai. » C'est rédhibitoire, les parents ravalent leurs prétentions pédagogiques. Les enfants iront même jusqu'à défendre leur prof quand sa réputation sera ouvertement brûlée dans les barbecue-parties du quartier.

Les styles d'intrusion dans l'école

La scolarité est chargée d'histoires, de symboles et de souvenirs plus ou moins heureux pour chaque adulte. Au-delà d'être le fondement des garanties d'avenir des sociétés, elle représente tout un univers affectif qui a déterminé le destin de chacun. Les parents qui ont bénéficié de possibilités d'études secondaires sont les plus exigeants. C'est souvent dans le domaine scolaire que se développent leurs attentes les plus extravagantes. La plupart s'informent de leurs droits et des conceptions psycho-pédagogiques. Ils en retiennent et en comprennent surtout ce qui les arrange. Les dérives psychologisantes à propos de la scolarité sont caricaturales. Entre le désir d'avoir un enfant précoce, la peur de la dyslexie, la crainte de la maltraitance des maîtres... les interprétations s'enflamment et chacun de se référer qui à Dolto, qui à Piaget, ou au dernier psy à la mode sans les avoir vraiment étudiés. La mère du récit, que sa fille décrit comme une « déléguée militante », semble en être un spécimen caricatural. Le sociologue F. Dubet a bien décrit cette intrusion parentale dans l'école.

Certains parents coupés-collés, forts de leurs droits de

« partenaires », s'immiscent dans les établissements avec un interventionnisme qui agace prodigieusement les enseignants. Autrefois coupés de toutes les décisions sur leur avenir scolaire, ils veulent désormais s'y coller. S'ils ont eu un parcours difficile, ils craignent que la machine infernale de l'école reproduise le même effet sur leurs enfants. Mais quand ces parents interventionnistes ont connu une belle réussite, la scolarité de leur précieuse descendance doit être encore plus brillante. Leurs enfants rois méritent tous les égards. Ils représentent l'avenir du royaume familial, une aristocratie qui doit être respectée par les précepteurs-enseignants. Dans ce registre, les parents-enseignants sont parfois les pires.

D'autres, parents poules, sont tout aussi présents, mais en se rendant surtout indispensables. Ils sont là pour tous les accompagnements et pour pallier gentiment les manques de moyens et d'organisation. Ils affichent un sourire éternel et apportent toujours des gâteaux maison pour la classe. Ils sont charmants, tentent de nouer des relations amicales avec l'enseignant mais finissent par devenir encombrants, autant pour l'enseignant que pour leur enfant qui aimerait pouvoir vivre un moment sans eux.

Le style de parents le plus détesté par les enseignants est celui du clientéliste démissionnaire et râleur. Des parents surbookés qui délèguent totalement l'éducation de leurs enfants et leur autorité à d'autres : grands-parents, baby-sitters et profs. Ils attendent en retour un service irréprochable pour l'entretien de leur « jouet » favori, à la hauteur de leurs investissements financiers. Ils s'enflamment à la moindre faille. Une mauvaise note de contrôle et ils mettent en place des cours de soutien individuel ultracoûteux pour souligner les incompétences pédagogiques de l'enseignant. L'entourage affectif et social est instrumentalisé, on en dispose à loisir selon la convenance du moment. Leurs enfants, apparemment gâtés, deviennent alors des produits marketing qui doivent valoriser l'image parfaite du parent. Dès l'âge de 3 ans, ils apprennent la musique, des langues étrangères, l'équitation, le maniement du multimédia... Ils devront être prêts, bien équipés, multifonctionnels, pour faire face aux lois impitoyables du marché.

Une autre catégorie de parents, issus de milieux modestes ayant été en échec scolaire, « évite » aussi l'école. Pour eux, le lieu est trop chargé de mauvais souvenirs et parfois d'humiliations. Derrière les murs, c'est le règne de l'Instruction. Ils craignent d'être convoqués pour qu'on leur répète combien leur enfant leur ressemble. Qu'il faudrait le stimuler, qu'il est cossard ou, pire, « limité ». Leur défense est la fuite. Ils ont du mal à faire confiance à un système qui affiche l'égalité, alors qu'ils ressentent surtout une inégalité criante qui s'accumule avec tous les avatars de l'exclusion (chômage, précarité, monoparentalité...) dont ils sont victimes. En raison de ce ressenti persécutif, une critique même bienveillante de l'enseignant est vécue comme un rejet supplémentaire. Cet évitement enfonce encore davantage l'enfant dans une répétition morbide de l'échec. Rappelons qu'en France plus de 100 000 élèves sortent du système scolaire chaque année sans aucun diplôme !

Les transformations du collège

Après une très longue première période d'adaptation scolaire de huit ans, la cour des grands se profile. Pour les jeunes, le collège est l'univers où ils partageront leurs métamorphoses sexuelles et cognitives et où ils joueront leur avenir scolaire.

Dès la sixième, tout se modifie. L'enfant du primaire devient un collégien, c'est-à-dire un adolescent. À 11 ans, cette identité sociale devance l'adolescence pubertaire qui bouleversera tout. Le jeune collégien ne tolère plus qu'on l'accompagne devant la grille, « C'est la honte ! ». Il opère une séparation qui ne va cesser de s'affirmer dans les prochaines années. Tout évolue, l'environnement scolaire est beaucoup plus éclaté, mais il fait écho aux changements corporels, affectifs et cognitifs.

L'adolescent social est encore chétif, mais il sait qu'il va pousser irrémédiablement. Depuis le CM2, le préado espère et se prépare à ce « passe-âge ». Le corps, les gestes et l'esprit de l'enfant vont disparaître sous la poussée pubertaire. Une disparition fatale aussi troublante pour les parents que pour les jeunes. La crainte d'être bousculé et maltraité par la méchanceté des groupes d'adolescents du « collège-coupe-gorge » peut être réelle mais elle est surtout imaginaire. Les jeunes collégiens s'adaptent vite et se coagulent au groupe de pairs pour se construire et résister aux grands qui, au demeurant, la plupart du temps, les ignorent.

Du point de vue scolaire, tout change : on passe d'une référence idéalisée au maître ou à la maîtresse à une pléthore d'enseignants segmentés. Cette disparité dilue l'investissement affectif que l'enfant opérait avec son instituteur. Plus moyen de se servir de cet appui pour commencer à s'opposer aux raisonnements des parents. Dorénavant, tout se perd dans la masse des enseignants et des nouveaux camarades. Chacun sait qu'il va grandir, changer ; tous ont à la fois hâte de ces bouleversements et les craignent.

Au fil des années, le raisonnement se modifie tout autant que le corps. La pensée se complexifie, les croyances anciennes sont abandonnées, les possibilités intellectuelles se transforment. L'ambivalence des idées, des désirs et des sentiments envahit toutes les relations. C'est ce qui rend les adolescents parfois insupportables, sûrs de leurs opinions, tout-puissants, gentils et agressifs, insaisissables. C'est une remise en question totale de la façon d'être et de pensée d'avant. Un avant tout proche et pourtant si éloigné pour ces jeunes en métamorphose. Chaque année, tout est remis en question à l'épreuve du corps qui devient pubère et de la tension sexuelle qui l'accompagne. La génitalité adulte s'amorce avec des désirs puissants. Tous les rapports humains sont infiltrés de cette *érotisation*. Les élèves de troisième sont devenus des grands sexués, qui sont à des années-lumière de l'arrivant en sixième.

Les jeunes adolescents et leurs parents savent que ces modifications sont inévitables. Impossible d'éviter de grandir : il faut se séparer de son corps et de son esprit d'enfant. La grâce infantile filmée en boucle durant les fêtes de l'école primaire devient une image passée, nostalgique. L'allure de l'enfant a disparu. Mais l'enfance survit. Bien tapie dans ce nouveau corps, elle reviendra toujours dans les régressions. Les adolescents rêvaient de grandir vite, mais pas *pour de vrai*. Le début de l'autonomie est donc intérieur, un bouleversement irréversible des anciens systèmes de représentation simplistes. Une liberté fabuleuse mais vertigineuse.

Les moins solides auront des difficultés à assumer l'ensemble de ces métamorphoses. Leur pensée abstraite sera incomplète, entrecoupée de retours permanents aux expériences concrètes rassurantes. Une régression à une période plus simple, plus sûre : l'enfance. Ces élèves hésitants connaîtront des ratés d'acquisition qui risquent de rompre leur scolarité générale. Les parents coupés-collés qui auront eu les mêmes ennuis y verront une répétition funeste. Ils ne les lâcheront plus, les difficultés scolaires deviendront leur ciment.

Orientations

À 16 ans, fin de l'âge limite de la scolarité obligatoire, les parents n'ont plus vraiment de pouvoir décisionnel concernant l'orientation. Celle de fin de troisième tombe comme un couperet définitif dont la décision appartient aux enseignants. Une orientation adaptée peut se révéler salutaire pour des jeunes parfois déscolarisés intérieurement, bien que présents au collège. Mais leurs parents coupés-collés supportent mal ce qu'ils ressentent comme une relégation, alors que des signaux d'alarme criants l'indiquaient depuis des années.

Le déni est toujours à la hauteur du désastre. Parents et adolescents acculés finissent par accepter l'aide des profs et des conseillers d'orientation. Ensemble, ils cherchent la solution la plus adaptée aux désirs, à la personnalité et au faible niveau du jeune. Il est vrai que les élèves de 16 ans en difficulté scolaire ont encore moins de capacités à choisir une orientation adaptée que les bacheliers de 18 ans tout autant indécis. Les parents se substituent souvent à eux pour ce choix impossible, mais cela accentue leur passivité. Certains parents accrochés à l'unique idée de réussite par le cursus général font appel des décisions qui préconisent une orientation en lycée professionnel. Ils réclament une dernière chance, un redoublement salvateur. Faute de compromis, ils trouvent parfois des établissements privés qui proposent des classes de seconde adaptées sur deux ans. On se maintient dans le bain, c'est l'essentiel.

Au lycée, les jeunes se préoccuperont de questions existentielles et de choix cornéliens. L'adage parental assené depuis l'école primaire : « Tu ne travailles pas pour nous mais pour toi ! », n'est resté jusqu'alors qu'une formule creuse. L'exigence parentale de réussite scolaire est naturelle, mais trop souvent exagérée. Cet adage ne prend sens qu'après des années d'enfance et d'adolescence, lorsque l'on commence avec peine à se détacher des influences parentales. Autour de 17 ans, les jeunes perçoivent clairement la pertinence du message ; c'est vraiment devenu leur affaire, ils en sont totalement responsables. Avant cette étape, la maturité est trop fluctuante et les règlements de comptes psychiques se dirigent souvent vers les parents ou plutôt leurs représentations, ce que l'on imagine qu'ils sont.

Dans le témoignage précédent, la mère anxieuse a conservé tout au long de la scolarité de sa fille la croyance en une amélioration spectaculaire. L'apparition magique d'un ultime déclic est un rêve similaire à la fois chez les parents et pour les enfants meurtris par l'échec scolaire. Sa fille, devenue adulte, en a subi les conséquences. Son rapport à la scolarité est toujours un rapport de force, rarement une relation d'intérêt, si ténu soit-il. Elle se maintient dans une filière technologique intégrée aux cursus généraux de S, L et ES. Elle obtiendra ce qu'elle définit comme un bac « de complaisance », sentant son déclassement définitif dans son orientation de fin de seconde.

L'école retiendrait trop longtemps dans son giron ces élèves à la fois maltraités et nursés que Bourdieu appelait les *ratés relatifs*. Ce processus de sauvegarde perverse dans l'institution pourrait s'interpréter comme une difficulté à se séparer des moins performants, avec le secret espoir qu'ils réussissent un jour grâce à la sacro-sainte attention pédagogique. Cette attention humaniste ne l'est peut-être pas tant que cela quand on en mesure l'efficacité. Armée de son bac de complaisance, la jeune femme continuera d'être l'objet des désirs et des angoisses parentales. On imagine la mère épuisée, pleine d'espoirs déçus et enfin pseudo-récompensée par ce bac. Cependant, ce miracle relancera son interventionnisme. Pour sa fille, la position passive et l'attentisme face à des enjeux d'avenir seront renforcés. La scolarité n'aura d'autre intérêt que celui d'avoir un statut valorisant et tranquille d'étudiante.

Le supérieur

Après le parcours global du lycée et la dernière porte franchie grâce à la clé du bac, la découverte du monde se profile. Les jeunes ont une envie frileuse de comprendre les arcanes de l'existence et d'y saisir leur place. À l'inverse, les parents coupés-collés qui ont eu cette démarche au même âge se sont engagés plus fermement dans leurs choix. Les jeunes étudiants issus de milieux modestes étaient fiers de leur accession à la fac, jusque-là réservée aux élites. Ils y voyaient une vraie promotion d'avenir. Le président Georges Pompidou n'était-il pas fils d'instituteur ? Ils y découvraient des profs militants, des porteurs d'idées qui débattaient des nuits entières avec eux, comme ceux de Vincennes. Ils ressentaient une solidarité soutenue par l'élan libérateur de la jeunesse. Ils s'engageaient totalement dans les mouvements étudiants. Ils défendaient une éthique universitaire pour tous. Ils croyaient à la libération de l'aliénation par le savoir. Ils manifestaient énormément, revendiquaient des moyens, occupaient leurs campus. Ils poursuivaient l'élan de Mai 68 en politisant toutes leurs actions. En revanche, ils étaient souvent obligés de travailler pour survivre. Ils s'étaient volontairement coupés de la dépendance familiale. Cette contrainte les a conditionnés très tôt à pouvoir mener de front plusieurs activités : intellectuelles, professionnelles, affectives et militantes.

Ce polymorphisme se poursuit encore pour une minorité d'étudiants (environ 10 %) : les étudiants actuels ont bien une certaine expérience professionnelle, mais souvent sporadique, durant les vacances ou durant les études, des baby-sittings ou du soutien scolaire. L'attachement et la fierté universitaire des parents qui venaient d'accéder à une strate sociale supérieure ne sont plus d'actualité. En quarante-cinq ans, on est passé de 215 000 étudiants à 2,5 millions, soit près de la moitié des jeunes de 18-25 ans.

Les étudiants actuels consomment du savoir selon les critères de compétition de leur cursus ; ils revendiquent leur statut, pas leur appartenance à une université – sauf pour quelques facs d'exception et des écoles prestigieuses qui leur garantissent l'admiration sociale. La majorité revendique une identité d'étudiant définie plutôt par son mode de vie que par le choix de ses études. C'est peut-être pourquoi les parents qui se retrouvent dans le vécu de leurs jeunes voudraient pouvoir leur insuffler les mêmes élans militants. Ils s'enflamment devant les incohérences du système scolaire et retrouvent leur fougue juvénile. Il est aujourd'hui devenu banal et parfois « de bon ton » de dénigrer l'université. Les poncifs sur l'état des universités françaises sont légion. Les clichés accusent des enseignements coûteux décalés de la réalité du marché, des profs élitistes planqués, sans attention pédagogique, et surtout un repaire de jeunes sans ambition, futurs travailleurs sous-qualifiés surdiplômés de pseudo-références. Devant ces clichés, difficile de faire un choix délibéré pour ce qui est considéré comme des cursus-parking inutiles.

Pour contrer ce discours défaitiste ambiant, les parents *coupés-collés* s'excitent et secouent leur jeune passif. Ils en viennent parfois à rédiger des manifestes de revendications étudiantes, comme au bon vieux temps. Cet embrasement semble laisser leurs jeunes étudiants plus ou moins indifférents, amusés ou résignés. Une absence de réactions rebelles qui pourrait s'interpréter comme une sorte de dépossession de l'élan vital par des parents intrusifs. Si l'élan se retrouve parfois au détour d'une manif, il s'essouffle vite, à la merci des loisirs ou de la consommation.

La plupart des parents coupés-collés ne tolèrent pas l'indécision scolaire qu'ils interprètent comme des caprices d'enfant gâté. Ils se démènent pour trouver une orientation adaptée. Comme la mère de l'exemple, ils courent les salons d'étudiants, à la place du jeune. Parents et jeunes savent que l'immense majorité des étudiants n'accédera pas aux cursus d'élite, même s'ils en ont parfois rêvé et leurs parents encore davantage. Des issues louables, moins inaccessibles, s'offrent toutefois avec un choix vertigineux. Comment trancher dans cet étalage infini aux étiquettes prometteuses ? Cette indécision légitime se double des attentes antérieures des parents qui reviennent à la charge : « Je savais bien que tu n'étais pas fait pour ça, tu ferais mieux de faire ceci, de choisir cela... »

L'étudiant a parfois l'audace de refuser la perle que ses parents coupés-collés ont enfin dénichée. Si, comme dans notre récit, il ose vouloir une alternative, c'est le conflit assuré. Les tensions de première adolescence qui s'étaient un peu apaisées reprennent de plus belle. Hurlements, claquements de porte et injures fusent dans le psychodrame de l'Avenir scolaire. Les parents, affolés de ce choix incertain et des impasses qu'il promet, prospectent avidement à la recherche de la solution qui garantirait une réussite tout en ménageant à la fois les désirs du jeune et la réalité. Ils continuent ainsi de prospecter pour l'avenir de leur progéniture qui les laisse faire passivement. Ils scrutent les classements sur internet, traquent les meilleurs établissements, les débouchés sûrs. Cependant, la culpabilité aidant, ils ne résistent pas trop aux désirs princiers de cursus improbables, surtout si leur enfant se montre enfin miraculeusement avide de connaissances. Le rêve d'un bac + 5 est tenace. Peu importe la qualité et l'utilité des titres obtenus, l'important c'est le + 4 ou + 5. Signe évident du sacrifice parental sur l'autel de leurs attentes, et d'une durabilité interprétée comme de la pugnacité étudiante.

Dans cette interaction de sauvegarde, tous les acteurs semblent responsables. Autant les parents dans leurs espoirs de titres qui les rassureront et qu'ils pourront exhiber, que les instituts supérieurs qui cherchent à développer et à pérenniser leur enseignement sous des prétextes d'égalité des chances, qu'enfin les jeunes, rarement dupes des démagogies ambiantes, mais qui se laissent porter plutôt que de s'engager dans une passion intellectuelle et un monde professionnel où ils risqueront d'être malmenés et déclassés.

Un noble statut

Les jeunes qui, comme celle de notre exemple, ont eu une scolarité médiocre, se rassurent grâce au statut valorisé d'étudiant. Ils continuent à combler les attentes insatisfaites de réussite scolaire que leurs parents nourrissent encore. Ils jouent le jeu de la curiosité intellectuelle enfin éveillée et s'inscrivent dans des cursus qu'ils pensent faciles. Ils vont pouvoir fréquenter la cour des élus. Ils évitent ainsi de s'engager trop rapidement vers une orientation adaptée. Ils repoussent le grand saut dans l'existence, vers le monde cruel du travail.

Notre jeune fille est consciente de ses lacunes, mais les banalise. Elle suit simplement son amie pour profiter de ce statut génial d'étudiante. Elle fera comme de nombreux indécis, elle tentera les enseignements en « o » les plus attractifs : psycho, philo, socio, ethno, archéo... Autant de sciences passionnantes qu'on taxe abusivement de « refuges ». Ces attirances sont pourtant clairement signifiantes. L'envie de comprendre les fondements de l'humanité, les idéologies, l'histoire, la sociologie et les méandres des comportements humains est évidente. Un désir légitime à la veille de devenir adulte, mais uniquement toléré pour les brillants élèves motivés. Les étudiants à lacunes ne pourront que picorer dans ces cursus, en avoir un avant-goût parfois amer, avec des modules rébarbatifs, comme les « stats » dont il est question dans le récit.

Un attachement utile

Ces tergiversations complexes entre étudiants, parents et scolarité en indignent certains qui considèrent que c'est du gâchis et du temps perdu. Pourtant, ce temps d'études de transition hésitant correspond à la nouvelle temporalité de la maturité. Rares sont ceux qui sont motivés et déterminés à 20 ans. Ces étudiants errants ne se perdent pas forcément dans leurs essais de cursus. Ils n'ont peut-être pas de fulgurances, comme les élèves ultraperformants, mais ils finissent par mûrir lentement, à leur rythme. De nombreuses carences du savoir peuvent se combler toute la vie, comme en témoignent tant d'autodidactes étonnants, et nul n'est tenu à l'immobilisme intellectuel. Parmi les parents coupés-collés de ces étudiants lents, on compte d'ailleurs beaucoup d'autodidactes : des ingénieurs « maison », des diplômés du CNAM, des journalistes, des écrivains sans le bac. Ils tolèrent certes peut-être mieux ce parcours incertain de leurs enfants, mais ne supportent pas leur manque d'enthousiasme. Cependant, même pour les plus indécis, le temps fait son œuvre. Les jeunes finissent par s'imprégner du rapport au savoir et ils sont fiers d'avoir plus ou moins suivi une filière intellectuelle. Ils en rajoutent parfois pour frimer ou gonfler leur CV, mais c'est la preuve d'un respect face aux apprentissages. L'éveil magique dont rêvaient leurs parents ne s'est peut-être pas produit, mais le rapport à l'immensité du savoir est enfin opérationnel. Leur vocabulaire s'est enrichi, tardivement mais sûrement, leur orthographe s'est enfin améliorée.

C'est cette assistance conjuguée des enseignants attentionnés, des autres étudiants et surtout des parents coupés-collés qui permet de mûrir lors de cette longue transition. Il faut du temps avant de pouvoir déterminer un vrai choix professionnel adapté aux possibilités réelles du jeune.

Or les étudiants indécis et soutenus traversent cette longue période de mal-être sans trop de casse. Malgré des échecs et des moments angoissants, voire dépressifs, ils ne s'effondrent pas. Leurs parents coupés-collés absorbent et colmatent leur mal-être. Après cinq années de tentatives, la jeune femme de notre exemple a enfin accepté une orientation adaptée, déjà suggérée à l'origine par ses profs de lycée. Comme par hasard, elle connaît au même moment une profonde relation amoureuse. L'épreuve de réalité est longue à accepter, mais avec le temps…

Jeune soumis – parents exigeants

Papa nouait sa cravate avec son style magicien. Il était si chic : costard bleu nuit, chemise blanche, pompes rutilantes. Coup d'œil au miroir de l'entrée et dernière admiration du cadre sup. Dans le couloir, sa photo en jeune ouvrier lui rappelait les miracles de l'ascenseur social. Depuis sa cotte bleue et ses protège-tympans assortis, il avait fait du chemin. L'ajusteur fils d'ouvrier était devenu ingénieur et directeur à force d'années de cours du soir et de formations maison. Il m'avait souhaité la même gloire, mais beaucoup plus rapide. La voie royale, les grandes écoles et les plus belles places. Depuis « Mat sup » (ma dernière année de maternelle), il me préparait au bataillon d'élite. Seul ombre à ses projets : les maths n'entraient pas dans mes gènes. J'ai tout de même eu mon bac S sans éclat au prix de centaines d'heures de soutien. J'en ai été gavé soirs et week-ends. Pas de potes, pas de soirées, juste un peu de jeux en réseau. La prépa n'était pas celle espérée par papa. Dans ma petite piaule louée chez l'habitant (proche de l'école et bien surveillée), je m'énervais devant des tonnes d'équations « absconnes ». Mes moyennes étaient déplorables. Je l'avais caché, bien sûr, mais en février j'ai craqué. J'ai récolté la tempête, les pleurs de maman, les hurlements du père et, devant ma sidération, plus un mot. Le silence. Papa a cherché une autre prépa, mais intégrée. Il me fallait un cadre, une structure ! Problème : personne ne voulait de mon niveau minable. Année bloquée, des nuits sur « World of Warcraft ». J'ai émis l'idée d'une prépa commerce. Je me doutais de la réponse, tous les poncifs ont défilé : école à fric bidon, alcoolisation de dégénérés, aucun débouché… Je n'ai même pas essayé de parler de l'école de cinéma où mon ami d'enfance s'éclatait. Je connaissais déjà la réponse : un repaire de gosses de riches qui font mumuse avec leur ordi et leur caméra… L'année suivante, après trois mois chez McDo, je me suis retrouvé propulsé en IUT aéronautique. Là encore, j'ai été coincé par ces satanées maths. J'ai vraiment déprimé un sale coup. Après un mois de réclusion dans ma chambre, on m'a filé des médocs et un psy. Papa m'a pris à l'usine. Les ouvriers étaient sympas, mais un peu moqueurs devant mes maladresses. Le fils du patron aux pièces ! Avec ce genre de piston, l'usine était en danger. Mon oncle m'a sauvé d'un probable accident de travail. Il m'a proposé un essai de vendeur auto dans sa boîte. En trois mois j'avais vendu la concession. Tonton a téléphoné à son frère : « Ton fils est un vrai petit génie du commerce, je le garde ! » Papa a grimacé, mais il m'a emmené chez son tailleur.

La soumission scolaire

La soumission des jeunes aux désirs ciblés de réussite scolaire des parents n'est plus aussi fréquente et caricaturale qu'autrefois. Durant des siècles, les sociétés se sont structurées autour de cette transmission des savoirs et des biens. Après les artisans et les paysans, jusqu'à une époque récente, les notables insistaient lourdement pour que leurs enfants reprennent l'affaire en fréquentant les mêmes écoles. Les médecins, architectes, notaires ou autres avocats généraient forcément une filiation qui reprendrait leur clientèle. Ce clonage assigné depuis l'enfance est devenu marginal. L'exemple tragique de Cyril Collard reste emblématique des risques encourus par une soumission totale aux désirs parentaux. Brillant élève ingénieur comme son père, il prend conscience de cette subordination absolue et arrête ses études pour exister pleinement. Il s'est libéré en écrivant et en révélant son homosexualité de manière outrancière mais aussi suicidaire.

Actuellement, les parents brillants continuent de penser que la précocité intellectuelle de leur enfant attesterait le sang « aristocratique » familial. Les progrès de l'imagerie cérébrale dernier cri étayent cet espoir et les craintes renouvelées d'un complot eugéniste. Pour parfaire la preuve irréfutable d'exception, certains parents « génétiquement porteurs » rêveraient de la voir apparaître dans une trace d'ADN ou sur les images d'une IRM. La science toute-puissante signalerait le gène rare de l'intelligence et permettrait de découvrir des synapses fulgurantes cachées dans les replis du cerveau.

Ces élites n'hésitent pas à investir l'enfant du même destin glorieux qui les a élevés socialement. Un désir relativement banal qui peut prendre parfois des allures de contrainte et de sujétion.

Les parents coupés-collés d'origine modeste, comme le père de notre exemple, sont tout aussi exigeants. S'ils ont pu accomplir un parcours sans faute grâce à leurs efforts d'apprentissage, ils souhaiteront légitimement la même réussite, sinon mieux, pour leurs enfants. Les sacrifices et les efforts intellectuels pour se hisser socialement seront projetés dès le plus jeune âge. Souvent au début des premiers apprentissages : « en Mat sup ». L'assignation est parfois caricaturale pour un enfant désigné dans la fratrie. C'est celui qui porte tous les espoirs. Ses parents lui inventent des goûts et des capacités qu'ils alimentent à renfort de persuasion et de jouets adaptés. Ils façonnent leur futur prodige avec amour. Chacun espère qu'il assurera la pérennité de l'ascension sociale et de la nouvelle identité prestigieuse de la famille. Devant les aléas scolaires de cet enfant désigné, les parents exigeants s'affolent. Ils le secouent, accusent l'école, ses méthodes, ses enseignants. L'établissement ne remplit pas la mission pédagogique qu'ils lui ont fixée. Ils cherchent des supports extérieurs, des méthodes miracles, des coaches hors de prix pour pallier les carences que le futur génie accumule.

Les nobles filières scientifiques

Dans l'idéal populaire, le bac S est de rigueur, sauf rares exceptions. Il est devenu très exigeant en connaissances scientifiques, bien plus que la mathélem ou l'ancien bac C.

La différence de débouchés entre filières scientifiques et littéraires, déjà criante en 1970, s'est creusée.

Les facteurs de réussite, autrefois caricaturaux, se sont complexifiés. La primauté accordée aux maths, avec le seul bac S comme référence, engage la préparation athlétique des élèves qui débutent leur training de haut niveau dès la classe de première S. Quel que soit le cursus envisagé dans le supérieur, ce bac de bûcheurs sera une clé pour toutes les voies en dehors des filières économiques et sociales ou purement littéraires. En fin de seconde, les non-admis en S se considèrent souvent comme des déclassés. La discrimination, moyennement sensible au collège, se dessine fortement au lycée. Les parents les plus ouverts ne pourront pas s'empêcher de signaler leur déception, bien que ceux-là prétendent, à juste titre, que toutes les filières ont leur valeur. Les parents exigeants, eux, en rajouteront et signifieront lourdement leur contrariété. Dans notre exemple, on perçoit l'acharnement du père à tenter de développer les aptitudes mathématiques de son fils. Il a balisé son destin : il deviendra forcément ingénieur, comme lui et mieux encore, issu d'une grande école. Le rêve absolu est d'arriver à placer son jeune dans les filières d'excellence : les prépas prestigieuses qui garantissent une réussite aux concours les plus difficiles.

Réussir encore davantage

On peut s'autoriser désormais, sans honte sociale inconsciente, à arriver au niveau inaccessible des élites. Tout le monde y croit. Les principes républicains d'ascenseur social favorisés par l'expansion des Trente Glorieuses ont permis à des jeunes du baby-boom de toutes origines de s'élever et d'occuper parfois des postes clés. Passés de l'autre côté, il est légitime que ces parents coupés-collés nourrissent des espoirs similaires sinon plus prestigieux pour leurs enfants.

Il est très difficile de raisonner les parents self-made-men exigeants. Ils ne peuvent pas envisager un ratage de leur filiation qui annulerait tous leurs efforts d'ascension. Un retour en arrière inacceptable. Dès lors, ils n'arrivent pas à moduler une guidance scolaire attentive, ils préfèrent le forcing. Leur espoir est une sorte de partie idéale d'eux-mêmes projetée sur un de leurs enfants.

Cette lourde désignation est perçue par l'enfant dès son plus jeune âge. Il sent la pression et l'orientation suggérée, bien avant qu'il comprenne clairement le projet de son parent. Comme celui de notre exemple, il va se défendre inconsciemment. Il résistera comme il peut, entre soumission et opposition.

Ces enfants sont parfois bloqués scolairement dans certains registres de raisonnement. En cédant aux désirs puissants de leurs parents, ils n'existent plus, ils sont engloutis. Les orthophonistes connaissent ce genre de blocages inconscients qu'ils tentent de dénouer au cours de nombreuses séances de rééducation et de négociations avec les puissantes exigences parentales. Après des années de résistance plus ou moins efficaces, les enfants trouveront des compromis qui ménagent les désirs parentaux et la nécessité d'éviter les affres de l'échec scolaire. Ainsi, malgré ses difficultés initiales avec les maths, le jeune homme cité ci-dessus finit péniblement par avoir un bac scientifique. Ce demi-succès ne décourage pas la pugnacité du père qui insiste pour qu'il poursuive son rêve d'ingénieur. Une obstination qui plonge son adolescent dans un sentiment d'incapacité encore accru à l'épreuve des études scientifiques. L'acharnement majore le risque de rupture du rêve paternel. Cette rupture est inenvisageable et toutes les pistes sont tentées pour trouver une issue. Lorsque le jeune tente de proposer une alternative, elle est rejetée par le despotisme de l'espoir paternel. L'orientation commerciale suggérée, qui incarne l'art opposé de la rigueur scientifique, est immédiatement dénigrée : un tel changement d'orientation signifierait l'annulation d'années d'efforts et de sacrifices partagés – le père durant sa vie d'adulte, le fils durant tous les méandres de sa scolarité. Une rupture définitive du projet risquerait d'être très douloureuse, autant pour le jeune que pour son père : épuisé par l'argumentaire paternel, le jeune finit passivement par accepter les propositions les plus improbables.

L'accumulation des échecs ne décourage toujours pas le père. Il ne lâchera rien ! Il imagine une ultime tentative en embauchant son fils à l'usine. Il pense, comme beaucoup de parents de jeunes adultes, qu'avec cette rude épreuve de réalité, son fils y arrivera enfin. Il suivra le même parcours autodidacte que lui-même. Épuisé, garrotté par une loyauté absolue, le fils n'a plus aucune autre issue que la dépression voire l'accident corporel. Heureusement le hasard et la nécessité se conjuguent et le secteur commercial, maudit par le père, sera l'issue salvatrice où il retrouvera confiance en lui et s'épanouira.

Cette difficulté d'un père à renoncer à un projet de transmission de carrière pour son enfant est ici caricaturale. Les jeunes soumis sont plus rares qu'autrefois, mais le phénomène persiste. La projection grossière des désirs parentaux risque néanmoins de s'étendre sous couvert d'angoisses face à un avenir incertain et des bons sentiments. Il est difficile d'orienter avec pertinence le destin scolaire des enfants : c'est une interaction complexe qui se noue depuis leur conception même. Pour les parents, l'enfant imaginaire connaîtra une réussite encore plus éclatante, réalisera les rêves frustrés, réparera les manques et les blessures. Ce fantasme originel à toute parentalité n'est jamais totalement effacé. Il existe toujours, plus ou moins intrusif et envahissant.

L'exemple célèbre de soumission ambiguë à un père est celui du tennisman André Agassi. Fils d'un émigré iranien de Las Vegas, le petit Agassi, quatrième du nom, se voit investi de tous les espoirs de réussite sportive et financière choisie par son père. Ce dernier, comme de nombreux immigrés, s'est sacrifié et a reporté tous ses rêves de l'*american way of life* sur ses enfants. Dans son autobiographie, André affirme n'avoir jamais aimé le tennis. Mais il avait des dons certains et a dû se soumettre aux surentraînements sportifs dans l'abnégation et la douleur. S'il l'a fait, c'est pour son père, et malgré lui. Il en prend conscience à 27 ans, après une dépression accompagnée d'une consommation de produits toxiques qui entraîne son déclassement. Une psychothérapie lui permet de comprendre son assujettissement et de s'en dégager. Il reprend alors son destin en main et retrouve une puissance incroyable, à la reconquête d'une gloire façonnée depuis l'enfance, mais qui lui appartient désormais à part entière.

Les limites du rêve

Aujourd'hui, l'heure n'est plus à la soumission mais à l'épanouissement. Un enfant, si exceptionnel soit-il, n'a pas forcément à suivre la voie royale de son père ou de sa mère. Il doit pouvoir exprimer ses désirs, répondre à ce qui l'attire, et assouvir ses rêves les plus ambitieux si les moyens des parents le permettent.

Les parents coupés-collés actuels tentent donc d'encourager au mieux les choix épanouissants de leurs jeunes indécis. Il y a cependant des restrictions à cet accompagnement attentif. Certains semblent aveuglés par une culpabilité maladive qui les soumet aux désirs les plus incroyables de leurs enfants.

Une tendance qui s'amplifie dangereusement et se remarque particulièrement dans le choix de certaines études artistiques. Les parents rêveraient eux-mêmes de pouvoir suivre ces cours passionnants, mais ils n'en ont plus le temps : ce sera pour plus tard, à la retraite. Ils encouragent alors ces cursus mirifiques qui vont forcément épanouir la sensibilité et les dons de leurs futurs maestros. Les jeunes, qui n'ont pas toujours de passion évidente, ni les années d'entraînement rigoureux nécessaires à toute activité artistique – musicale, chorégraphique ou autre – acceptent volontiers des orientations aussi alléchantes. Ils cèdent sans difficulté à l'envie, à peine masquée, de gloire facile, relayée par les médias. Les parents ne sont pas vraiment dupes, mais ils préfèrent curieusement cautionner ces projets utopiques. Ils payent durant des années des écoles aux promesses éloquentes. C'est ce que condamne le père de notre exemple.

Heureusement, ces cursus passionnants réservent parfois de bonnes surprises d'épanouissement. Mais chacun sait qu'il y a très peu d'élus, si l'on retire du lot les passionnés acharnés qui finissent par y arriver et les filiations réservées. Pour l'immense majorité, il y a donc peu d'autres débouchés que ceux de changer de voie ou de conserver l'espoir dans une dépendance infinie. Dans le meilleur des cas, les jeunes trouveront un conjoint sponsor, mais, plus fréquemment, le soutien restera très longtemps du côté des parents coupés-collés. Ces derniers, après avoir encouragé cette carrière improbable dont ils ont souvent été eux-mêmes frustrés, conserveront un lien de dépendance éternel avec leur artiste incompris. Encore une manière de jouer avec les espoirs et les rêves d'enfant pour ne jamais se quitter. L'artiste pseudo-indépendant et libre ne supportera pas d'être toujours tributaire des subsides parentaux. Des conflits inévitables continueront d'alimenter un lien familial tendu mais coriace.

Certains parents n'adhèrent qu'en surface à cette reconnaissance du libre arbitre, et ils n'échappent pas à la tentation d'influencer leurs enfants. D'autant plus s'ils sont valorisés socialement par leur statut. Dans ce cas les jeunes qui ne suivent pas la trace familiale ne sont plus forcément maudits. Le choix qui leur est laissé est relatif mais possible. Ces *étudiants héritiers subventionnés*, qui n'auront pas automatiquement suivi les voies élitistes des concours et des grandes écoles, peuvent se laisser aller à la fumisterie. Tout juste un peu culpabilisés d'avoir déçu la pression parentale. Il leur est possible de suivre un cursus différent, conforme à leurs aspirations acceptées. Ces parents magnanimes perpétuent ainsi la tradition de l'aristocratie et de la grande bourgeoisie qui envoyaient en Italie ou en Grèce leurs jeunes prodiges pour qu'ils s'imprègnent de l'essence de la civilisation. Certes, après un siècle de voyages initiatiques, il ne subsiste que peu de Stendhal. Mais l'embourgeoisement des classes populaires donne désormais la possibilité aux jeunes de goûter avant de choisir. Avec la démocratisation du voyage culturel, aurons-nous quelques héros littéraires nés de leur expérience Erasmus ?

Grâce au prolongement infini de la dépendance parentale, les choix de cursus ne sont vraiment plus définitifs. Ils peuvent aisément être abandonnés. Après avoir poursuivi en dilettantes un chemin personnel, intéressant mais pas forcément lucratif, les jeunes les plus brillants pourront rejoindre le registre familial, reprendre des études vers les métiers valorisants voulus par les parents, sans pour autant que ce soit une règle. Après avoir goûté à l'optionnel, on revient à l'essentiel. La pérennité est assurée sans conflit. Une forme de loyauté light assez efficace inconsciemment. On se coupe momentanément mais on se recolle nécessairement.

S'exprimer et soutenir

Pour les parents, les deuils de projets de carrière assignés aux enfants sont complexes mais indispensables. Il est possible, et même souhaitable, d'exprimer ses ambitions pour eux. Chacun a le droit de formuler ses espoirs, fussent-ils un peu mégalos et en totale inadéquation avec les envies et les dispositions du jeune. C'est une preuve d'intérêt et d'amour. Il est toujours préférable d'en parler plutôt que de ne rien dire ou, pire, d'affirmer : « Tu feras ce que tu veux du moment que cela te plaît et que tu t'épanouis. » Belle formule creuse pour laisser un choix impossible à faire. Qui détient la recette du bonheur ? Personne, et sûrement pas un jeune adulte en recherche de cursus scolaire. L'accompagnement du choix d'études est délicat, mais souvent nécessaire. L'attirance pour une orientation ou une autre demande à être justifiée, décortiquée. On ne s'aventure pas dans un cursus comme on dégote un vêtement en solde.

Certains jeunes, angoissés devant ces choix cornéliens, préfèrent laisser la main aux parents enthousiastes qui, eux, « savent ». C'est un jeu qui risque de se révéler dangereux : ils risquent fort plus tard de reprocher à leurs parents d'avoir fait un choix inadéquat à leur place.

Les enjeux attachés aux projets scolaires sont sérieux : il convient de les examiner en commun dans le détail, d'en étudier les avantages et les inconvénients. Éviter les a priori et les forums internet succincts ou biaisés, prendre son temps et se décider au mieux ensemble. C'est ainsi que les jeunes arrivent à trouver de vrais compromis entre leurs désirs et leurs compétences.

Jeune déterminé – parents fiers et déçus

On était fiers de sa tenue rutilante et de son allure d'athlète. Il est revenu si déglingué. Pourtant, il était si déterminé. Il avait commencé par arrêter le foot malgré mes rêves d'en faire un champion. Il était pourtant doué, aussi véloce et malin que moi au même âge. Étant entraîneur, je l'encourageais sans relâche. Il progressait, je le préparais aux futures détections d'espoirs. Je le voyais déjà… J'ai dû enfouir mes rêves, il se préparait pour un autre destin, pour lui bien plus glorieux. Depuis ses dix ans et l'incendie enrayé chez son papy, la fascination pour les pompiers ne le lâchait plus. À la suite du drame du 11 Septembre, les héros sacrifiés l'ont définitivement conquis. Après ses collections de camions rouges, il a enchaîné les stages, les concours. Fini le foot, le théâtre, les études littéraires et même les copains. Il s'est acharné et a fini par s'engager. Il avait tout juste 18 ans. Il a fait un peu comme moi. J'étais parti au même âge, laissant mes parents ahuris, pour une passion illusoire de liberté. La différence, c'est que je ne suis jamais revenu malgré mes inévitables déboires.

Dans l'immeuble, tout le monde nous enviait. C'est bien connu : le pompier fait rêver. Devant notre avidité à connaître ses faits d'armes, il nous décrivait quelques exploits, mais il préférait nous parler de tous ces pauvres gens qu'il rencontrait. Il vivait à la caserne et chez un collègue. Un mauvais canapé remplaçait son cocon. Ses nuits étaient sans cesse hachées par les alarmes. Pas de repos pour les braves. Son existence ressemblait à un entraînement perpétuel. Une belle vie de noble courage qui un soir s'est effondrée. Il est revenu épuisé, les yeux sanguins, désespéré. C'était fini, plus question de jouer au soldat sauveur. Son chef était épouvantable, on le prenait pour un abruti, les collègues, de vrais hypocrites, les missions médiocres… Il était salement déprimé. Je pense qu'il avait subi trop de contraintes, de fatigue, vu trop de misères et de banalités sordides. Il est devenu coléreux, agressif, il faisait peur. On le ménageait, sa mère lui apportait ses repas dans sa chambre où il s'était cloîtré. Je ne l'approchais plus, à la moindre réflexion il aboyait et tapait dans les murs. Il a parlé longuement avec notre médecin et a accepté de prendre des médicaments. Depuis quinze jours, son regard s'illumine à nouveau. Il a commencé une psychothérapie, il aimerait comprendre, nous aussi. Hier il a évoqué une éventuelle formation d'ambulancier. Un petit souvenir de sirène prioritaire.

Avoir un battant

Le rêve de tout parent est d'engendrer un enfant déterminé et tenace. Un être enthousiaste qui s'accroche à une passion sportive ou artistique. Ses efforts constants seront encouragés. Les niveaux d'excellence seront espérés dans un élan commun jusqu'à la consécration, la victoire. Alors que la plupart des enfants ne font que des essais dont ils se lassent vite, il en existe quelques-uns qui ne lâchent rien. Ce fantasme parental est relayé par toutes les bonnes fictions littéraires ou cinématographiques : l'enfant sage, fasciné par les étoiles filantes d'été avec la complicité de son grand-père, qui deviendra astronome voire spationaute. Autre image idéale : celle du rêveur oublieux du quotidien et perdu dans ses livres qui devient poète ou écrivain.

Les passions changeantes

Cette allégorie de l'enfant promis à un destin inéluctable est tenace. Un idéal d'autant plus espéré que la réalité est bien plus aléatoire. Les passions d'enfant durent rarement, malgré l'appui pressant des parents enthousiastes. Rêves et héros sont souvent très symboliques selon l'âge, le sexe et le contexte culturel et familial.

À 3 ou 4 ans, âge des oppositions et des interdits, les enfants rêvent d'uniformes, de loi puissante au-dessus de celle des parents. Ils se voient militaire, policier ou pompier. Une autorité casquée, prioritaire, crainte et respectée. Sans en comprendre le sens, ils sentent que ces métiers incarnent le pouvoir social. Ils les imitent, commandent, régentent, s'initient ainsi au jeu du pouvoir et de l'agressivité.

Vers 5 ou 6 ans, ils s'identifient à leurs enseignants, rejouant la découverte des apprentissages avec leurs puînés ou leurs poupées.

Ensuite, ils voudront être des héros magiques de dessins animés, de films cultes ou de jeux vidéo dotés de pouvoirs absolus. Puis ils partageront la fascination des champions du moment quel que soit le domaine : ils s'inscriront au foot, au judo… selon la mode, changeront pour une autre discipline plus branchée. Une preuve de leur perméabilité et de leur adaptation sociale.

À l'adolescence, les passions s'émoussent souvent. Les nouvelles attirances s'annoncent colorées des pulsions sexuelles de la puberté. Les parents se désolent : ils avaient mis tant d'espoir dans son « jeu », il ou elle était si doué. Les passions équestres des filles cèdent le pas aux envies classiques de pouponner en devenant puéricultrice ; à 13 ans, cela souligne le mouvement psychique de sublimation d'un élan pubertaire bouleversant avec des fantasmes précoces de maternité. Au même âge, les garçons, épris de jeux vidéo, rêvent de devenir concepteurs, de soumettre et maîtriser le monde. Tous ces fantasmes et ces identifications sont utiles pour l'édification de la personnalité.

Cependant, tout ce processus est très fluctuant, à chaque période ses héros et ses attirances. Les parents coupés-collés, eux, s'enflamment vite devant les élans de leurs petits, y voient une prédestination pour une carrière et l'encouragent parfois lourdement. On l'observe souvent dans le rapport à la musique. Les jeunes, bien que multistimulés par les médias, sont très peu nombreux à jouer d'un instrument et à créer leur musique. Leurs parents, qui grattouillaient au coin du feu, ont pourtant rêvé pour leurs enfants géniaux des harmonies de concertistes. Ils se sont parfois ruinés dans des cours de piano, vite abandonnés, identifiés à des devoirs supplémentaires. Un désir de transcendance artistique avorté face aux méthodes trop rigoureuses et élitistes des conservatoires et une espérance parentale démesurée.

Devant leurs enfants, ces parents coupés-collés ont retrouvé les aspirations qu'ils avaient au même âge. Certains imagineront qu'ils sont passés à côté, qu'ils auraient pu faire carrière, mais qu'on ne leur a pas laissé cette chance. Ils en veulent à leurs parents qui n'auraient rien perçu de leur élan ou pire, qui trouvaient ces engouements ridicules à côté de leurs desseins d'avenir. Des *castrateurs* impardonnables. Ces parents coupés-collés qui auront été traumatisés par ces frustrations ne prendront pas à la légère les passions volubiles de leurs enfants.

Les dons forcés

Certains enfants qui manifestent bruyamment leurs attirances se voient propulsés par des parents en mal de reconnaissance sociale. Devant un petit minois charmant et une voix gracieuse, certains, naïfs et mégalos, imaginent une graine de star : ils déguisent l'enfant poupée qu'ils traînent dans des concours grotesques, dans l'espoir d'en faire un futur top model. D'autres enfants victimes sont épuisés par des surentraînements sportifs, musicaux ou scolaires. Ces caricatures de rêves élitistes ne sont plus réservées à l'Amérique profonde ou au coaching asiatique, elles sont mondialisées. Les parents vulnérables qui fondent tous leurs espoirs avortés dans la revanche par procuration sont légion : à leurs enfants fétiches de combler leurs carences par un succès si possible médiatisé et lucratif. Dans une société de téléréalité et d'inflation en stars éphémères, les victimes sont nombreuses même si elles affirment ne pas être dupes.

Fréquemment déçus, les recalés du fantasme glorieux

sont autant les jeunes que leurs parents. Ce lien mégalomaniaque est une manière de ne plus se lâcher, autant dans l'hypothétique ascension que dans la descente implacable. Gloire et défaite partagées avec un lien émotionnel puissant.

Une détermination imprévue

Il arrive heureusement qu'un domaine particulier soit choisi sans l'influence des parents. Cet élément, caricaturé dans notre exemple, peut s'inscrire beaucoup plus subtilement mais déclencher les mêmes déterminations. Untel deviendra médecin ou infirmier après avoir vécu auprès d'un proche malade. Un autre sera architecte pour bâtir toutes les demeures dont rêvaient ses parents mal logés. Aucun enfant ni adulte ne choisit par hasard une vocation tenace. Elle est rarement imposée par les désirs parentaux. C'est plutôt la conséquence de multiples éléments qui vont déterminer les choix conscients et inconscients. Des événements marquants, symboliques, des rencontres, des métiers fascinants, qui donnent du sens, de la valeur. Tout un univers chargé d'attentes, de fantasmes partagés, d'aptitudes à se stimuler soi-même sans autres contraintes que l'envie et l'espoir. Face à cette tendance, les parents sont comblés. Ils pensent que leur enfant passionné a une personnalité hors du commun.

Selon l'histoire de chacun, des souvenirs intenses souvent partagés par un groupe de proches deviennent des marques émotionnelles durables. Selon l'âge, les circonstances, les désirs, les projections parentales…, l'événement va devenir un élément majeur de l'histoire familiale : une émotion historique. C'est le cas des pompiers, soldats du feu, sauveurs du grand-père du récit alors que l'enfant n'a que 10 ans. Un moment crucial qui va déterminer la passion du petit-fils fasciné. Cet épisode flamboyant est autant traumatique qu'initiatique. Les pompiers ont réussi à sauver la lignée générationnelle. Le grand-père a survécu à l'incendie, le père affolé est rassuré, le petit-fils d'abord terrifié absorbe la masse émotionnelle et s'émerveille. Pour cet enfant, il est probable que les pompiers, déjà classiquement magnifiés, soient devenus des demi-dieux qui ont modifié le destin familial. Une inscription profonde dans la construction de son imaginaire.

L'intransigeance

Les adolescents profondément déterminés dans leurs projets ne sont pas le produit de projections parentales pathologiques. Pour des raisons souvent panachées d'influences et d'émotions, ils s'adonnent totalement à leur passion durant des années. Cette ténacité donne la plupart du temps des résultats qui encouragent à la poursuite de leur projet. Les étudiants chercheurs qui suivent de très longs cursus en sont un étonnant exemple. Ils passent des milliers d'heures à étudier. Une délectation intellectuelle qui fait aussi la gloire des parents. Ce parcours excessif ne les mène pas forcément à des postes prestigieux, et même malheureusement parfois à aucun débouché. Ils connaissent les arcanes incertains de l'avenir du chercheur, mais ils ne se découragent pas et leurs parents les soutiennent avec militantisme. Ils s'accrochent et finissent parfois par obtenir un poste. Sinon, ils s'exilent dans d'autres pays plus ouverts, plus dynamiques qui accueillent et valorisent leurs compétences. Les parents trouvent scandaleux ce manque de reconnaissance nationale. Leur Tanguy si brillant est obligé de fuir à l'étranger pour gagner sa vie. Après vingt-cinq ans de vie scolaire et trente de vie familiale, la séparation est douloureuse autant pour les vieux étudiants que pour leurs parents.

En revanche, cette détermination peut être une manifestation névrotique à tendance obsessionnelle avec des entraînements rituels immuables. Un enfermement inquiétant qui est relativement supporté par l'entourage, si l'enjeu est scolaire. On retrouve souvent ce type de comportement chez les anorexiques. Une manière pathologique de se gaver de savoir à défaut de nourriture.

En dehors de ces cas de forcenés qui s'imposent un idéal impossible d'excellence, certains jeunes équilibrés se transcendent dans une passion. À l'adolescence, il y a toujours un fond de mégalomanie qui alimente l'effort passionné. Cette croyance toute-puissante est nécessaire pour se transcender, mais elle reste dangereuse à des seuils trop élevés.

La compétition dans tous les domaines redonne un élément objectif de réalité. Elle est utile pour les forcenés : elle leur évite l'enfermement et leur permet de se confronter à la rivalité qu'ils fuient parfois dans leur toute-puissance. Les champions du monde sont rares, mais les héros de la vie sont heureusement plus répandus.

Parents dépassés

Les parents ayant un enfant passionné sont à la fois fiers et fascinés par leur ardeur et parfois inquiets de son envahissement. Ils n'ont plus leur place, plus d'influence, le jeune suit sa propre voie en solitaire. Le fil de la protection et de la guidance est rompu. Les parents coupés-collés s'adaptent forcément au registre de leur enfant. Le rêve de pompier est naturellement plus facile à encourager que celui d'artiste incompris. Mais la seule possibilité de garder le lien affectif face à une détermination acharnée est d'y adhérer.

Cette séparation précoce est inattendue, le jeune est présent physiquement, mais il n'existe plus que dans son espace propre, très éloigné du monde familial ; le rôle de soutien et d'accompagnement parental disparaît. Il y a cependant des motifs de se rassurer. On dira de lui qu'il a de la volonté, du caractère. De nombreux parents retrouvent dans cette volonté de leurs jeunes adultes leurs désirs d'autonomie précoce. Ils sont alors flattés de cette transmission puissante des valeurs d'indépendance. Ils partagent cette exaltation qui leur rappelle leur élan passé. En même temps, ils restent inquiets devant le caractère exclusif de cet engagement obstiné. Ils ne contrôlent plus rien, ils n'ont plus d'influence et se retrouvent aussi démunis que l'étaient leurs parents quand ils sont partis précipitamment. Si le jeune part pour vivre sa passion, comme dans notre exemple, ils se trouvent face à un sentiment de détresse similaire à celui qu'ont vécu leurs propres parents, quand ils ont décidé trente ans plus tôt de quitter le nid pour ne plus jamais y revenir. Autrefois, cette affliction face à la perte restait souvent discrète. Les pères se retranchaient dans un silence orgueilleux, les mères s'autorisaient davantage à exprimer leur désarroi mais, dans l'ensemble, chacun absorbait la décision sans trop de dramaturgie. Le jeune s'aventurait vers ses envies de liberté sans espérer de bénédiction familiale. Il en conservait en revanche une culpabilité conséquente qui reviendrait en force dans ses relations avec ses enfants du même âge.

De nos jours, les élans d'effusion sont moins réprimés. Les parents coupés-collés expriment sans retenue leur tristesse et leur sentiment d'abandon, mais ils encouragent les départs motivés. Cette obstination intransigeante à aller vers un destin singulier est si rare. Masquées ou extraverties, de telles émotions trahissent bien la profondeur des liens affectifs parents-enfants quelle que soit l'époque.

Retour au nid

La rupture d'un élan passionnel est toujours très douloureuse. La chute est à la hauteur de l'emballement. Dans le témoignage ci-dessus, le pompier glorieux revient épuisé, désabusé, très déprimé. Il a dû abandonner sa carrière rêvée et se replie chez ses parents. Ceux-ci l'accueillent naturellement. La fierté sociale d'avoir engendré un battant devient secondaire face à la détresse.

La plupart des enfants dans le désarroi ont ce réflexe légitime de repli familial. De nos jours, pour la majorité des jeunes adultes, c'est une réaction qui va de soi : se réfugier ailleurs que chez ses parents serait surprenant. Le monde des parents coupés-collés est non seulement un refuge naturel, mais aussi un réceptacle émotionnel. Ils vivent et partagent le malaise de leur jeune, une manière de l'absorber. En cas de crise, d'urgence, la mission affective parentale est universelle : soulager, accueillir, soutenir – dans notre exemple, les parents deviennent à leur tour les pompiers sauveteurs. Ce lien est indéfectible, il maintient la continuité familiale quels que soient les conflits. Ainsi se trouve soulignée l'impossible séparation affective entre parents et enfants tout au long de la vie. Le retour au nid d'un jeune adulte fragilisé permet de rejouer un rôle protecteur renié depuis l'adolescence.

Les traumatismes qui ramènent les jeunes guerriers dans le cocon familial sont parfois bien lourds à porter. Les parents-soignants font de leur mieux, mais ils sont souvent débordés par les réactions émotionnelles ambivalentes de leur enfant brisé. L'illusion de réparation magique parentale est mise à l'épreuve. Le quotidien post-traumatique devient un mélange de régression et d'agressivité difficile à vivre. Père et mère se retrouvent piégés par leur amour salvateur, qu'ils pensaient tout-puissant. Ils sont contraints de se limiter pour récupérer une place légitime et viable. Ils peuvent accompagner, soulager, mais ne sont pas des soignants. Ils participent à la reconstruction psychique de leur jeune adulte, sans en être les responsables. La rupture et son traumatisme appartiennent exclusivement au jeune. S'ils le maternent chaleureusement, il pensera qu'ils l'infantilisent, qu'ils font intrusion dans sa détresse – c'est son affaire personnelle. S'ils s'en mêlent de trop, il risque d'avoir des réactions de rejet et de défense agressives comme dans le témoignage ci-dessus. Parallèlement, il s'en voudra d'être ainsi et se laissera porter passivement en redevenant un bon bébé.

Ces allers-retours régressifs-agressifs finissent par être insupportables. À vouloir trop en faire, on finit par le faire mal. Il est alors essentiel de savoir et de pouvoir se faire aider. Les soins médico-psychologiques sont souvent indispensables. Cela soulage une tension où la culpabilité circule en spirale, chacun se croyant responsable de la situation tout en le reprochant aux autres. Un tiers soignant spécialisé, comme le médecin de famille, voire un psy, permet de prendre un peu de distance et de redonner à chacun sa place et sa confiance.

Jeune brillant – parents fiers et résignés

Je viens de recevoir une série de photos de notre fille Pauline avec son petit Bobby. Elle a tellement changé. Je la revois pourtant il y a seulement trois ans, quelle allure ! Sa fougue, son sourire éclatant qui s'est éteint dans cette maternité précipitée de bout du monde. J'en pleure encore, pas moyen de me raisonner. Tout était si merveilleux : les diplômes sans effort, les trophées de tennis, la joie de vivre. Elle réussissait presque tout, les intellos la toisaient, mais elle n'avait pas leurs complexes et leurs allures décalées. Elle se moquait de notre fierté trop affichée.

Quand je pense combien nous critiquions sa petite sœur Johanna avec son look gothique, son BEP et ses études d'aide-soignante. Notre vilain petit canard insolent et clouté est pourtant bien près de nous. Elle a même une vraie tendresse pour mémé.

Notre cygne blond a disparu après sa deuxième tentative échouée au concours d'avocat et son rêve de devenir « maître » a volé en éclats. Elle n'était peut-être pas aussi exceptionnelle que ses amis de la « haute », les aristos de la réussite. La robe blanche de mariée avec un futur collègue et la noire d'avocate sont restées dans mes boutiques de rêve. Tous ces efforts pour en arriver là. Son échappée australienne a été instantanée et sans retour. J'ai réalisé qu'elle avait répété, au même âge, ma fuite amoureuse avec son père. Quel modèle pitoyable je lui ai légué !

L'énorme différence, c'était que mon père ne voulait plus que je remette les pieds à la maison. Il gardait avec lui ma petite sœur qui reprendrait le commerce, j'étais bannie. Mon mari, lui, se couperait un bras pour faire revenir son aînée. Enfin, malgré un contexte différent, nous finissons par nous ressembler.

Pourtant j'étais loin d'être aussi brillante. Mes études étaient plutôt médiocres, comme celles de son père. Je me demande toujours comment nous avons pu concevoir une fille aussi exceptionnelle. Il paraît qu'aujourd'hui, si on est un peu folle, on peut toujours acheter du sperme de génie et se faire inséminer. Les résultats sont peut-être un peu moins décevants !

Dans son mail, Pauline se plaint de la chaleur et des nuits hachées de Bobby. Son mariage éclair tient encore. Ils sont tout de même mignons tous les trois autour de la piscine gonflable. Je vais imprimer cette image, j'en donnerai une à Johanna.

Les liens et différences fraternelles

Tous les parents rêvent de familles nombreuses unies et solidaires. Cette illusion nécessaire ne tient pas à l'épreuve du mélange contraint des personnalités singulières qui composent le groupe familial. Les fratries sont toujours disparates. Rien ne ressemble moins à soi-même que son frère ou sa sœur, malgré la filiation biologique commune. Cette énigme est d'autant plus impénétrable que les enfants ont eu des parents avec des patrimoines génétiques identiques, reçu sensiblement la même éducation et partagé les mêmes souvenirs. Cette disparité prouve clairement la complexité des combinaisons génétiques et la diversité des caractères physiques et psychiques des fratries. Elle est la preuve absolue, à l'intérieur d'un même groupuscule social, la famille, de l'infinie singularité des personnalités et des caractères.

Devenir parent réveille des souvenirs d'enfance, sa place dans la fratrie, la rivalité souvent persistante, les traumatismes... Tous ces éléments marquent la diversité des interactions qu'il aura avec chaque enfant. Les phénomènes d'interactions sociales, biologiques et psychologiques délivrent ainsi des combinaisons étonnantes. C'est ce mélange imprévisible qui fait la richesse et la diversité de l'humanité. On peut retrouver un style culturel, un néolangage familial, des gènes dominants pour les caractères visibles (taille, corpulence, couleur des yeux, des cheveux...), mais les compétences de chacun s'exprimeront toujours singulièrement. Le rêve légitime d'engendrer une fratrie unie et solidaire ne peut annuler les différences, les jalousies et les tensions.

Certains aînés pensent abusivement que leur rivalité naturelle a vraiment détruit le puîné. Si l'agressivité reste symbolique dans les jeux, les railleries ou les disputes sans conséquence, l'enfance sera banale. Le sentiment d'agressivité sadique se révèle vers 3 ans. La découverte du jeu de l'agressivité et de la méchanceté se fait souvent aux dépens des plus faibles, frères, sœurs, animaux, insectes... Ces sentiments sont en général refoulés et enfouis par les interdits sociaux et familiaux. Ils réémergent rapidement au cours des disputes et des petites jalousies. Si, à l'inverse, les parents ont un parti pris affiché pour les qualités exceptionnelles d'un de leurs enfants, il y aura un danger. Autant pour l'oublié qui manquera de confiance en lui, que pour l'adulé qui aura peur de son pouvoir. Ce dernier pourrait finir par se croire à l'origine des défaillances de sa fratrie voire de ses parents et alimenter une culpabilité monstrueuse. Dans le récit, la fille préférée a dû disparaître pour échapper à cette responsabilité.

Bons et mauvais enfants

Dans le destin scolaire de chaque enfant, au-delà des déterminismes sociaux, il y a toujours des différences, des orientations précoces ou tardives qui se dessinent selon la singularité de chacun. Les pressions et influences parentales seront plus visibles chez certains, qui épongeront toutes les attentes. Les autres, selon leur place dans la fratrie et leur caractère, en seront moins imprégnés. Cette disparité de destinées scolaires fait la richesse des sociétés modernes mais crée une certaine tension dans de nombreuses familles. Si, comme dans le récit précédent, certains enfants ont « plus de facilités », cela majore des rivalités déjà inévitables dans toutes les fratries. L'enfant brillant est une part magnifiée des parents. On en est fier, on l'exhibe. Cet enfant parfait souligne les défauts des autres. Tous les parents coupés-collés prétendront ne faire aucune différence entre leurs enfants, voire consacrer davantage de temps et d'énergie aux plus faibles. Cela n'est pas faux, l'intention est légitime, mais il ne faut pas gratter longtemps pour découvrir le plaisir intense que procure l'enfant exceptionnel. Sa réussite restaure les blessures et les échecs de la vie scolaire des parents. Les frères ou les sœurs moins performants à l'école donnent l'impression inverse. Pour tous les parents, ils révèlent une forme de honte : les plus brillants y voient une tare épouvantable, ceux qui ont eu un parcours moyen se sentent poursuivis par une destinée médiocre. Ces enfants moins performants deviennent ainsi des vecteurs d'angoisses : que va-t-on faire d'eux ? Dans certaines familles, on délimite inconsciemment une faille entre celui ou celle qui brille, le bon Objet, et un autre sacrifié, sorte de mauvais Objet (au sens psychanalytique). L'un comble toutes les attentes et répare les manques, l'autre les souligne. La dynamique complexe des familles se construit souvent dans un mélange de pouvoir, de jalousie, d'amour et de culpabilité. Les conflits et ces paradoxes constituent un certain équilibre. Parfois une place de bouc émissaire se dessine comme dans le récit, où la sœur cadette semble avoir été éliminée par l'éclat de son aînée. La réussite totale scolaire de certains enfants les transforme en perfection qui vient nourrir une illusion répandue chez tous les parents. L'enfant miraculeux vient combler toutes les attentes narcissiques. Il est donc naturellement surinvesti psychiquement. Lorsque les parents évoquent ses exploits, ils jubilent et relèguent les réussites banales des autres au second plan. Ce statut de relégation affûte les rivalités déjà existantes et peut aussi provoquer, dans certains cas, de vrais effondrements. Qui peut s'épanouir à l'ombre des grands arbres ?

Le renversement

Ce mandat de perfection peut devenir lourd à porter pour l'icône. Certains enfants brillants se prennent au jeu de la star. Ils deviennent suffisants, méprisants, odieux. Une condescendance amplifiée par une méchanceté adolescente qui méprise les pairs, la fratrie et surtout leurs principaux admirateurs : les parents. Ils croient côtoyer les étoiles et finissent par devenir de vraies caricatures. Le système de méritocratie scolaire les comble, mais il y a des limites aristocratiques que peu franchissent. Les concours de haut niveau les mettent en compétition avec d'autres athlètes scolaires qui les relèguent à un niveau commun. C'est une épreuve de réalité brutale, autant éprouvante pour le jeune adulé que pour ses parents qui le croyaient exceptionnel. C'est apparemment ce qui est arrivé à l'aînée du récit. Cette épreuve de réalité renvoie l'adolescent dans la masse générale à laquelle il se croyait supérieur. C'est une blessure narcissique profonde. L'échec remet en cause toutes les illusions de toute-puissance entretenues par les parents béats. Les champions sont toujours encensés, mais ils n'existent plus en dehors des podiums.

L'aristocratie

La reproduction des élites n'a jamais disparu malgré la massification des étudiants et la compétition acharnée des élèves d'exception. Il est étonnant de constater que l'infime minorité (moins de 1 %) des parents ayant suivi un cursus d'excellence ont parfois une filiation naturelle d'enfants qui suivent le même parcours et se retrouvent dans les mêmes écoles prestigieuses. Dans certains de ces circuits d'excellence, on retrouve plusieurs générations d'une même famille, ce qui alimente toutes les interprétations socio-psychogénétiques depuis des décennies.

Il existe une frange très marginale d'enfants ayant des dispositions cognitives hors pair dès la naissance. Ils ont une mémoire étonnante, des facilités de raisonnement, de pensée et d'expression surprenantes. Les jeunes héritiers de ces dons ne se posent pas de questions existentielles. Leur filiation légitime les portera vers les sommets. Leur seule issue est une réussite flamboyante après l'entraînement de haut niveau des prépas et l'obtention des meilleurs concours. Leur réussite clonée garantit la lignée. C'est eux que la mère de notre exemple nomme « les aristos de la réussite ». La majorité de ces élites se soumet à sa destinée d'exception. En revanche, d'autres se rebellent plus ou moins fortement. Ils ressentent une forme de spoliation de leur identité propre et de leurs désirs.

Par ailleurs, cette frange très marginale n'obtient pas toujours les résultats escomptés. La concurrence est féroce. Ceux qui ont le malheur de rater leur parcours et de rompre la trajectoire déterminée depuis leur conception en sont souvent abasourdis. Ils subissent une double peine : ils ont à la fois déçu et trahi la gloire de leur nom. Ils sont épuisés et honteux par rapport à l'idéal qu'ils avaient d'eux-mêmes. Cela occasionne de sévères dépressions avec des blocages affectifs et intellectuels qui nécessitent des soins psychologiques musclés. Comme beaucoup de déprimés, les jeunes malades refusent fréquemment ce soutien, qu'ils pensent inutile et vain. Un résidu d'orgueil désespéré. La jeune femme du récit n'était pas aussi brillante, mais tout autant surinvestie d'attentes. Elle éprouve la même désillusion qui sape son estime d'elle-même et provoque sa fuite.

Les brillants marginalisés

Les enfants brillantissimes ne sont pas toujours les plus heureux. Leurs compétences les marginalisent souvent du groupe de pairs. Ceux qui réussissent « tout » le font plutôt dans le domaine valorisé de l'intellect, pas forcément dans d'autres domaines sportifs, affectifs ou créatifs, souvent sacrifiés aux désirs parentaux et au training scolaire. C'est ce que suggère ci-dessus la mère quand elle évoque les

« intellos » qui n'avaient pas autant d'atouts apparents que la fille prodige. Parmi ces élites intellectuelles, on retrouve souvent des profils de jeunes immatures et soumis. Quelques génies surdoués donnent une impression de décalage affectif depuis leur enfance : ils traînent des difficultés de contact, sont sur leur planète et se délectent d'équations ou de manipulations de concepts. Mais ils ne présentent pas forcément une bonne adaptation scolaire : ils s'ennuient en classe, sont en décalage autant dans les apprentissages que dans leurs jeux avec les pairs. Leur isolement, leur timidité représentent souvent des souffrances que les autres élèves pointent en les stigmatisant du terme d'intellos, comme la mère de notre récit, les tenant à l'écart ou, pire, les maltraitant physiquement. Quand ils deviendront ingénieurs ou chercheurs, ils pourront aisément dépasser ces attaques. Cependant, les cicatrices d'exclusion de l'enfance et de l'adolescence resteront toujours vives, malgré la réussite sociale.

Les désirs mégalomaniaques

L'aristocratie génétique reste très rare et n'est absolument pas garantie. Les mères aux désirs délirants, qui cherchent à se faire inséminer par du sperme de prix Nobel acheté à prix d'or, sont les victimes caricaturales de cette supercherie marketing du génie en paillettes. N'oublions pas qu'il y a quelques millions de possibilités de combinaisons génétiques aux dominantes variées qui peuvent déterminer les caractères d'un individu. Les mères et les pères gardent en eux les traces génétiques d'ancêtres pas toujours glorieux, mais qui vont s'imposer dans les cellules souches. Et cette illusion pseudo-scientifique oublie l'essentiel : aucun être humain n'évolue normalement sans l'attention et surtout l'amour de son entourage. La singularité de toutes les interactions précoces façonne la perception, les émotions et la pensée générale de l'enfant. Les dispositifs cérébraux moteurs innés sont essentiels pour évoluer, mais seuls les enjeux relationnels avec les proches, l'amour, l'attention, la culture… vont lui permettre de se structurer.

Gardons-nous donc d'en faire, comme la mère ci-dessus qui parle de la « haute » (société), une règle d'élus qui exclurait la masse. L'insémination de sperme d'exception reste une idée aberrante. Il est affligeant de penser que certains se laissent aller à la considérer comme tout juste « un peu folle ».

La menace de la répétition

Les parents coupés-collés d'origine modeste sont naturellement époustouflés par la réussite glorieuse d'un de leurs enfants. C'est la réalisation inattendue d'un rêve qui les exalte. Ils en sont tellement fiers ! Cet élan puissant qui les éblouit risque même d'occulter la réussite banale des autres enfants.

Le jeune qui réussit est alors mandaté pour suivre une ascension sans faille. Cette exigence aveugle l'oblige à exceller dans tous les domaines. Il devient un enfant idéal. Illusion impossible à porter – dont il est indispensable de se dégager. Car ce héros familial a le sentiment qu'il risque d'être banni à la moindre erreur. Alors, il en commet parfois une de taille qui arrête ce processus d'idéalisation. L'échec inadmissible le fait basculer. Plus on grimpe, plus la chute est douloureuse. Ceux qui rêvaient de vous voir tomber se régalent, les parents pleurent. Leur rêve est brisé, leurs espoirs piétinés.

Pour le jeune, l'erreur est rédhibitoire. Il lui fallait tout réussir : ses études évidemment, sa vie conjugale, professionnelle, et transmettre cette réussite à ses enfants beaux et intelligents. Un vrai conte de fées. Le seul inconvénient, c'est que la vraie vie est à la fois belle et cruelle, mais surtout aléatoire. Seul le domaine des apprentissages est relativement maîtrisable, mais la compétition y est redoutable. Aussi, si la maîtrise du destin tracé s'échappe, il est préférable de disparaître et de se faire oublier. Une logique du tout ou rien. La fuite, la maladie voire le suicide comme ultime défense. Dans notre récit, la future avocate rate les concours difficiles du CAPA (certificat d'aptitude à la profession d'avocat). Sa destinée promise s'effondre, et son estime d'elle-même avec. Inconsciemment, elle n'envisage pas d'autre issue que de poursuivre le destin de sa mère avec un mariage et une maternité précipitée. Elle n'est plus le joyau familial exhibé à tous, juste une jeune mère exilée avec des inquiétudes banales.

La manière paradoxale de rattraper un destin palpable est de s'y enfoncer, et la répétition mortifère des erreurs de jeunesse des parents est une issue banale. Les défauts et les erreurs de ses parents sont ce que l'on reproduit le mieux. Destitué de la filiation idéale, pour conserver l'empreinte familiale, refaire le parcours funeste des parents est ce qu'il y a de plus facile. Éprouver les mêmes difficultés que celles qu'ils ont endurées au même âge redonne une illusion d'appartenance. Il faut inconsciemment affronter la même épreuve pour se sentir appartenir à la famille.

Dans notre récit, l'aînée entérine donc son départ par

un mariage et une maternité précipités. Dans ces conditions, la rupture avec le passé paraît drastique : une sorte d'oblitération de la pensée et de l'intelligence qui se focalise sur les enjeux fondamentaux de la maternité. Mais, après avoir failli à la trajectoire idéale, l'ex-prodige se rapproche en fait inconsciemment de sa mère en constituant une famille. Malgré douze mille kilomètres de distance, elle se reconnecte à l'ensemble de la famille autour de sa maternité. La mère découvre une répétition de son histoire qu'elle aurait voulu épargner à sa fille. Les loyautés inconscientes ont leurs règles singulières. Chacun croit pouvoir y échapper, rompre toute emprise, mais on est souvent poursuivi par les remords de sa propre fuite. Le petit Australien inscrit sa mère dans une continuité familiale. Et, après tout, les deux maternités précoces de la mère et de la fille auront permis d'accoucher de beaux bébés.

Beaucoup de parents coupés-collés se reconnaîtront dans ce lien qu'ils ont voulu rompre très tôt avec leurs parents trop exigeants. Cet élan très fréquent dans les années 1970 aura eu des effets collectifs de libération des désirs et des entraves parentales. La rupture était devenue l'emblème de la liberté de penser. C'est cette rupture plus ou moins réussie et souvent douloureuse qu'ils redoutent de voir se répéter chez leurs enfants. Cette crainte est toujours sensible et fort bien perçue par les enfants. Certains s'en saisissent inconsciemment et répètent à l'identique les aléas de la jeunesse de leurs parents. Le spectre de ce que l'on ne voulait jamais revoir se matérialise dans le miroir décalé du temps.

La vulnérabilité

Certains jeunes ont une fragilité invisible qui se dévoile dans les ratés de leur trajectoire idéale. La voie royale que leur ont assignée les parents est aussi celle que leur dictait leur propre idéal. Si le parcours rêvé est enrayé par un échec, des risques d'effondrement psychique existent. Dans le cas d'une rupture du contrat inconscient en plein envol, la chute est d'autant plus brutale. Les deux protagonistes, parents déçus et jeune brisé, souffrent dans une spirale de reproches partagés. Le jeune ne peut assumer seul son échec, il faut le partager. Les parents en seraient responsables, « ils mettent trop de pression ».

Plutôt que de laisser le jeune assumer un banal échec à un examen et pouvoir le relativiser, les parents se précipitent pour en partager la responsabilité. Ils s'engouffrent dans la psychologisation pour interpréter les obscures causes inconscientes, dont ils seraient la source. Une manière louable d'absorber la douleur de l'échec de leur héros. Cependant, ce système dépossède le jeune adulte de sa colère, de sa tristesse et renforce sa vulnérabilité. Ce n'est pas sa faute, il n'y est pour rien ! Il ne peut pas réparer lui-même ses erreurs et en sortir renforcé. Sans approximations et sans erreurs, il n'y a plus de remise en question, plus de possibilité de se découvrir humble et en devenir. Les jeunes brisés se considèrent comme des chevaliers vaincus sans cuirasse, ils n'ont plus l'énergie de la revanche.

Pour eux, dans une croyance infantile de toute-puissance, il faut réussir ou mourir. Devant un tel dilemme, la dépression est à l'affût, la fuite est fréquente. Une erreur, et tout risque de s'arrêter. Dans la fuite, ils ont l'illusion de reprendre leur destin en main : c'est une forme ultime de défense psychique. Puisque le jeune adulé ne se sent plus à la hauteur, il va forcément décevoir les projets parentaux, qui sont aussi les siens. En s'éloignant de l'emprise parentale, il ressent une bouffée de liberté intense. Mais celle-ci est souvent éphémère. Quelques mois plus tard, la culpabilité d'avoir trahi le projet familial revient puissamment. Les actes manqués et les prises de risque sont alors fréquents. Ceci est renforcé par les sentiments ambivalents d'amour et d'agressivité qui régissent toutes les dynamiques familiales.

Dans notre exemple, la sœur puînée, qui n'avait pas été aussi gratifiante et brillante scolairement, devient enfin visible et reconnue quand son aînée s'éclipse. Son look gothique et son niveau d'études s'effacent. Ses parents ressentent enfin la profondeur de ses qualités humaines. Elle est moins brillante, mais bien plus proche de toute sa famille, grand-mère comprise. Pour elle, le fantasme de rivalité, où l'aînée prend toute la place dans le cœur des parents, disparaît. Tout se rééquilibre : l'aînée merveilleuse et ratée a fui en Australie, elle ne pouvait pas faire plus fort en matière de distance. Elle s'est éloignée infiniment du succès et a laissé enfin la place à sa sœur oubliée et dénigrée qui refait surface dans l'espace familial libéré. Les parents coupés de leur lien idéal pourront en recoller d'autres plus authentiques.

2

Les habitudes

Goûts plus ou moins partagés

Papa m'a encore piqué mon magazine, il compare les performances de son dernier PC. Il a du mal à suivre, c'est sûr, avec une révolution technologique tous les trois mois. Je lui télécharge des logiciels dernier cri. Il jubile, étudie frénétiquement les applications et me fait une démo approximative. J'ai pitié, alors je passe parfois des nuits à l'éclairer. Maman râle et s'endort sur ses bouquins. Parfois on la surprend en train de mater des redifs de téléréalité, elle boude, alors on regarde avec elle et on se marre. Quand j'étais petit, on jouait à la console, mais le père a vite lâché l'affaire, je gagnais sans arrêt. J'adore les jeux d'arcade au graphisme de plus en plus saisissant. Ado, j'y restais scotché des dizaines d'heures. Maman prétendait que ça me rendrait idiot ou épileptique. Elle le confirme aujourd'hui devant mes SMS et mes mails phonétiques. Papa a une sorte d'admiration secrète pour le virtuel. C'est lui qui m'a acheté tous les jeux et les objets qui s'entassent dans ma chambre. Il a toujours cédé malgré leur tarif délirant. En fait, il est sympa mais un peu lourd et saoulant. Il m'appelle sans arrêt pour n'importe quoi, je suis forcé de le laisser en messagerie. C'est l'opposé total de papy qui déteste la musique, est ultraradin et muet. Papa a l'air tellement gêné quand on y va… du coup on évite.

Depuis le collège, je me suis mis aux jeux en réseau. Puis j'ai fini par y jouer comme un fou toutes les nuits. Quand je dormais un peu, j'en rêvais. Une vraie folie de toxico. J'étais trop cassé en cours alors je me suis un peu calmé.

Dans deux semaines, mon DUT se termine. Encore trois ans et je serai ingé en informatique. La fierté familiale, le rêve sur pattes de l'ascenseur social. En attendant, maman s'excite toujours sur le bazar débordant de ma chambre. Ma jungle de piles de CD, de BD et de jouets high tech. Papa continue à commander toujours plein de trucs qu'il me refile. Parfois je lui ramène un vinyle rare. L'autre soir, il a réussi à me traîner au concert vintage des Stones. En sortant du show, il s'est fâché quand je lui ai dit que les momies s'agitaient encore pas mal. Faut pas toucher aux idoles. Il m'a dit que je ressemblais à mon petit frère avec ses vannes d'ado et son rap abrutissant. Suprême insulte, on n'allait tout de même pas gâcher l'effet concert, alors j'ai ajouté que les grosses mains de Keith Richards faisaient encore de sacrés riffs. Il a accéléré et a mis « Street fightin' man » à fond.

La fascination de la technologie

Depuis trente ans, les produits high tech ont envahi l'espace intime. Depuis les frigos, les machines à laver et tous les robots ménagers des années 1960-1970, la sacro-sainte télé couleurs et ses cinq chaînes suivie des premiers PC des années 1980, les objets domestiques n'ont cessé de s'imposer. L'amoncellement est devenu la règle et la durée de vie des innovations s'est raccourcie à un rythme vertigineux. Les bons vieux produits solides aux marques fiables ont laissé la place à des nouveautés déjà obsolètes à peine sorties. La génération actuelle des jeunes adultes s'est développée avec cette surenchère de consommables technologiques. Les chercheurs, annonceurs et marchands leur ont dédié des segments ludiques qu'ils ont fini par s'approprier. Les parents ont été tout autant séduits que terrifiés par cette invasion domestique, avec une différence hommes-femmes tranchée comme dans l'exemple ci-dessus.

À peine sortis des idéologies anticonformistes, désireux d'éloigner le spectre de la consommation capitaliste, de nombreux parents coupés-collés ont d'abord été hostiles. Avec leurs précieux enfants manipulateurs et une certaine fascination pour ces nouveaux objets, ils n'ont pas résisté bien longtemps. Leurs moyens financiers progressant, ils étaient les cibles rêvées d'une consommation modernisée qui s'emballait.

Comme le garçon du récit, les jeunes Européens ont accumulé dans leur chambre des strates d'objets high tech. Cet amoncellement est une sorte d'enveloppe narrative qui atteste l'histoire ludique de leur courte vie surchargée de nouveautés. Les objets deviennent vite poussiéreux, dépassés, grossiers, leurs performances ridicules. L'accélération des technologies reflète les métamorphoses psychiques des adolescents. Les jeunes les bradent avec un soupçon de nostalgie dans les brocantes. Les proches cèdent facilement à leur constant réassort.

Ce goût particulier pour des objets toujours plus sophistiqués est partagé entre parents et enfants. Il se crée une forme de lien ludique monnayé. C'est ainsi que les liens affectifs s'entretiennent parfois à prix d'or. Dans l'exemple ci-dessus, le père cherche manifestement à partager ses goûts et ses envies high tech avec son aîné. Peut-être en opposition à un manque de communication vécu avec son propre père ? Cet échange, qui fonctionne désormais couramment durant l'enfance, se distend à l'adolescence. Les jeunes préfèrent partager leurs goûts sponsorisés entre eux. Certains parents ne supportent pas cet éloignement qui les renvoie jouer avec les amis de leur âge. Ils imaginent tous les moyens pour maintenir le lien infantile. Les manœuvres de séduction sont souvent grossières et agacent les jeunes. Toutefois ils résistent peu aux cadeaux hors de prix et font un effort de gratitude.

La communication et le nouveau langage

Dans les années 1980, le protocole informatique « IP » a permis la mise en réseau sur la « Toile » mondiale de tous les ordinateurs qui étaient jusque-là cantonnés à la bureautique. Un nouveau langage binaire (0,1) est né. L'écriture numérique est devenue un langage universel. Certains chercheurs considèrent cet événement planétaire comme tout aussi important que l'invention de l'écriture et de l'imprimerie. Ces techniques et ce langage universel ont été créés par de très jeunes bricoleurs de génie comme Bill Gates, le père de Microsoft, ou Matti Makkonen, l'inventeur du SMS. Les jeunes nés avec ces innovations sont les pionniers d'un nouveau style de communication.

Comme la mère de notre exemple, de nombreux parents fustigent les SMS et autres *chats* phonétiques qui, disent-ils, appauvrissent l'expression, effacent les couleurs et les subtilités de la langue. Mais, dans cette critique, il y a une confusion entre forme et fondement de la communication. La communication reste vivante, elle n'a jamais été aussi variée et ludique. Elle s'est affranchie de l'espace et du temps, et relie les individus et les pensées les plus hétéroclites. Malgré le flot d'images et de sons, on écrit et on lit encore énormément les commentaires.

Pour les parents coupés-collés, les livres restent sacrés, alors qu'ils ne sont pour les jeunes qu'un média parmi d'autres. Les femmes, qui lisent encore beaucoup, s'excluent partiellement de cette chronophagie des écrans (bien qu'elles regardent encore beaucoup la télé). Elles préfèrent les communications orales plus intimes de la téléphonie. Les hommes, généralement plus actifs, sont bien plus attirés par cette manipulation possible de l'image virtuelle. Dans l'ensemble, les uns et les autres ont pourtant constitué leur culture initiale par les échanges, les livres et quelques images fortes. Leur pensée s'est construite selon un raisonnement scolaire hypothético-déductif qui procède de l'accumulation et de la synthèse des expériences. Du côté des parents, comme le père dont il était question précédemment, il faut maîtriser son sujet. Mais, face aux arcanes des mondes virtuels, seuls les ingénieurs spécialisés ont la maîtrise des logarithmes. De l'antimatière aux trous noirs, des ondes pulvérisant la mesure du mètre étalon malgré la fiabilité du platine iridié, plus rien n'est vraiment réel. L'univers est bien plus saturé d'invisible que de matières visibles. C'est ce mouvement inauguré par les ondes et l'art abstrait qui a définitivement bouleversé la perception du réel. Les seniors se rassurent alors par leur éprouvé de la matière brute palpable, sensible, qui s'oppose à la tendance immatérielle.

Pour les jeunes, nés avec les espaces virtuels, la pensée est au contraire plutôt intuitive. Face aux situations inédites, ils mobilisent leur potentiel créatif, tâtonnent, anticipent un peu et tentent un essai : s'ils se trompent, ils recommencent et finissent par trouver la solution. Comme les nourrissons, ils se construisent une pensée cohérente dans un monde de l'essai-erreur : les nouvelles technologies perpétuent ce procédé essentiel. Toutes les premières explorations du bébé et ses échanges sont passés par la peau, le regard et surtout la main pour saisir et maîtriser le monde. Cette exploration originelle se prolonge dans ces mondes virtuels qu'on peut moduler, transformer, détruire d'un seul coup d'œil et d'un léger mouvement de la main. La souris, le clavier, l'écran et le joystick sont les outils des nouveaux artisans de la métamorphose. Une continuité hédoniste d'un principe sensori-affectivo-moteur découvert dès les premières interactions du bébé. Plus besoin de s'arracher les cheveux sur des notices mal traduites, les adolescents les comprennent intuitivement. Ils sont nés avec le virtuel, l'approximation et le jeu leur tiennent lieu de techniques. Leur pensée est plus fluide, moins encombrée et donc plus efficace. Ces jeunes communicants du virtuel ont donc inauguré un nouveau mode d'échange et de compréhension.

Certains psychanalystes s'en inquiètent, craignant que ce tiers virtuel ne soit qu'un refuge pour éviter les épreuves et les conflits psychiques. Une fuite de soi généralisée qui remplacerait le travail d'élaboration des pensées intérieures. Ils songent à une nouvelle forme de pathologie généralisée, plutôt *borderline*. D'autres, plus optimistes, qui avaient d'abord diabolisé ces nouvelles technologies, les considèrent maintenant comme de vrais outils thérapeutiques. Ce champ relationnel surprenant est devenu incontournable. Pour ces thérapeutes, c'est une médiation qui réinvente les modes de représentation du monde plus qu'elle ne les déforme – sans qu'on puisse exclure ses possibles dangers hypnotiques. Mais ils imaginent un avenir radieux pour ces jeunes créatifs surstimulés qui seront réactifs et sauront s'adapter aux continuels bouleversements du monde.

Les parents eux aussi oscillent entre ces deux courants. Certains craignent, comme la mère du récit, un avilissement débilitant ; d'autres, comme le père, y voient un avenir radieux qui abolirait les limites de la réalité.

Les nouvelles technologies sont tellement fascinantes qu'elles suscitent des craintes et des interprétations excessives. Inutile de diaboliser ou de banaliser un phénomène installé qu'il est surtout nécessaire de comprendre.

On ne se lâche plus

En vingt-cinq ans, l'envolée technologique de la téléphonie a achevé de bouleverser la communication. Lorsque les seniors étaient adolescents, une majorité n'avait pas encore le téléphone à domicile. Ils étaient contraints, et ravis, d'avoir des contacts réels. Ils poursuivaient la tradition épistolaire dans leurs lettres d'amour. Ce mode d'échanges demandait du temps, une intention lente encore prolongée par des transports poussifs. Avec la téléphonie fixe et son envolée mobile, l'espace-temps s'est considérablement réduit jusqu'à disparaître. Quels que soient l'endroit et la distance, il est possible de se joindre en permanence. Il y a eu une vague d'inquiétude plus ou moins légitime sur les dangers de l'impact des ondes sur les cerveaux des « téléphoniphages ». Après quinze ans de pratique, le débat reste polémique mais les conclusions floues. Les accros se rassurent et en rajoutent en se préparant des surdités précoces avec leurs écouteurs greffés aux oreilles.

En général, les parents eux-mêmes n'hésitent pas à appeler leurs jeunes sous les prétextes les plus futiles. Un pistage incessant qui agace les adolescents, lesquels laissent s'accumuler les messages et les recommandations anxieuses sur leur répondeur. À l'inverse, s'ils ont besoin du soutien familial, ils les « bipent », et les parents coupés-collés, dotés de forfaits illimités sur leur numéro favori, rappellent sans tarder. Une sécurité relative qui n'empêche pas de vivre des expériences inconnues, plus ou moins réussies, mais indispensables.

Si les jeunes s'éloignent du nid dans des escapades plus ou moins organisées, ils restent donc néanmoins connectés. Leur vie quotidienne se partage jusqu'à l'autre bout du monde. Les détails ennuyeux de l'existence avec lesquels chacun se débrouillait autrefois sont désormais commentés, expliqués et aussi assurés par des parents qu'on peut joindre à tout moment. Ce lien tribal universel donne une illusion de rapprochement communautaire alors qu'en réalité il n'est soutenu que par un échange verbal de banalités. En revanche, les déplacements les plus simples sont abolis, on se téléphone parfois dans des rayons différents du même supermarché ; pire, on envoie un SMS de sa chambre pour ne pas venir à table. En conséquence, le face-à-face devient rare. S'approcher, se regarder mutuellement devient gênant. Une forme typiquement adolescente d'évitement.

Les jeunes n'aiment pas en effet qu'on les observe, qu'on les fixe. Ils évitent souvent le regard des adultes qu'ils peuvent ressentir comme une intrusion insupportable. Cette impression persécutive se développe à la puberté au moment de la poussée de tous les émois sexuels. Le regard des adultes est alors assimilé à un viol : « Arrête de me regarder comme ça ! » Plus tard, le regard des parents est vécu comme une intrusion dans les pensées et le raisonnement : « Qu'est-ce que tu insinues ? » C'est peut-être pourquoi la téléphonie et les SMS restent des modalités privilégiées par rapport à la visiophonie.

L'emprise high tech

L'extraordinaire essor d'internet fascine autant qu'il effraie. Des milliards d'informations sont désormais échangées et, entre internet et les téléphones mobiles, la moitié de la planète est aujourd'hui connectée. Les pays les plus pauvres héritent de nos produits vite démodés et développent eux aussi leurs échanges et leurs communications. Le réseau mondialisé de la Toile autorise la circulation d'informations libres et variées et ouvre l'accès aux savoirs pour tous, une idéologie véritablement révolutionnaire.

Ce flux d'informations partagées reste inquiétant. Car s'il envahit la Toile, on en ignore souvent l'expéditeur. La confusion et les rumeurs règnent. La puissance des connexions pourrait bien déstabiliser l'économie et les gouvernements. Chaque État imagine des garde-fous, des lois antitéléchargement, des blocages d'accès, des taxes nouvelles… Rien n'y fait, l'information arrive à circuler en dehors des circuits officiels. L'imagination des *hackers* et les astuces des jeunes ou des vieux internautes constituent un nouveau jeu transgressif. Dans nos contrées pacifiées et démocratiques, la plupart des jeunes se contentent de télécharger plus ou moins illégalement des jeux, de la musique ou des vidéos. Ils les stockent dans leurs médiathèques privées, mais rarement pour en faire le commerce. Dans les échanges *peer to peer*, on retrouve cette idée d'une gratuité généralisée qui renverserait les principes capitalistes de la consommation. Un jeu de troc de denrées culturelles qui renvoie à la « pureté de la jouissance immédiate » dont parlait Raoul Vaneigem en 1967 dans son *Traité de savoir-vivre à l'usage des jeunes générations*[1]. Un lien idéologique où parents et jeunes retrouvent un ersatz d'élan révolutionnaire situationniste.

Les parents coupés-collés, bien qu'officiellement garants de la loi, s'offusquent mollement de cette transgression. Ils profitent eux aussi, comme le père du récit, des failles de la nébuleuse pour obtenir des logiciels piratés avec la complicité technique de leurs jeunes. La crainte d'un pillage généralisé au nom de l'échange gratuit et solidaire débattue aux parlements est surtout celle du pouvoir marchand. Les manipulations commerciales sont en fait redoutables et s'amusent de cette pseudo-révolution de salon. Car les interdits contournés ont besoin de nouveaux matériels sophistiqués. Les téléphones portables sont repérés par satellites. Les copieurs de disques et les outils de stockage sont souvent produits par les compagnies mêmes qui crient au pillage de leurs auteurs. Dans ces aléas virtuels, le chat devient souvent la souris.

Un monde virtuel

Ces trente dernières années, les jeux aussi se sont modernisés et individualisés. Après ceux, collectifs, de l'école et du sport, les Lego, les parties de Monopoly ou de Scrabble par-

1. Éditions Gallimard.

tagées avec les parents durant l'enfance, l'apparition des consoles de jeux dans les années 1980 a transformé l'espace ludique de l'enfance en un spectacle TV répétitif. Ces nouveaux objets fascinants ont tout d'abord été décriés comme des activités dangereuses, créant des risques épileptiques, stérilisant l'imaginaire et favorisant l'addiction aux images. Malgré l'adhésion parentale à ces craintes dramatisées, le désir des enfants et des adolescents d'obtenir ces fétiches high tech a été le plus puissant. À contrecœur, les parents ont fini par céder à ces nouveaux segments de la consommation. Les consoles de jeux ont inauguré une nouvelle ère où le virtuel est devenu un partenaire ludique incontournable. Le jeune de notre exemple décrit bien cette attirance hypnotique.

Ces consoles domestiques ou portatives sont devenues les nouveaux doudous, qui provoquent des crises si on les éteint. Les parents coupés-collés, à l'autorité capricieuse, laissent faire : « Pendant ce temps, ils sont occupés et calmes ! » Les semi-résistants se déculpabilisent vite de leur faiblesse : ils se rassurent avec l'appui d'études scientifiques sur les bienfaits cognitifs de ces objets multimédia qui développeraient des capacités précoces d'attention, de fluidité de mémoire et de raisonnement. L'important est de faire en sorte que leurs enfants aux potentialités fabuleuses ne s'ennuient jamais !

Ces médias de stimulation continue auraient cependant des répercussions sur la notion du temps. Certains enfants de 10 ans trouvent que le temps file trop vite, impression identique à celle de leurs parents surchargés de contingences. Surstimulés depuis leur naissance, ils ne savent plus prendre le temps d'observer leur environnement. En rentrant de l'école, durant les trajets en train, en voiture, dans les salles d'attente..., ils ont toujours un jouet électronico-hypnotique à portée de main. Tous ces moments informels sont comblés. Ils ne savent plus rêvasser, ne rien faire d'utile ou de distrayant. Leurs parents coupés-collés s'accommodent de ce retrait quotidien qui donne parfois l'impression d'une cohabitation de mondes clos sans parole. Peu importe la laisse, l'essentiel est de les garder proches et captifs.

Les adolescents joueurs en ligne ou simplement les joueurs de console endossent virtuellement, avec délice et agressivité, le rôle de guerriers indestructibles, ou d'épouvantables mafieux. Des fantasmes archaïques en boucle, sans autre exutoire que la répétition. Mais si les exemples pathologiques semblent répandus, ils ne sont souvent que des caricatures du malaise adolescent. Cet engouement excessif sert surtout de décharge pulsionnelle et de support identificatoire à des héros tout-puissants. Phénomène identique à celui qu'ont connu à la même période leurs parents, lorsqu'ils rêvaient des pouvoirs surnaturels des héros de contes de fées, de BD ou de cinéma.

Les jeux virtuels sont aussi une nouvelle arme d'opposition et de conflit avec des parents dépassés. Ceux-ci hurlent en découvrant les nuits blanches passées sur les jeux vidéo à la veille d'un contrôle d'histoire. Ce qui ne les empêchera pas quelques jours plus tard de critiquer la pédagogie du professeur et de racheter le dernier jeu à la mode. Après des années de volte-face, ils ont fini par abdiquer face aux jeunes adultes et se désolent de constater cette boulimie qu'ils ont relativement favorisée.

L'intimité dévoilée

Les filles jouent moins aux jeux vidéo et échappent aux identifications viriles magiques des héros virtuels. Cependant, elles utilisent d'autres registres technologiques. Elles « chattent » des nuits entières ou créent leurs blogs dans lesquels elles révèlent une intimité qui peut se trouver mondialement dévoilée. Elles fréquentent en masse les « réseaux sociaux ». Dans ces Facebook et autres Twitter, on se découvre des centaines d'amis qui partagent hobbies, idées et goûts, mais qui restent souvent virtuels. Le psychanalyste Serge Tisseron y voit émerger un nouveau rapport à l'intimité. Il décrit cette tendance sous le nom de « désir d'extimité[1] ». Il rappelle que les jeunes sont perpétuellement mis en images depuis leur plus tendre enfance ; le moindre détail de leur quotidien a été photographié, filmé, enregistré. Les parents collectionnent ces instantanés : l'échographie, les biberons, les premiers pas, les fêtes, les vacances, les représentations, les compétitions... Autant de moments phares enregistrés dans la mémoire émotionnelle familiale qui s'exalte à chaque souvenir. Les parents coupés-collés aimeraient pouvoir prolonger éternellement cette admiration vibrante.

Pourtant, malgré cette observation détaillée, chaque enfant et adolescent garde une vie psychique intérieure privée. Son jardin secret. Un lieu unique où pensées et désirs se cachent et se construisent à l'abri des regards intrusifs des proches. L'enfant qui disparaît dans l'adolescent refuse d'être plus longtemps le fétiche exaltant de ses parents. Il

1. *L'Intimité surexposée*, Ramsay, 2001 ; rééd. Hachette, 2003.

s'éloigne, refuse qu'on le regarde, qu'on le fixe sur un cliché. Il découvre l'étendue du monde, cherche son style, s'étonne de découvertes, de plaisirs, d'émotions. En grandissant, il préfère réserver ses expériences à son groupe d'amis. Ces instants partagés avec ses pairs ne sont pas forcément glorieux ou valorisants. Des moments de vie symboliques, anniversaires, diplômes et autres, sans autre éclat que quelques transgressions, maladresses ou émotions brutes. Mais c'est ainsi qu'il se constitue sa propre histoire, détachée de l'emprise familiale.

Paradoxalement, il reste néanmoins accroché aux désirs parentaux d'être le plus beau, le plus merveilleux… Il oscille alors entre l'exhibition de ses nouveaux savoir-faire et la pudeur. Il dévoile ses petits secrets et expériences dans des blogs visibles par tous, y compris ses parents. Le « désir d'extimité » serait alors un mouvement humain essentiel d'exposition d'une partie de sa vie intime, de son monde intérieur, afin d'avoir un retour, une validation de sa façon de vivre, de penser, à travers les réactions des autres. Grâce à ces observations critiques, le désir d'extimité se découvre dans les regards multiples des autres, se module et enrichit la perception de soi. S'exhiber ainsi est très différent d'un étalage intime total. Pour Serge Tisseron, il s'agirait plutôt d'une complémentarité. L'image et l'être profond sont deux choses bien distinctes ! Cet élan est particulièrement sensible chez les jeunes en pleine métamorphose et découverte de soi.

En scrutant l'« extimité » de leurs jeunes, les parents ont l'illusion de pénétrer intimement leur pensée. Ils ont l'impression que rien ne leur échappe. De leur côté, les jeunes qui se savent épiés en profitent pour faire passer des messages impossibles à exprimer autrement : des attirances homosexuelles, des conduites à risque, des addictions… Autant d'attitudes et de ressentis qui sollicitent un avis parental. Ces confidences délicates ne réclament pas forcément un soutien inconditionnel ou une sanction, plutôt un partage, un avis et souvent un besoin criant de protection.

Contrairement à leurs enfants, les parents ne font pas de blogs où ils diffuseraient les photos de leur dernier barbecue. Ils sont plutôt à l'affût d'informations nouvelles, plus pragmatiques, professionnelles, techniques. Ils se construisent parfois des espaces de rencontre de passionnés : un aquariophile cherchera ainsi à communiquer avec des accros du monde entier sur les différentes façons d'entretenir les aquariums. Des échanges d'objets de collectionneurs circulent sur ces sites d'initiés. Ces rencontres mondiales fabuleuses sont intergénérationnelles. Les jeunes, sans forcément partager la passion de leurs parents, s'y intéressent et en sont souvent fiers. Les passionnés sont toujours étonnants. Si, comme dans notre exemple, le père est collectionneur de vieux vinyles, il devient possible de le surprendre en lui offrant une rareté.

Certains parents, plus fragiles et esseulés, n'hésitent pas à se chercher des nuits entières un être idéal sur les sites de rencontres. Ils sont fréquemment déçus, mais s'obstinent, tant la solitude est parfois insupportable. Dans leurs messages, ils recourent aux mêmes confidences intimes que celles tant critiquées chez leurs ados, qui sont pourtant bien plus pudiques. Cette fragilité les amène parfois à régresser et inverser les rôles en demandant leur avis à leurs jeunes adultes sur une attitude à tenir. Comportement a priori insolite mais qui a une fâcheuse tendance à se répandre.

D'autres adultes profitent de la proximité virtuelle pour

vivre leurs fantasmes sexuels sur des sites chauds que leurs enfants finissent souvent par découvrir. Ces jeunes curieux sont alors dégoûtés, voire seulement désabusés par un étalage intime qui se prolonge parfois depuis leur enfance. Ils ont eu des parents vulnérables qui les ont envahis de confidences sordides sur leur vie sexuelle et leurs frasques amoureuses, ils en découvrent la sinistre preuve numérique. Un renversement caricatural d'attitude adolescente.

La confidence en ligne s'est mondialisée. On y découvre autant de naïveté que de dépressions. Tous les âges étalent leurs désirs et leur désarroi. Le web est devenu un psy planétaire : il peut tout entendre sans juger ni même intervenir. La consultation est souvent gratuite, il y a juste à subir quelques pubs. Cependant, il serait ingénu de penser que se dévoiler suffit pour se comprendre. L'étalage intime du net trouve vite ses voyeurs et ses adeptes. Cet écho planétaire qui mêle exhibition et confidence conforte les points de vue plus qu'il ne les bouscule et la confrontation au regard de l'autre est biaisée par la communauté virtuelle qui contredit rarement celui qui s'expose.

En ce sens, la complaisance parentale (de surface) sur toutes les attitudes, y compris les plus tendancieuses, se retrouve dans le prisme conciliant des internautes.

Une ouverture cloîtrée

Le monde virtuel, tant critiqué pour ses risques d'enfermement, reste un moyen idéal de captivité dorée pour conserver les jeunes au foyer. Ils ne bougent plus, enfermés dans leurs jeux et dans leur chambre. Ils ne se sauveront pas. À leur âge, leurs parents en mal de liberté et d'autonomie cherchaient tous les moyens pour fuir le foyer familial. Désormais, le nid ne se vide plus. On cohabite, parfois avec des tensions, mais on ne se lâche plus. Si un jeune joue en MMORPG (jeux de rôles en ligne massivement multiplayers) avec des internautes connectés à l'autre bout de la planète aux avatars médiévaux fantastiques, il n'en reste pas moins à quelques mètres de ses parents coupés-collés.

La mondialisation de la Toile pourrait donner des ailes tant les territoires sont ouverts, dans un zapping hallucinant. Ce lien instantané extraordinaire abolit les distances et l'espace. Mais il est plus confortable de rester au chaud, tout près du micro-ondes, plutôt que d'aller rencontrer en réalité des autochtones charmants qui gèlent dans une yourte. Ému par cette proximité virtuelle, on envoie un *smiley* au surfeur mongol et on met en veille : le livreur de pizzas sonne à la porte.

Les jeux en réseau

Les progrès du numérique ont eu tous les effets prévus. Aussi fascinants dans les images 3D de monstres que dans les échographies de fœtus. Cette fascination inquiétante observée dans les addictions aux jeux en réseau tue parfois des passionnés absolus.

L'excès concerne plutôt des garçons enfermés dans une excitation virtuelle sans fin. C'est un enfermement total qui exclut durant des mois tout contact, toute relation. Ces jeunes drogués ne pensent plus, absorbés par une répétition motrice réflexe, ayant abandonné tout besoin alimentaire, relationnel ou sexuel au profit d'une immersion infinie dans des avatars idéaux. L'avantage que proposent la plupart des jeux, c'est l'immortalité partielle : on peut ressusciter dix fois ! Plusieurs vies sont à portée de manettes, alors que la vie réelle est une aventure si incertaine et angoissante pour tous les adolescents.

Les accros les plus pathologiques finissent par y laisser leur peau réelle. Sur toute la planète, on ouvre des consultations psy pour les addictions au virtuel. En Corée du Sud, on déplore régulièrement de nombreuses victimes. En Chine, des millions d'enfants uniques hypergâtés, « les empereurs », s'intoxiquent joyeusement ; face à l'impuissance éducative de leurs parents, on tente de les rééduquer à l'effort dans des cliniques musclées. Ces cas restent pourtant rarissimes parmi la masse des millions de joueurs en ligne. Des périodes toxicomaniaques peuvent exister à l'adolescence, elles permettent de ne plus penser aux traumatismes, aux questions existentielles, de s'oublier soi-même comme l'exprime le jeune du récit, mais elles durent rarement.

Les parents coupés-collés, qui se prétendent dépassés et s'affolent de ces addictions généralisées, ne cessent pas pour autant d'offrir à leurs progénitures des abonnements ou des jeux hors de prix. Leur indignation cède facilement aux sirènes du progrès et aux designs alléchant des produits high tech. Ils glissent eux aussi dans des attitudes de *fashion victims* et achètent régulièrement les derniers objets du culte médiatique. Certains jouent eux-mêmes ou achètent compulsivement en ligne. Jeux de hasard, poker ou enchères à domicile : en un seul clic, le salaire mensuel peut disparaître. Ces adultes vulnérables sont les vrais candidats à l'addiction au net. Comme tous les toxicomanes, ils se mettent en danger avec leurs envies frénétiques qui n'ont aucune limite. Ils ruinent souvent leurs finances ou celles de leurs proches et finissent seuls après avoir abusé et usé leur entourage. La critique ordinaire d'une jeunesse survirtualisée accro et obsédée masque parfois un fonctionnement parental identique, voire pire.

La téléréalité

La téléréalité a déjà dix ans, dix ans depuis que le premier Loft a lancé le spectacle de la vulgarité et de la bêtise adolescente sous les regards excités de millions de téléspectateurs qui téléphonent chaque semaine sur des numéros surtaxés pour éliminer le « maillon faible » qui retournera dans l'anonymat. L'essentiel est de ne pas trop zapper au moment des pubs. Dix ans d'étalages intimes aux allures d'hôtels-clubs, voire de sex-shop. La « pulsion scopique » collective ne résiste pas au spectacle du sordide.

Devant l'engouement général, les journaux les plus prestigieux ont largement commenté ce nouveau « phénomène de société ». L'intimité du quotidien est devenue un marché mondialisé. De la télé à internet, le voyeurisme s'amplifie. Les jeux du cirque moderne utilisent des gladiateurs mous, galvanisés aux jeux vidéo. Aucune préparation physique ou intellectuelle n'est requise. Il faut uniquement avoir le bon profil pour être « casté par la prod ». Les candidats se bousculent, prêts à tout pour une notoriété autant spectaculaire qu'éphémère. Leurs parents candides leur apportent un soutien inconditionnel et sont fiers de les voir s'exhiber : leur héros exceptionnel va enfin être reconnu par l'ensemble du pays. Les jeunes acteurs, épuisés de ne rien faire, s'effondrent d'émotion à la moindre occasion dérisoire. Leurs parents-voyeurs s'allient à leur dramaturgie hystérique. Ils font partie du spectacle, Tout se partage, le succès dérisoire et les larmes de crocodile. Parents, enfants et adolescents se régalent parfois ensemble de ce spectacle pitoyable qui caricature à peine leur existence.

Les musiques

Au milieu des années 1950, la musique s'est alliée à la naissance du concept d'adolescence. Le rock'n'roll est devenu le langage universel de la jeunesse. Cette musique totalement nouvelle en a été le témoin, le révélateur, le catalyseur. Depuis Chuck Berry, le rock'n'roll est resté un vecteur de provocations, un incitateur à des jouissances en rupture avec les exigences productives et aliénantes de la société. Un refus systématique du pouvoir, de l'autorité du contrôle. Une pensée universelle de liberté de l'esprit et du corps.

Dans cette lignée, la musique inventée par de jeunes groupes anglo-saxons des années 1960-1970 a été le paradigme de la rupture générationnelle. Dans l'histoire de la musique, il n'y avait jamais rien eu d'aussi universel : un mouvement planétaire créé par une poignée de jeunes musiciens âgés de 16 à 25 ans. La radio, les disques et les concerts ont répandu une vraie culture jeune et populaire du rythme et de la provocation festive. Suivant la tradition collective de la transe, garçons et filles ont perpétué les mouvements du corps électrisé de rythmes dans une filiation joyeuse. La musique mondialisée et ses messages libertaires ont accompagné toutes les jeunes générations.

Malgré la récupération commerciale, l'excitation et le malaise adolescents s'expriment toujours idéalement à travers la musique. L'émotion musicale reste vibrante, puissante, violente, sexuelle.

Les parents coupés-collés ont autrefois bénéficié de cet élan émotionnel et ne sont plus aussi radicaux que l'étaient leurs ascendants qui supportaient mal les engouements « bruyants » de leurs ados. De nos jours, la rupture intergénérationnelle n'est plus aussi facilement marquée par les goûts musicaux. Le rock n'est pas mort, loin s'en faut, il est omniprésent et conserve toute sa fraîcheur. Dans les mélodies actuelles, les seniors déplorent un peu le plagiat, la répétition ou le manque d'inventivité. Cependant, ils ne détestent pas retrouver leur jeunesse au travers d'une trame mélodique ubiquitaire, et que l'on retrouve jusque dans les publicités.

Il y a un lien universel évident dans toutes les formes de musique, et davantage encore depuis les années 1960. Les attirances des jeunes pour les musiques cultes des années de jeunesse de leurs parents sont évidentes : les Beatles, Jimi Hendrix, les Doors, ou les Rolling Stones font encore recette, phénomène entretenu par les seniors qui assurent le marketing de leurs idoles. Il y a là un élément profond de communion émotionnelle. Les parents coupés-collés fredonnent avec leurs jeunes des « Jumpin' Jack Flash » et autres « Lucy in the Sky », beaucoup plus attachés à la mélodie nostalgique qu'au contenu des messages d'incitation à la transgression et à la prise de drogues : « *Are you experienced ?* » Quarante ans plus tard, la dissidence des messages des musiques des *seventies* s'est transformée en un lien mélodique commercial dénué de toute virulence révolutionnaire.

Tout comme le rock'n'roll fustigé en son temps, le rap poursuit tout de même la tradition de la provocation tonitruante et de l'incitation à la transgression et à la violence.

Toutes les musiques « rebelles » conviennent à l'énergie et au style des ados.

Le rap s'interprète souvent comme une marque identitaire pour des générations issues des classes sociales défavorisées, le plus souvent immigrées. Ils n'ont pas eu la même histoire familiale de réussite que les Blancs du même pays. Les liens de solidarité filiale sont dans ces populations souvent inversés : les enfants soutiennent leurs parents, victimes du système et de la discrimination. L'autonomie financière est impérative, on ne peut pas compter sur les subventions parentales. Les loyautés familiales sont à la fois culturelles et socialement incontournables. La séparation n'est pas inscrite culturellement, l'individu passe après les nécessités du groupe. Pour des raisons inverses cependant, autant culturelles qu'inconscientes, la tendance des jeunes adultes reste ce collage aux parents, comme dans d'autres milieux sociaux : les jeunes s'accrochent à leurs territoires d'enfance, leurs racines, même s'ils sont désastreux.

Comme la majorité des adolescents, les jeunes rappeurs n'échappent pas à la nostalgie d'un monde infantile sans contrainte. Un univers où règne la pensée magique malgré leurs confrontations permanentes à une réalité cruelle. Dans le business du rap, l'étalage outrancier de sexisme, violence et consumérisme fait partie du « cahier des charges ». Leurs aspirations de réussite sociale sont imbibées de fictions, de fortunes rapides et d'allégories mafieuses. Mais seuls les plus fragiles confondent show et réalité.

La musique reste un nectar attractif qui incarne le lien transgénérationnel. Dans l'exemple ci-dessus, les goûts musicaux d'adolescent rebelle du père amusent plus qu'ils n'emballent son fils. Il le suit pourtant au concert et partage certainement une réelle émotion dont il se défend par ses railleries. À travers un rythme, une mélodie, celle-ci jaillit facilement. La musique est certainement le vecteur le plus direct de ces retrouvailles émotionnelles avec les élans de l'adolescence. Cette vibration réactivée par un « riff », une voix, une ambiance, appartient à chacun. Le partage est possible, on reprend les refrains, on tangue ensemble, on allume son briquet ou plutôt son portable… Une soirée formidable pour le lien familial, même si la profondeur des sentiments liés au spectacle reste une affaire personnelle.

Addictions

Le psy était un vrai géant. Il me dépassait d'au moins deux têtes. Pour un premier rendez-vous, c'était plutôt marrant. Après des années de résistance où je croyais que les psys étaient réservés aux fous, j'avais fini par céder à la pression de la mother. Je n'avais jamais rencontré de psy et celui-là était hors norme, ça m'a dérouté. On s'est retrouvés face à face et il avait l'air de sentir combien j'étais mal à l'aise. Au bout de cinq minutes j'ai relevé la tête et c'était parti. Je lui ai parlé de ma nervosité, de mes études foirées, de mes conneries, de mon insolence rebelle et du retour chez le père après dix ans de mother exténuée. Je lui ai parlé de ma sensation perpétuelle de vide et d'ennui. Je déballais tout ce foutoir sans retenue. J'en parlais jamais. Avec sa démesure et sa voix sympa, il m'avait bien eu. Après une demi-heure, il m'a arrêté et m'a serré la main. Quand il s'est levé, le contraste des tailles était éclatant. J'étais devenu une sorte de nain dodu face à un géant sec. J'aurais bien pris une photo. En rentrant, j'ai tapé une clope au père qui m'a demandé : « Alors, concluant ?

– Ouais, c'est une vraie girafe !» Il est parti d'un bon rire toussant étouffé de fumée. À 22 ans, je fumais presque autant que lui, un bon paquet par jour. Ça nous coûtait une petite fortune mais on avait des réserves, toutes ces cartouches qu'il ramenait du duty free. Maman ne fumait pas et trouvait que je puais. Dès que je retournais la voir, elle lavait toutes mes fringues pour que je retrouve mon odeur d'adoucissant.

En roulant mon joint du soir, j'ai repensé à la mother. Elle aussi dormait mal. Une nuit elle m'a surpris dans ma chambre. Elle a hurlé, m'a sorti le couplet sur les drogues, le même depuis le collège. Elle a ajouté que je ressemblais de plus en plus à mon père, ce vieil ado dégénéré. Je n'ai rien dit, et j'ai écrasé le bédo. C'est vrai que le père fume pas mal avec moi. On s'est même fait une belle plantation transgénique hollandaise dans le grenier. Si elle le savait, je crois qu'elle nous massacrerait. Après m'avoir encore grillé un soir, elle m'a salement secoué pour que je voie enfin le géant. Le père était plutôt contre mais il a abdiqué. Il doit se sentir un peu piteux, en plus du shit, il aime la noblesse du grain. Il m'a initié au pinard, mais avec lui ça tourne vite à la foire de dégustation. Enfin, c'est toujours mieux que les soirées où on mélange tout ce qui traîne dans un cocktail-dégueulis assuré. Bien cassé, comateux, on se dit que c'est la dernière fois, mais, j'sais pas pourquoi, on y retourne. La nuit m'engourdit enfin. J'ai rendez-vous demain, j'en parlerai peut-être au géant.

Un bref historique

Dans les années 1970, il y a eu une invasion généralisée des drogues illicites que les jeunes consommaient en accord avec une idéologie pacifique et communautaire. Beaucoup de parents coupés-collés, alors ados, ont tenté l'« expérience » des drogues vantée par les groupes de rock et véhiculée par des ouvrages cultes. Elles n'étaient pas assimilées à des substances dangereuses, au contraire. Elles permettaient de s'évader, de découvrir l'inconscient personnel et collectif, de se lier aux autres, de développer des facultés créatrices, de se détacher d'un monde figé et aliénant... Les informations médicales sérieuses étaient reléguées du côté des adultes hygiénistes. Il régnait en matière de produits toxiques une allégorie ingénue relayée par des rassemblements et des expérimentations festives. Les concerts mythiques étaient une invitation aux voyages cosmiques favorisés par la musique, le LSD et le cannabis.

Dans les populations les plus fragiles sociologiquement et psychologiquement, ces essais festifs ont tourné au drame. La mode de l'injection de l'héroïne et des amphétamines a définitivement supprimé les aspects ludiques des expérimentations. Certains adolescents fragiles ont basculé dans ces pratiques sordides. La dépendance physique et surtout psychique à des produits puissants a causé de nombreux dégats. Après vingt ans d'évitements, de naïveté et de semiliberté, les ravages du sida, des hépatites et de la toxicomanie ont déclenché l'alarme. Les produits phares des années 1970 sont enfin sortis de leur aura mystico-musicale.

En outre, les jeunes toxicomanes avides ont dû multiplier les transgressions pour se procurer leurs doses : vols, violences, braquages, prostitution... Ils ont été stigmatisés, rejetés, incarcérés, rarement soignés. Ils sont souvent morts d'overdose.

La dépendance

Chacun à sa manière est un consommateur occasionnel ou régulier de drogues. Toutes les substances qui modifient l'humeur, la douleur, la perception, le bien-être sont susceptibles de devenir des drogues. Des tisanes aux neuroleptiques, de l'aspirine à la morphine, du tabac à l'alcool et au cannabis... Peu importe le produit, pourvu qu'on ait l'ivresse ou le soulagement. Toutes les civilisations ont leurs produits psychoactifs de prédilection qui s'allient aux rituels et aux célébrations festives. Cette universalité interroge : n'y a-t-il pas pour chacun d'entre nous une certaine propension ontologique à l'addiction ?

La dépendance n'est pas tant un état physiologique que psychologique. On ne peut comprendre ce phénomène tragique et profondément humain sans considérer le fait qu'il se situe à la frontière du biologique, du social et de l'inconscient. Il y a des types de produits, d'activités, des lieux, des circonstances, des personnalités, qui favorisent le besoin toxicomaniaque. Les origines de la dépendance sont toujours multifactorielles. Tout est interdépendant : il est impossible de traiter séparément l'usager, avec sa sensibilité physique et psychique, son histoire, un moment particulier de sa vie ; le produit toxique, selon son goût, ses effets, sa disponibilité, ce qu'il représente pour l'usager et la société ; et la situation sociale, liée aux éléments culturels, circonstances, lieux de vie, modes...

Le cas cité illustre bien cette interdépendance. Avec son vécu de séparation parentale, ce jeune a des difficultés à quitter son père dépendant. Il vit avec lui dans une complicité troublante qui banalise tout usage de toxiques.

Dans les années 1980, le terme de dépendance a été remplacé par celui d'addiction, issu d'un terme anglais : *to addict* (s'adonner à), dérivé lui-même du latin *addictus* : qui a une dette à payer après un jugement, débiteur à vie d'un plaignant pouvant exiger « une contrainte par corps » jusqu'à l'esclavage. Une étymologie significative. Ce nouveau concept d'addiction s'est élargi et concerne autant les produits toxiques que les comportements, voire les personnalités pouvant entraîner un syndrome de dépendance.

Que ce soit l'alcool, le tabac, le cannabis ou les tranquillisants, la dépendance s'installe avec une impossibilité à y résister. Les individus dépendants retournent sans cesse vers leur drogue pour en retrouver les vertus et les vices dans une spirale infinie. L'envie irrépressible s'entretient d'elle-même avec la crainte du manque et l'angoisse qui l'accompagne. Insidieusement, le charme de la vie s'efface au profit de la recherche exclusive de la satisfaction d'un besoin. Quel que soit le produit toxique, licite ou non, l'avidité d'en absorber rend complètement « accro ».

L'esclavage de la dépendance est en fait beaucoup plus varié que la liste de toutes les substances toxiques. L'addiction peut aller du tabac à l'héroïne, mais aussi du sport ou du jeu compulsif à la boulimie en passant par l'ergomanie (addiction au travail !). La répétition de ces conduites, dangereuses par leurs excès, apporte son lot de sensations physiques (agréables ou non) et de troubles psychiques allant de l'excitation à la dépression. Dans notre exemple, père et fils sont embarqués dans ce processus addictif avec les produits phares du moment : alcool, tabac, cannabis.

Le cercle vicieux

À la suite du célèbre Dr Olievenstein, de nombreux psys ont mis en évidence un modèle psychodynamique du processus de la dépendance. Il s'inscrit dans un cercle fermé d'autorenforcement que l'on pourrait schématiser ainsi : dépression → incapacité à assumer les frustrations → prise de produit → plaisir et sensation illusoire d'une amélioration de l'estime de Soi → le Moi devient tout-puissant, tout est possible → les effets magiques et euphorisants s'estompent → la réalité revient avec son lot d'angoisses, encore plus sombre → la culpabilité dévore, la dépression arrive → incapacité de résister à la frustration → prise de produit...

Cette spirale ne cesse de se renforcer, installant la toxicomanie au centre d'un processus qu'on peut difficilement briser, au risque de déclencher une dépression grave, voire une sorte d'atomisation de l'individu.

C'est un mécanisme psychique très répandu au moment de l'adolescence, période clé de l'existence où il faut sans cesse renoncer à ce que l'on a été, s'abstraire de la dépendance des parents, faire le deuil de l'enfance et de ses plaisirs. Un temps exagérément long et hésitant aujourd'hui. Les jeunes restent souvent en suspens avec leurs parents coupés-collés, avant de s'engager vers un avenir d'homme ou de femme si incertain. Les étapes à franchir génèrent de l'inquiétude et une certaine forme de dépression, la fameuse morosité de l'adolescent.

Lorsque ces jeunes traversent une période particulièrement critique – examens, chagrin d'amour, séparation parentale, conflits familiaux ou amicaux... –, ils éprouvent un malaise profond qui se surajoute à leur mal-être intrinsèque. Ce malaise anxio-dépressif est insupportable, il faut s'en débarrasser. Les produits phares du moment (aujourd'hui cannabis et alcool) offrent un moyen de l'estomper. Le jeune s'euphorise et s'oublie souvent en groupe, mais le retour à la réalité solitaire est encore plus cruel et la dépression, qu'il croyait évacuée, revient renforcée. C'est ce qu'on pourrait appeler l'effet boomerang de l'évitement. La conduite de fuite qui consiste à se mettre la tête dans le sable ou dans les vapeurs de toxiques n'empêche pas le souffle de la tempête autant à l'extérieur qu'à l'intérieur des individus.

Les origines de la dépendance

Selon les psychanalystes, l'origine de la dépendance psychique est profondément inscrite dans l'histoire primitive des individus. Elle dépend de la qualité des premiers échanges relationnels parents/enfant, période où le bébé est entièrement dépendant. Des accidents, des ruptures (séparations, deuils, hospitalisations...) peuvent perturber les premières relations alors même que l'enfant est en pleine construction. C'est surtout la durée et la répétition de ces traumatismes qui sont dramatiques pour l'avenir.

Dans ces interactions pathologiques, l'entourage de l'enfant se montre régulièrement dangereux et toxique. Les contacts avec le bébé sont perturbés, froids, violents, fusionnels ou/et rejetants... L'enfant carencé n'arrive pas à acquérir une sécurité interne suffisante, il est toujours inquiet, rien n'est fiable et solide. Ses parents sont absents, ou au contraire étouffants, mais toujours dangereux. Ce style d'enfant traumatisé a du mal à s'autonomiser même s'il jouit de bonnes capacités de résilience (sa personnalité naturelle renforcée par des bonnes expériences). Tout au long de son développement, il poursuivra cette recherche avide d'amour et de soutien jamais satisfaite durant sa petite enfance. En psychanalyse, on parle d'un besoin perpétuel de *relation anaclitique*, c'est-à-dire « s'appuyant sur » l'autre pour exister. Un tel enfant est hyperaccaparant, il faut sans cesse s'en occuper, l'écouter, le regarder, l'aider… Il est prêt à faire tout et n'importe quoi pour qu'on ne le lâche pas ! Il épuise son entourage qui se sent vampirisé et qui finit par le rejeter, renforçant ainsi ses craintes d'abandon.

À l'adolescence, la séparation de la dépendance parentale, déjà difficile pour tous les jeunes, est quasiment impossible pour ces enfants. Il leur faut un autre soutien, plus puissant et porteur que l'affection des proches. La plupart des adolescents se regroupent alors, pour se sentir plus forts, ressoudant leur moi bousculé par les changements, et s'excitent ou s'intoxiquent en groupe pour éviter le malaise qu'ils ressentent tous plus ou moins. Les plus fragiles d'entre eux, ceux dont les carences infantiles ont été importantes, sont toujours à la recherche d'une sécurité interne illusoire par le biais de sensations toujours plus fortes et de produits toxiques qu'ils utilisent avec excès. Ils ont ainsi l'illusion magique d'écarter tous les souvenirs douloureux et les contraintes de l'existence.

Chacun de nous a, dans sa propre histoire, des carences, des traumatismes d'enfance ou d'adolescence occasionnant des manques, susceptibles de refaire surface tout au long de la vie, à des moments clés. On les assume comme on peut. Une addiction passagère ou chronique aide à continuer à vivre malgré le malaise. Les cigarettes et l'alcool embuent la douleur. C'est une aide illusoire et dangereuse mais, selon son milieu et sa personnalité, c'est tout ce que l'on a trouvé, faute de mieux, pour assurer sa survie psychique.

Les effets de la prévention

Depuis 1990 et les premières mesures antitabac de la loi Evin, les actes et les messages de prévention se sont multipliés. L'ensemble des Français est bien mieux informé. Chacun commence à avoir des opinions plus claires et mieux étayées à l'égard de l'ensemble des produits toxiques psychoactifs, qu'il s'agisse de produits licites ou non. Les ravages du tabac et de l'alcool sont désormais aussi reconnus que ceux des drogues illicites. Les jeunes nés depuis les années 1980 ont grandi avec ces messages préventifs. Ils sont imprégnés depuis l'enfance de slogans d'avertissement quant à la dangerosité de toutes les conduites. Dans l'exemple cité, le jeune décrit sa mère lui « sortant le couplet sur les drogues » : ils sont surinformés et affirment prosaïquement que cela les « saoule ». Pourtant, la prévention sanitaire et sociale les a bien marqués et porte ses fruits. Ils prennent toujours des risques mais en connaissent tous les dangers. Si, par provocation, ils continuent à jouer avec le feu, ils ne laissent plus leurs mains dans les braises. Et, pour de nombreux risques, ils ont acquis des réflexes de protection que leurs parents n'avaient pas : ils appliquent une constante hygiène corporelle et dentaire, enfilent leurs casques de moto ou de vélo, respectent la signalétique routière des piétons, et même les jeunes voleurs de BMW attachent leurs ceintures de sécurité…

Ces réflexes de protection n'empêchent pas la prise de risque et la mise en danger, mais ils la limitent. Comme tous les enfants suffisamment protégés, ces jeunes sont bien armés : s'ils prennent toujours des risques comme leurs aînés, ils en mesurent davantage les bornes. Cela ne peut empêcher les dérapages et les provocations nécessaires à l'affirmation de soi, mais cela constitue une défense psychique interne efficace.

On voit là les limites de la protection. Les sujets les plus vulnérables (enfants, populations précaires, personnes âgées...) en sont les premiers bénéficiaires. Cependant, il reste évident que, selon les traumatismes personnellement subis, cette protection ne sera pas toujours efficace.

L'éducation étatique à la santé pourrait par ailleurs être interprétée comme une dépossession du rôle éducatif des parents. La sécurité sanitaire et sociale est déléguée aux spécialistes. Dans cet univers social « maternant », les parents coupés-collés perdent en partie leurs responsabilités. Les jeunes se trouvent alors parfois doublement protégés, et se sentent un peu trop cernés par cette attention étouffante. Ils en rajoutent alors pour y échapper.

Certains adultes adeptes de l'autodétermination trouvent cet univers surprotecteur infantilisant : un monde qui érigerait le principe de précaution jusqu'au ridicule, une population propre et saine à la conscience encrassée et malade. Les pères immatures, comme celui de l'exemple, reprennent ce point de vue. Par leurs provocations addictives, ils tentent de maintenir une attitude rebelle face à un système hygiéniste qui aliénerait leur liberté. Une posture pitoyable qui ne fait que souligner les incompétences éducatives et la confusion des générations.

La prise de risque adolescente

La plupart des adolescents abordent très souvent le chemin sinueux de leur maturation par une prise de risque. Ils le font sans réfléchir, une impulsion qui aura du sens et fera ressortir le danger plus tard, si l'on en réchappe ! La quête du sens de la vie est éternelle, elle est ontologique. Sans en être conscient, chacun poursuit ce questionnement shakespearien à peine venu au monde. À l'adolescence, âge de tous les dangers, il est à son paroxysme. Pour se projeter dans un avenir aussi flou que lui-même, le jeune a besoin de sensations. Elles lui permettent d'appréhender sa résistance physique et psychique. Une manière paradoxale de s'oublier et de se sentir exister à la fois.

La fumée du tabac, l'ivresse de l'alcool, les hallucinations du cannabis, la multiplication des expériences sexuelles ou la conduite rapide des véhicules sont autant de manières de se révéler à soi-même. Chaque jeune peut déraper, quelles que soient son histoire et son origine sociale. Ces conduites sont aussi spectaculaires que dangereuses, mais elles ne sont souvent que des simulacres initiatiques, une mise en danger naturelle et maturante. La fureur de vivre est bien plus excitante que la soumission.

Les dangers

Un adolescent boit ou fume exagérément pour des raisons très diverses : un malaise existentiel, une épreuve anxiogène, un vécu douloureux, un milieu familial pathogène, un engrenage... Il teste souvent la fiabilité et les capacités de protection des adultes qui l'entourent.

La répétition et l'exagération des prises de risque signent une souffrance intérieure. Les jeunes qui transgressent les interdits en permanence ont une histoire complexe faite de ruptures, de traumatismes, de manques. Leurs conduites de plus en plus excessives caricaturent alors un appel à l'aide lancé à tous les proches : amis, parents, profs…

Il est beaucoup plus risqué de traverser la période complexe de l'adolescence si elle a été précédée d'une histoire troublée, émaillée de séparations, de non-sens, d'échecs scolaires, etc. Si par malheur c'est le cas, une dépression précoce s'installe souvent. C'est ce qu'illustre l'exemple précédent. Ici, la dépression n'a pas la même allure que chez les adultes. L'adolescent n'est pas effondré, elle génère plutôt chez lui de l'excitation, de l'agitation, des troubles de la pensée, etc. Elle risque d'anéantir la construction de sa personnalité. Renvoyé à ses failles infantiles, il tente d'empêcher ce retour du malheur. Pour ne plus y penser, il utilise avec excès les parades classiques de son âge : la toute-puissance et la mégalomanie, mécanismes de défense inconscients qui se trouvent entretenus par les effets des produits psychoactifs. L'adolescent recrée psychiquement un monde où tout lui est possible, sans loi et sans limite. Il peut alors devenir violent envers lui-même et envers ses proches. Il s'appauvrit intellectuellement et se ferme affectivement. Tout ceci lui permet d'éviter de ressentir les manques, le vide, l'effondrement et la tristesse qui est en lui. Ce processus peut s'enkyster et se répéter éternellement dans une spirale infernale où le produit toxique finit par mener une danse morbide. Jeunes et adultes piégés dans leurs toxicomanies, comme le père de notre exemple, se perdent dans leurs comportements autodestructeurs.

Le tabac tue plus tard

Depuis la restriction drastique de l'usage du tabac et son surcoût, la consommation a considérablement baissé. En quinze ans, la vente a été divisée par deux, mais les recettes ont doublé. En France, il reste néanmoins près de 12 millions de fumeurs. Il suffit d'une année d'habitude et le piège se referme.

La dépendance au tabac est aussi puissante chez les jeunes de moins de 25 ans que chez les adultes. Les messages chocs et les prix prohibitifs étaient plutôt destinés aux jeunes, mais l'impact a surtout atteint les vieux. Ainsi, les jeunes sont de plus en plus nombreux à fumer, alors que leurs aînés ont presque tous arrêté. Les seniors auraient-ils eu besoin eux aussi de messages percutants pour identifier les dangers mortels du tabac ? Ou tout simplement seraient-ils conscients de l'accumulation des risques à la veille de leur déclin ?

Devant cet exemple d'hygiène de vie tardive, les jeunes, en tout cas, poursuivant la tradition de l'opposition, ont pris le contre-pied et sont devenus de gros fumeurs. Cette attitude apparemment subversive fait fi des dangers annoncés réservés aux vieux qui s'affolent. Ils se sont initiés au collège et sont devenus dépendants au lycée. Leurs parents coupés-collés ont souvent résisté mollement à leur intoxication, surtout s'ils étaient eux-mêmes fumeurs. Comme le père de notre exemple, ils finissent par fumer ensemble et font des « économies » communes en approvisionnant la famille dans des circuits détaxés. C'est pourquoi certains trentenaires qui fument jusqu'à trente cigarettes par jour ont déjà quinze ans d'habitudes toxiques et des poumons de vieillard malgré leur allure juvénile.

Cependant, depuis quelques années, les politiques de prévention antitabac semblent enfin efficaces. On observe une nette réduction de l'usage parmi les jeunes. On retrouve moins cette « jeun's attitude » globale de « clope-provocation », mais plutôt une diversité de comportements avec de nombreux non-fumeurs. Les jeunes les plus exposés sont les plus fragiles, et ceux qui fréquentent d'autres fumeurs – en particulier leurs parents intoxiqués comme l'ado du récit.

L'alcool sans modération

En Europe, on estime à environ 10 % la proportion de personnes alcoolodépendantes. Cette part reste énorme mais a sensiblement baissé en quarante ans. En revanche, la consommation d'alcool a considérablement augmenté chez les jeunes ces dix dernières années. C'est de loin la substance psychoactive la plus consommée.

L'initiation débute de plus en plus tôt, autour de 13-14 ans. Filles et garçons sont tout autant concernés, les garçons conservant une légère « avance ». Selon les statistiques, 30 % des jeunes collégiens ont déjà connu une ou plusieurs ivresses alcooliques. Au-delà de cette alarmante précocité, c'est la manière d'absorber la dose d'alcool qui a changé. Les jeunes ne sont pas dans une démarche de dégustation : ils préfèrent les doses massives et les effets rapides de l'ivresse. Les alcools forts comme le whisky et la vodka sont leurs produits d'élection, auxquels s'ajoutent les bières très fortes et les cocktails chargés. Cette consommation est plutôt de style anglo-saxon. Dans ce même esprit, ils préfèrent la bière. Ce breuvage archaïque, déjà brassé dans l'ancienne Égypte, a supplanté le vin et se consomme en dehors des repas. Il a relégué le petit blanc au comptoir de l'ex-ouvrier d'usine, à l'alcoolique de bistrot.

Certains jeunes boivent en quantité pour « se déchirer », « se casser ». Cette manière de consommation excessive déclenche des états d'ébriété rapides proches des comas éthyliques. Les « cocktails-dégueulis » dont parle le jeune ci-dessus illustrent de façon sordide le registre de l'absorption dans les fêtes. Il témoigne aussi que les gueules de bois et les accidents éthyliques ne dissuadent pas la répétition. L'expérience douloureuse ne fait rien à l'affaire. C'est la preuve d'un élan irrépressible. Bonne ou mauvaise, la sensation doit rester puissante.

Dans cette démarche, on cherche surtout à se plonger dans un monde de sensations violentes à la limite du danger de mort. Une manière universelle et archaïque de mesurer sa résistance qui peut s'inscrire au tableau des conduites à risque banales des adolescents. Cette prise de risque est souvent initiatique. Elle n'entraîne pas forcément de conséquences et ne se répète pas indéfiniment, même s'il faut plusieurs « cuites » pour éprouver sa résistance. Une fois expérimentées ces émotions, les jeunes passent souvent à des registres moins destructeurs.

Mais, pour certains d'entre eux, la régularité de ces conduites induit un risque majeur de maladie alcoolique. Au rythme de deux ou trois soirées « défonce » par semaine, et davantage durant les vacances, le danger devient majeur.

Leurs parents peuvent eux aussi avoir connu des expériences d'ivresse alcoolique, mais leurs représentations de l'alcool sont différentes. Dans leur jeunesse, la plupart se sont démarqués de leurs aînés qui en abusaient avec la caution des traditions et la tolérance étatique – l'après-guerre du baby-boom et des Trente Glorieuses s'était caractérisé par la levée des restrictions et, après des années de privation, les excès étaient de rigueur. Pour eux, l'alcool est devenu un vecteur culturel convivial, à « consommer avec modération », ce que ne font évidemment pas les jeunes (et encore des millions d'adultes !). Le vin a retrouvé sa « noblesse » : il s'est amélioré et est largement consommé sur le territoire. Devenus des amateurs éclairés, les parents coupés-collés tentent de faire partager leur plaisir et leur savoir œnologiques à leurs jeunes adultes. Les jeunes y sont sensibles, mais il leur faudra des années pour en apprécier la valeur.

En revanche, ces jeunes adultes, qui peuvent partager quelques verres avec leurs parents, n'apprécient pas le laisser-aller à l'ébriété. Cette attitude parentale souligne un collage affectif où l'ivresse est désormais possible en famille. Ce qui était exceptionnel et souvent honteux autrefois est aujourd'hui banalisé. Les parents dévoilent à leurs enfants semi-adultes une intimité sordide qu'ils ne révélaient autrefois que dans les fêtes fermées entre adolescents. Le jeune de notre exemple ressent bien le double discours du père sur la convivialité et les qualités du « grain noble » qui masque maladroitement sa maladie alcoolique. Celui-ci a besoin de se déculpabiliser en buvant avec son meilleur complice : son fils. Mais tous les jeunes ayant des parents dépendants à l'alcool en ressentent le désastre et essaient de le limiter, tout en restant presque toujours impuissants.

Certains s'identifient parfois à leurs parents malades en adoptant la même conduite autodestructrice. C'est une manière inconsciente de se rapprocher d'eux. Un lien de destruction bien plus solide que le lien d'attention parent/enfant. L'ivresse alcoolique permet de régresser et de pénétrer l'inaccessible domaine émotionnel du parent alcoolique. Les retrouvailles d'une relation d'amour manquée. Cette explication psy va à l'encontre des hypothèses sur un gène héréditaire de l'alcoolisme, déjà suggérées lors de la découverte de l'ADN il y a cinquante-cinq ans. Malgré les nouvelles et fascinantes modélisations génétiques, rappelons que, s'il existe des familles d'alcooliques, les facteurs environnementaux et psychiques sont des déterminants bien plus évidents. L'adage populaire « Les parents boivent, les enfants trinquent » reste d'actualité sur les effets collatéraux de la maladie alcoolique. Cependant, la fatalité de la répétition n'est absolument pas systématique. Heureusement ! Les effets de la prévention générale actuelle et la possibilité de parler de son vécu traumatique avec des adultes référents enrayent de nombreuses répétitions morbides.

Le cannabis dangereusement banal

Depuis les années 1970, les paradis artificiels ne sont plus réservés aux artistes ou aux poètes maudits comme Arthur Rimbaud qui scandait : « Nous ne sommes pas au monde. La vraie vie est ailleurs[1] », ou Henri Michaux qui voyait dans la mescaline « un marchepied du mental pur[2] ».

1. *Une saison en enfer*, « Délires I », « Vierge folle. L'époux infernal », 1873.
2. *Misérable mescaline*, Le Rocher, 1956 ; rééd. Gallimard, 1972, II, p. 674.

Désormais, le spleen est planétaire et les expériences d'ivresses toxiques sont inscrites dans la ritualisation de l'adolescence.

Depuis vingt ans, le cannabis est la substance illicite la plus largement consommée par les jeunes Français. Un quart d'entre eux y a goûté et 1,3 million de moins de 30 ans en consomment régulièrement. Cette drogue, popularisée durant les années 1960-1970, s'est imposée comme un toxique de référence chez les adolescents il y a plus de vingt ans. Sa consommation s'est totalement banalisée, elle n'est plus vraiment considérée comme une transgression, tout juste comme un amusement toléré par de nombreux parents coupés-collés. Pour certains jeunes collégiens ayant déjà essayé l'ivresse alcoolique, le cannabis reste le produit électif d'initiation illégale. Ce toxique pris occasionnellement déclenche l'hilarité, ravive la sensorialité, l'appétit, la libido… en somme, favorise la convivialité. En ce sens, le cannabis est différent des autres drogues illicites telle l'héroïne ou la cocaïne. Il reste moins toxique et n'entraîne pas de dépendance physique. Il est cependant abusivement assimilé aux drogues dites « douces » et festives : son principe actif, le THC (TetraHydroCannabinol), est classé derrière l'alcool pour sa toxicité, pourtant le cannabis peut devenir un irrésistible toxique.

Cet hallucinogène provoque des ivresses plus ou moins fortes. Il ralentit les réflexes, amoindrit la mémoire et les possibilités d'apprentissage, perturbe toute la motricité. Dans certains cas, il déclenche des troubles anxieux, des crises de panique, des « bad trips » et, chez les malades psychiatriques, des décompensations. Une consommation chronique induit souvent une augmentation des doses, et enclenche un syndrome « amotivationnel » : un désintérêt généralisé, une grande fatigabilité, des troubles majeurs du sommeil, de l'attention et de la mémoire, une baisse d'énergie globale. Un être ralenti, démotivé, qui se délite et a souvent des troubles de l'humeur, oscillant entre hypernervosité et abattement, comme le jeune homme de notre exemple. Ce dernier évoque son utilisation régulière du cannabis avec la complicité active de son père. Comme un tiers des consommateurs réguliers, ils en cultivent ensemble des plants « transgéniques » élaborés en Hollande où la vente est tolérée. Dans cette complicité pathologique, le cocktail « alcool-tabac-cannabis » est un classique que jeunes et adultes paumés partagent parfois. Un jeu sordide d'annulation des limites autant sanitaires que générationnelles.

Par ailleurs, l'utilisation systématique et solitaire du cannabis comme somnifère est un signe très alarmant, et la mère de notre exemple s'en inquiète à juste titre. Pour les parents qui découvrent une consommation répétitive de cannabis, la peur est parfois dramatisée mais tout à fait légitime. Aucun parent ne peut supporter que son enfant se détruise, quel que soit son âge. En cas d'autodestruction avérée, l'amour protecteur s'affole naturellement. La mère du récit est exemplaire : son inquiétude et son idée de consultation chez un psy semblent très appropriées. Sur les sujets sensibles, les messages de prévention et les sanctions sont utiles même s'ils semblent rabâchés ou inefficaces.

Pour les plus jeunes, les astuces les plus fines n'évitent cependant pas la fuite et le refus de parler de ces sujets brûlants. Avec les jeunes adultes, cette fermeture devient un mur que les parents n'osent plus franchir par crainte ou résignation. Mais les jeunes savent au fond que c'est une posture dérisoire. Avec eux, il ne s'agit plus de priver ou de punir, il est indispensable de pouvoir enfin parler. Des tiers proches ou parfois des spécialistes y arrivent bien plus aisément que les parents aux prises avec leurs émotions.

Le sommeil

La plupart des jeunes s'endorment trop tard. Cette sorte d'insomnie est naturelle. Biologiquement, leur sécrétion de mélatonine, l'hormone du sommeil, est plus tardive, autour de minuit une heure. Au cours de cet endormissement qui n'en finit pas, ils repensent à leur journée, à ce qui les a amusés ou inquiétés, au passé et à l'avenir, en somme au sens de leur vie. C'est ce qu'on appelle « le travail de subjectivation », c'est-à-dire celui du devenir Sujet et non plus Objet du désir des parents ou de la société. C'est un des processus qui permettent d'évoluer, d'adopter des trajectoires inattendues, de s'étonner et d'enrichir le futur de nouveautés. Dans notre exemple, le jeune homme annule ce travail psychique en l'enfumant de cannabis. Il s'engourdit l'esprit et ne pense plus.

Les insomnies des parents ont des origines bien différentes. Petits et gros tracas viennent immanquablement bousculer le sommeil dans une implacable spirale anxieuse. Pour ces anxieux ou ces dépressifs, l'angoisse de l'endormissement n'est plus du tout une élaboration psychique structurante.

Parents coupés-collés et jeunes adultes qui cohabitent restent parfois éveillés ensemble dans le silence des soirées infinies. Dans cette petite complicité d'insomniaques, il leur est possible de se croiser devant le frigo à une heure très avancée. Pourtant l'anxiété des parents n'est pas forcément partagée par leurs enfants. Ceux-ci se font-ils vraiment du souci ? Souvent, ils le laissent à leurs parents, s'endorment d'un coup très tard n'importe où et se décalent sur les matinées. Les éveils nocturnes et les réveils précoces restent essentiellement l'apanage des parents.

Pour ces derniers, les somnifères peuvent vite devenir une habitude. Les jeunes anxieux identifient ces hypnotiques au monde dépendant des adultes. Ils préfèrent garder l'illusion de leur indépendance en leur substituant le cannabis. Pourtant la toxicomanie est la même : une fonction naturelle disparaît sous l'habitude d'un toxique.

Identification et collusion

Pour les jeunes adultes, l'identification au parent du même sexe est indispensable. Pour s'identifier, il ne s'agit pas uniquement d'imiter ses proches, mais de s'imprégner de leurs traits de caractère, de leurs pensées. Chacun se construit et se différencie d'autrui à travers des identifications variées.

Les identifications sont particulièrement sensibles avec les parents. À l'adolescence, ceux-ci ne servent plus uniquement de références protectrices, ils deviennent également des réceptacles qu'on peut malmener sans crainte qu'ils s'effondrent. Pour permettre à leur adolescent d'affronter l'existence, les parents, sans être des modèles parfaits, doivent être suffisamment solides. Or ils sont souvent secoués tout à la fois par leur jeune et par des crises existentielles. Ils ont du mal à être fiables et constants. Certains sont des caricatures, comme le père de notre exemple, que la mère traite d'« ado dégénéré ».

Heureusement, les jeunes adultes ne sont pas les produits exclusifs du façonnage familial. Au fil de leur vie, leurs identifications se diversifient. Pour découvrir leur singularité, ils doivent pouvoir s'appuyer sur d'autres proches : profs, idoles, amis et, même, sur des idéologies... Cette diversité de modèles, complexes et parfois contradictoires, est comparée aux références parentales et familiales. La confrontation inconsciente entre l'intérieur et l'extérieur façonne la pensée fluctuante des jeunes, et ce processus psychologique leur permet d'acquérir une personnalité originale.

Des parents coupés-collés ne reculant devant aucun paradoxe n'hésitent pas à tolérer des conduites à risque parce qu'ils pensent qu'elles resteront occasionnelles et festives. Ils projettent ainsi leurs propres conduites d'essais à l'adolescence, pensant que leurs jeunes ont déjà le même discernement qu'eux, d'autant qu'ils sont bien informés. Cette pensée « adultomorphe » suppose une maturité de pensée que nombre d'entre eux n'ont pas : ont-ils bien intégré les messages de prévention ? ont-ils acquis suffisamment d'expérience pour se limiter facilement dans des conduites risquées mais excitantes ? Ces parents coupés-collés oublient parfois que ce qu'ils ont vécu eux-mêmes était bien plus dangereux, sans prévention sociale et familiale, et croient abusivement que, avec leur attention protectrice, leurs jeunes ne prendront aucun risque.

De tels parents sont souvent dupes de leur proximité intellectuelle avec leurs enfants. La confiance étant devenue une valeur princeps de l'éducation, ils ne doutent pas de leurs capacités de compréhension. Parallèlement, ils occultent facilement leurs propres dérives adolescentes, ou plutôt les magnifient avec une nostalgie évidente. Ils oublient que certains d'entre eux ont connu des accidents, que d'autres ont glissé vers la toxicomanie. Le père de notre exemple semble en être un spécimen. Anéanti par ses pratiques addictives, il ne lui reste qu'à en vanter la nostalgie et la pseudo-valeur culturelle dérisoire à son fils.

Ce style de « parents-copains » repousse les limites générationnelles à l'extrême. Ils n'hésitent pas à cultiver ou à fumer du cannabis, voire à se saouler avec leur progéniture. Une collusion dans la transgression et l'ivresse qui leur donne l'impression naïve de se rapprocher au plus près des sensations de l'ado. Tous les moyens sont bons en effet pour séduire les jeunes adultes qui vont bientôt s'éloigner. Les parents qui ont vécu des séparations douloureuses ne supportent pas cette nouvelle perte irrémédiable. Cela réveille leur souffrance et la fin d'une proximité jeune qui les rassurait.

Dans les cas les plus pathologiques, certains parents ont l'illusion d'être toujours jeunes, avec les mêmes tentations adolescentes que leurs enfants. Ces parents-ados ont l'impression inconsciente d'une fusion intemporelle avec leurs jeunes : cette indifférenciation provoque une porosité de sensations et d'émotions qui conduit à une confusion totale. Il n'y a plus de frontière générationnelle, les affects sont flous et crus. On peut rire ensemble, mais se haïr tout autant. Dans de telles conditions, toute tentative d'autorité est vaine, les responsabilités parentales impossibles. Les jeunes victimes de ces relations confuses sont en danger. Ils réagissent souvent par une surenchère de provocations. Ils risquent inévitablement d'aller bien plus loin pour impressionner leur « copain parental » et espérer le faire réagir en « adulte ». Ils sont prêts à prendre des risques infiniment plus dangereux.

Les seniors qui régressent en se collant aux conduites à risque des plus jeunes conservent la croyance magique qu'ils pourraient retrouver leurs propres élans adolescents. Un processus qui repousserait les stigmates de l'âge et la finitude. Leurs enfants deviennent leurs modèles, et parfois leurs rivaux. Les jeunes piégés dans ce jeu de miroirs inversé ont envie de fuir ou de bousculer leurs parents inconséquents.

Cette collusion malsaine peut aussi s'interpréter comme une manière curieuse de continuer à protéger son enfant en contrôlant ses risques toxicomaniaques. Des fantasmes inconscients se bousculent chez ces parents souvent désespérés : « Je suis si proche de toi, je partage tout, nous nous détruirons ensemble mais j'en finirai avant, ma mort tragique te fera peut-être changer ? » Un obscur désir de protection tenace, mais totalement perverti par le désespoir.

Les soins psychologiques

Avec l'aide et le soutien d'adultes différents de leurs parents et de spécialistes, les jeunes toxicodépendants pourront faire des liens entre leurs traumatismes et leurs conduites. Comme ce qu'amorce le jeune du récit chez le « psy géant ».

En thérapeutique des addictions, il convient de ne pas se précipiter sur l'« objet de l'addiction » comme sur un mal absolu à éradiquer. Le seul sevrage corporel à l'aide des substituts reste peu probant. Dans les addictions, ce n'est pas le produit qui est en cause, c'est surtout l'envie d'en prendre. Si un environnement attentif et un soutien psychologique ne l'accompagnent pas, le toxicodépendant revient vite à ses habitudes. Il y a un fort risque de rechuter ou bien de passer d'une dépendance à une autre (l'héroïnomane ou l'usager excessif de cannabis peuvent devenir alcooliques, le tabagique boulimique, etc.).

Les dépendants ont par essence un comportement chronique depuis fort longtemps. Les inquiéter sur les risques pour la santé est utile : c'est le rôle des soignants et des éducateurs, mais le plus souvent ils connaissent parfaitement ces dangers et ne changent pas leurs habitudes. Il est donc préférable d'analyser en premier lieu le rapport que la personne entretient avec son addiction et son histoire. Tout ce vécu est chargé de représentations psychiques complexes. Il importe de comprendre avant de chercher à éradiquer trop rapidement un processus qui construit parfois autant qu'il détruit l'individu. L'objectif est plutôt d'arriver à faire des liens entre les conduites à risque, les manques et les aléas de l'histoire personnelle. Cette compréhension singulière de soi calme l'avidité de produits psychoactifs. L'addiction devient moins essentielle et la « lune de miel » avec les produits moins nostalgique. Cela laissera d'autres possibilités de plaisir plus naturelles.

Pour les jeunes, la chronicité n'est pas aussi importante que chez leurs parents-copains régressés. Le travail thérapeutique est souvent plus efficace. Ces soins particuliers sont parfois longs et peu spectaculaires, mais avec le temps, ils finissent par se révéler très opérants. Dans le cas de collusions ou d'identifications négatives à des parents-copains fragiles, ils arriveront à se démarquer et à moins les imiter. Ils finiront par trouver l'attitude de leurs parents pitoyable et arrêteront de croire qu'ils pourraient les guérir.

Cependant, par amour filial, ils n'oseront pas trop bousculer cet ascendant si fragile qui ne changera probablement pas. Avec le temps, ils abandonneront leurs croyances de transformation magique des parents vulnérables. Faute de pouvoir le faire dans la réalité, ils leur rendront une place générationnelle dans leur psychisme. Ils pourront enfin éprouver une certaine tendresse filiale qui les sortira de leurs provocations et de leurs collages. Sans être agressifs ni surprotecteurs, ils cesseront leurs répétitions toxiques et pourront s'ouvrir à d'autres sensations et émotions moins dangereuses.

Fêtes et vacances

J'avais enfin terminé la pose de ces vieux carrelages. La cuisine d'été devenait un vrai patio mauresque. C'était la touche finale. Terminée la restauration éternelle de la villégiature de rêve. J'en avais bavé pendant plus de vingt ans, j'avais découvert tous les corps de métier du bâtiment, j'étais devenu l'expert du rayon bricolage. Moi qui ne rêvais que de voyages découvertes et de littérature, j'étais servi ! Ma vieille nostalgie baba cool me reprenait : tout laisser ! Partir sans prévoir, s'étonner d'inattendus, de rencontres authentiques, de joies simples, de temps à perdre… Mais ma femme et les enfants adoraient la Maison des bois. Les souvenirs bucoliques, les jeux, mes emportements d'apprenti plombier, les soirées chantantes.

À l'adolescence, le petit Léo s'est éclipsé entre stages de glisse hors de prix, ferias alcooliques et séjours pseudo-linguistiques. Maintenant, il redébarque sans prévenir avec ses amis ou la copine du moment. Il vient jouir du confort hôtelier de relais château que nous assurons avec une soumission ravie. Avec sa moue de cocker, il nous demande souvent les clés pour un week-end. Avec sa mère, c'est toujours un oui inconditionnel, il sait y faire, bien mieux qu'avec moi. Nous nous éclipsons, laissant la gentilhommière. Je ne dis plus rien, il est tellement heureux de faire profiter ses amis de ce lieu magique. Seul souci, ils font des fiestas d'enfer et j'ai toujours un peu peur pour mes aménagements. Plus jeune, il en faisait déjà dans l'appartement, quand je partais bricoler au vert. Il vidait le bar avec ses copains et ils cassaient quelques objets. Je hurlais de rage, ma femme temporisait et, après des promesses bidon, il recommençait.

Notre grande fille Justine, c'est son contraire, rien d'improvisé, tout est calculé. Elle prévoit ses dates, indexée à son organigramme surbooké : si on souhaite l'avoir huit jours par an, il faut s'y plier. Avec ma marathonienne chérie, je me remets à courir. Elle me secoue, m'épuise, mais j'aime transpirer avec elle.

On attendra patiemment l'extension familiale, si elle arrive. Les chambres des petits-enfants sont prêtes. En attendant de devenir papy bricolo, les enfants, la famille, les amis passent, ravis de faire étape. Les soirées s'éternisent de rires arrosés. Ce soir, Jean-Marc et Christine s'installent pour quatre jours, je file au supermarché. Je finirai les joints du carrelage plus tard.

La résidence secondaire

La France possède le record du monde des détenteurs de résidences secondaires : plus de 3 millions ! Cette tendance est très prononcée dans toutes les régions avec un pic pour les Franciliens (près de 25 %).

Cette exception française prolonge la tradition bourgeoise de la villégiature de vacances. La démocratisation l'a élargie à toutes les couches sociales et particulièrement aux plus avisées d'entre elles qui avaient repéré, il y a vingt ou trente ans, des endroits isolés et charmants. Ils y ont acheté des chais, des granges, des corps de ferme pour une bouchée de pain et les ont restaurés. Ces lieux autrefois inconnus et isolés sont devenus proches d'une autoroute ou d'un TGV, et hors de prix. Le Luberon et autres île de Ré en sont des exemples : les masures transformées y sont devenues des refuges magiques qui attirent toute la famille. Des lieux fédérateurs qui donnent la possibilité de se réunir. Chacun y est attaché, y a ses souvenirs. Ces contrées détachées du quotidien gardent la trace d'une existence détendue et joyeuse. Une parenthèse paisible ou tonique dans l'histoire tumultueuse des familles. Dans cette construction de nouvelles racines de terroir, il y a un prolongement évident de la maison de famille et des habitudes paysannes des grands-parents. Le retour à la terre du début des années 1970 n'a été qu'une tendance estivale qui a mal supporté les hivers rustiques ; la résidence d'été est devenue plus adaptée, avec son espace ouvert à tous.

La résidence secondaire est avant tout un espace d'accueil convivial. Les invités défilent, mais la priorité absolue reste pour les enfants. Ces derniers y retrouvent leurs racines, leurs jouets d'enfant, les arbres qui ont poussé en même temps qu'eux. Ils y tiennent. Les parents coupés-collés, restaurateurs aussi, pas question de s'en séparer. Papa et maman biologiques ou sociaux continueront d'assurer l'accueil et l'entretien. Cette contrainte agréable est devenue légitime. Les envies d'escapade ou tout simplement de tranquillité seront remisées après les plannings serrés de réservations.

Au fil du temps, la résidence secondaire devient le point d'ancrage des tribus familiales dispersées. Un lieu coûteux financièrement, en énergie et en compromis, mais si fédérateur. Dans l'exemple ci-dessus, les amis et les enfants défilent et enchantent les longues soirées d'été. Cette tendance hôtelière servile contredit la critique usuelle sur une génération de seniors hédonistes et individualistes. Pour leurs enfants, ils se donnent sans compter. Ils préparent l'espace, les repas, organisent les sorties, les loisirs... Ainsi les parents coupés-collés libérés qui avaient rompu précocement leurs liens familiaux n'ont peut-être pas échappé à l'identification inconsciente à leurs parents laborieux, corvéables et prêts au sacrifice.

Ces parents hôteliers ont façonné leur clientèle filiale. Elle est devenue exigeante, critique et n'a aucune attention pour le personnel. On s'en plaint aux amis, mais on s'empresse de les réinviter le plus souvent possible, quitte à se ruiner ou, pire, à se faire malmener, voire insulter. Cette faiblesse autrefois caricaturée chez les mères méditerranéennes s'est généralisée. L'espace chaleureux des adultes reste toujours ouvert. Open bar pour tous, les plagistes épuisés nettoieront les excès.

Certains psys évoquent les effets pervers d'une société maternisée. Les pères attendris seraient tout autant concernés que les mères. Le père qui s'exprime dans le récit râle mais finit toujours par céder aux désirs princiers de ses enfants manipulateurs.

Hédonisme, égoïsme ?

Certains passéistes fustigent ce désir des jeunes pour des vacances éternelles, en supposant qu'il serait inspiré du style de vie hédoniste des parents. Une génération d'égoïstes cossards qui ne penseraient qu'à jouir sans entrave, qui passeraient d'un désir à l'autre. Cette vision caricaturale ne se réfère qu'à une frange très marginale d'assistés restés coincés dans le divertissement éternel. En réalité, le droit à la paresse et au plaisir est une tendance symbolique amorcée dans les années 1970, vite avortée devant les nécessités pragmatiques de l'indépendance. Les jeunes adultes d'alors ont effleuré ces principes mais ont été rapidement rattrapés par les contingences. Pour survivre, il fallait à la fois travailler, étudier, se loger... Les loisirs restaient tout de même valorisés, le travail devenant une contrainte nécessaire à la possibilité de disposer d'un lieu de vacances pour se détendre, se passionner ou ne rien faire. Sur ce plan, les jeunes étaient en rupture avec les principes actifs et laborieux de leurs parents : en reconnaissant la nécessité du temps libéré, ils gagnaient du terrain sur ce que ceux-ci ne se seraient jamais autorisé – « On ne reste pas assis sans rien faire, le temps c'est de l'argent, on n'est pas des feignants... » Mais, faute de moyens, il fallait se résoudre à revenir à l'essentiel : le bricolage, le jardinage, la lecture, la musique, la marche, la pêche, la cueillette... Des plaisirs simples, authentiques, proches de la paysannerie, loin de la surconsommation actuelle. Une autre tendance forte était l'engagement solidaire en faveur du collectif et l'entraide, avec l'idée de refaire le monde. Cette découverte adolescente du temps vacant a laissé une trace nostalgique : les deux ou trois années de jeunesse dorée et oisive sont souvent idéalisées.

Trente ans plus tard, la vie a changé, elle s'est mondialisée dans la surconsommation. Les idéologies d'authenticité et de solidarité se sont écroulées avec le mur de Berlin. Les voyages se sont massifiés, les plages désertes sont devenues des parkings géants d'hôtels-clubs. Les souvenirs ressassés du bon vieux temps dissimulent mal une certaine frustration. Les enfants profitent de l'épicurisme des parents par procuration. Ceux-ci, ébahis devant leurs joies, répondent sans fin à leur gourmandise temporelle. Inutile de les mêler aux contraintes domestiques, ils auront bien le temps de s'y atteler plus tard, très tard. Il y a là une façon de gâter éternellement des progénitures passives.

Les jeunes s'arrangent très bien de cette prise en charge. Comme le jeune Léo, ils auront profité de toutes sortes de stages onéreux liés à des engouements souvent éphémères. Pour justifier ces gâteries, on leur a donné parfois un vernis pédagogique, que reprennent en chœur tous les annonceurs. Les stages linguistiques en sont un exemple caricatural. Sous couvert d'un perfectionnement scolaire, on offre aux adolescents des séjours dispendieux in situ. Leurs stages sont un mélange de cours et de loisirs bien différent des séjours au pair spartiates de leurs parents. Ils en gardent un souvenir joyeux, plus exotique qu'efficace. L'essentiel est d'avoir pu donner bonne conscience aux parents coupés-collés fiers de ces devoirs de vacances.

La plupart des propriétaires de résidences secondaires, comme le père de notre exemple, entreprennent des travaux herculéens sans jamais oser demander l'aide de leurs enfants-adultes, qui s'en arrangent très bien. Pendant que le père bricole au vert, le fils fait la fête et vide la cave à vin de l'appartement. Petits privilèges d'adolescent supportés éternellement. La génération gâtée a l'habitude de services rapides et efficaces : pourquoi changerait-elle ?

Les jeunes adultes sont rarement de fervents bricoleurs : monter un mur ou peindre des volets ne les concerne pas. Ils ne conçoivent pas l'utilité de faire la vaisselle alors qu'il existe des machines. Pour eux, chaque tâche a son spécialiste, une société de services adaptée et corvéable. Seule la cuisine garde un attrait ludique. Là, ils sont prêts à innover, créer, inviter, mais les soirs de flemme, ils attendent le livreur de pizzas. Belle attitude épicurienne qui ne confond pas la fête et le pain quotidien. Les jeunes adultes n'en doutent pas, ils seront toujours très bien reçus dans l'alcôve familiale. Les rencontres familiales resteront douillettes, bien au-delà du sacro-saint repas dominical d'autrefois. L'époque des crises sociales sévères, du tout tout de suite et de l'argent facile n'arrange rien. La frustration reste toujours négociable : on a bien le droit de se faire plaisir !

Le temps libre

Les semaines de vacances se sont rallongées de RTT et se sont retrouvées indexées à celles de l'éducation nationale. Les profs, autrefois critiqués pour leurs loisirs, sont moins jalousés (au moins pour cela). Chaque famille prend du temps pour ses enfants, autant les mères que les pères qui, en cas de séparation, réclament des gardes alternées. Ce temps libéré est souvent entièrement dédié aux proches. Aux obligations familiales classiques, on ajoute une série d'activités ludiques ou sportives. Dans la maison de vacances ou au camping, les parents ne chôment pas : ils bricolent, restaurent, cuisinent, jardinent, s'assoient rarement et jouent peu.

Ce temps libre semble une acquisition démocratique trop récente, il convient de l'occuper. À la rigueur, certains s'accordent une activité solitaire et quelques « romans de vacances » mais cela reste très sporadique. Pendant les vacances, les Activités sont devenues indispensables. Les enfants ont besoin de leur GO (Gentil Organisateur), sinon ils risquent de s'ennuyer. En vacances, chacun essaie de concurrencer les consoles de jeux et la télé. Les Activités doivent être suffisamment attractives et offrir leur lot de sensations. Peu importe leur coût, en vacances on ne compte pas !

Heureusement, il reste encore des occasions simples de se rapprocher et de jouer avec la rivalité parents/enfants. Encore très frais, certains pères athlétiques courent avec leurs jeunes mal entraînés et les épuisent. Petite victoire banale et dérisoire qui maintient la suprématie. Dans notre exemple, c'est l'inverse, la fille surentraînée épuise son père vieillissant qui ne résiste pourtant pas à partager la course. Pour les jeunes adultes, cette pseudo-compétition était autrefois utile pour juger de leur niveau de performance. Des années plus tard, dans l'effort partagé, les parents ressentent encore une proximité physique avec leur enfant. Un essoufflement sain sans paroles mais si proche, qui lève la barrière des hostilités verbales. Un rapprochement corporel heureux qui peut finir sur un massage où l'on se re-touche enfin sans ambiguïté. Ce retour aux jeux sportifs est agréable, mais gare à ceux qui se croient encore invulnérables. La rivalité annule apparemment la barrière des âges, mais occulte les risques de tendinite voire d'accident cardiaque !

Pour le bonheur de leurs enfants, les parents coupés-collés sans villégiature ont relégué leurs envies de calme et de détente dans des campings de luxe et des hôtels-clubs où la famille s'amuse et régresse au niveau des joies infantiles et adolescentes. À la retraite, ils s'accorderont peut-être le droit aux voyages découvertes… Ils profiteront enfin du bien-être enveloppant des thalassos, des extases esthétiques, des visites culturelles et des marches silencieuses.

Les fêtes

Dans toute l'histoire de l'humanité, les fêtes sont des rituels symboliques qui rassemblent des groupes culturels pour une célébration païenne ou religieuse. Ce temps libéré du quotidien est celui de tous les possibles artistiques et émotionnels. Les membres variés d'une même communauté s'y retrouvent dans un élan affectif souvent commémoratif. Des fêtes de famille, sociales, religieuses ou entre amis pour célébrer des moments symboliques, événements politiques, diplômes, installations, unions... Les parents coupés-collés de jeunes adultes ont eu leur lot de fêtes symboliques qui ont sacralisé les étapes de leur existence. Ils n'ont pas les mêmes sentiments pour les réunions festives de leurs enfants.

Pour leurs jeunes, la fête n'est qu'une fin en soi et non plus une célébration d'événements essentiels. Leurs réunions festives sont souvent colorées d'ivresses et d'excitations. C'est une situation banale et atavique : la plupart des rituels festifs ont toujours été accompagnés de produits toxiques, depuis les transes collectives primitives où l'ivresse permettait de se libérer, de se rapprocher des esprits. La subsistance de ces rituels exotiques a fasciné les jeunes des années hippies et toute la génération suivante. Aujourd'hui, dans nos contrées hygiénistes et sécurisées, on consomme toujours des produits phares de désinhibition : tabac, alcool et cannabis, parfois de la cocaïne. L'essentiel est de s'amuser en ayant une sensation d'osmose groupale.

Pour les jeunes adultes, il ne s'agit cependant plus de pseudo-expérience mystique et révélatrice facilitée par le

LSD, mais de moments d'oubli de soi réguliers où les idées sont broyées dans une dérision obligatoire. À l'instar du cannabis, l'humour est légalisé. Il faut rire chaque jour de tout, c'est bon pour la santé. Le sérieux est relégué aux figures archaïques et pénibles de la réalité. La dérision sauve et évite parfois de trop penser. Les humoristes se multiplient et surfent entre provocations et politiquement correct. Dans leur registre, on trouve fréquemment une vision adolescente où le physique, la gestuelle, les tics de langage sont épiés, filmés et ridiculisés. Ces railleries régressives de collégien amusent petits et grands et deviennent une forme d'information dérisoire qui masque l'essentiel autant que l'étalage des faits divers. Les vidéos-pocket circulent sur YouTube ou Twitter et sont primées selon le nombre de visionnages. En écho enchanté, les fêtes deviennent alors un espace ludique régressif où l'on retrouve les rires niais de l'enfance. Une certaine protection, encore plus régressive, dans l'enveloppe illusoire des toxiques et du bruit collectif.

Certains seniors se désolent de cette banalisation du festif et de son côté « déchiré » anglo-saxon. Dans leur jeunesse, ils ont le souvenir de moments d'exception où on faisait la fête. Les participants adhéraient implicitement à un mouvement collectif souvent mâtiné d'idéologies joyeuses. Des manifs où ils se transcendaient dans des postures révolutionnaires souvent inoffensives, malgré quelques dérapages. Des concerts mythiques où ils retrouvaient l'ambiance des festivals légendaires. Ces moments précieux qui ont jalonné la vie des parents coupés-collés sont glorifiés dans l'histoire familiale. Les jeunes semblent s'en inspirer dans un désir de perpétuation infini. Ils trouvent toutes sortes de prétextes pour faire la fête. La magie de l'exception est parfois devenue une quête de la liberté d'agir et de penser. Un feu d'artifice permanent, une flamboyance dérisoire soutenue plus ou moins par un assistanat matériel parental, comme le souligne le père de notre exemple quand il confie son habitat à son jeune fils.

Il y a quinze ans, le philosophe Pascal Bruckner parlait déjà de cette « tentation de l'innocence[1] » en définissant les jeunes générations qui combinaient la figure du dissident et celle du poupon. Quinze ans plus tard, le paradoxe est à son comble mais le poupon ou le *thrisker* l'emporte aisément. Les facéties joyeuses font malgré tout sourire les parents qui y projettent leurs envies d'innocence ludiques. Ils se souviennent de rassemblements mémorables dans cette même ambiance de liesse et d'ivresse, et de nuits blanches passées à refaire le monde. Certains parents coupés-collés désabusés diront : « À leur âge, on refaisait le monde, eux se contentent d'en profiter… »

Pour perpétuer ce bonheur pétillant, beaucoup de parents « conciliants » n'hésitent pas à prêter leur maison pour que les enfants et leurs amis soient réunis. Certains compensent ce qu'ils n'ont jamais pu organiser plus jeunes dans les logements exigus de leurs parents. Ils trouvaient tout de même à s'entasser pour une boum dans le garage d'un copain ou une salle polyvalente. Désormais, ils peuvent laisser leur domicile et s'éclipser en week-end. Ils abandonnent la place aux ados dès l'âge de quinze ans, avec quelques recommandations. Ils leur souhaitent surtout un moment merveilleux. Évidemment, les retours post-fête sont parfois rudes. Il y a

1. *La Tentation de l'innocence*, Grasset, 1995.

quelques dégâts et ils découvrent les abus de leurs chéris à qui ils faisaient tant confiance. Mais, comme dans le récit, tout finit par s'oublier, se pardonner, et la fête continue. Cette fois, c'est promis, plus question de vider la cave à vin ou de brûler les tapis. Ce qui ne concernait autrefois qu'une jeunesse dorée se démocratise. Dans tous les milieux (ou presque), on cède la place aux princes pour célébrer leurs fêtes. Certains parents se transforment même en traiteur occasionnel pour nourrir l'assemblée de tartes maison et autres petits mets préparés avec amour. Bien qu'absents, ils sont tout de même un peu de la partie. Les jeunes se régalent en pensant aux parents nourriciers de l'enfance. Au temps magique des « anniversaires-copains » où les jeux et les bonbons faisaient briller leurs yeux d'enfants. Cet attendrissement des parents devant les engouements festifs tient à leur envie de voir leur enfant éternellement enthousiaste. Pourtant, un étourdissement toxique dans le festif donne un masque burlesque qui trahit parfois un profond désespoir.

Pour les parents coupés-collés croulant sous les responsabilités et les charges, la fête est finie. Leur nostalgie risque de projeter leurs désirs festifs et leurs jeux interdits sur leurs jeunes. Ils se rassurent, psychologisent et interprètent ces conduites juvéniles comme une quête existentielle essentielle. Pourtant, les jeunes adultes n'ont plus quatorze ans, leur discernement peut les guider depuis bien longtemps. Mais les parents coupés-collés préfèrent les voir ainsi, des joyeux lurons pseudo-autonomes, à la merci d'un dérapage qu'on pourra toujours réparer.

Territoires et familles partagés

Ma semaine est enfin finie. On s'entasse toujours autant dans ce train de banlieue. Un petit coucou au fond du wagon. Je ne me souviens plus très bien : Christelle ou Chloé ? En tout cas on était en première ensemble. Elle a gardé son visage poupin, pas comme moi. À 27 ans, j'ai l'impression du déclin, tout s'affaisse en moi. Derrière la vitre, le paysage est saturé de béton. Une gangrène grise a bouffé tous les arbres, on étouffe. En sortant de la petite gare, je respire enfin. L'odeur, la lumière, les moignons des platanes. Après l'immobilisme étouffant, les voyageurs se dispersent ; certains, toujours les mêmes depuis dix ans, courent après le bus. Sur la place, le Balto ne bouge pas malgré son ravalement. Le patron a laissé l'affaire à ses fils. Ils grossissent comme lui et déclament le même : « Qu'est-ce que j'vous sers ? » La terrasse chauffée est vibrante de fumées et de gloussements. Un signe, ma table, mes potes. Ce groupe de glandus détesté par ma marathonienne de mère. « T'as l'air vannée. – Hé oui, la grande ville, ça tue ! » Impossible de rester seule le week-end dans ma studette sombre. Il n'y a qu'ici que je me sens vraiment chez moi. Les voix enflent, les bières et les billets s'alignent. Mon père ne va pas tarder. Il prend depuis toujours le train de 56, son année de naissance. Il est encore pas mal, mais il y croit un peu trop. Ça m'agace un peu, parfois il me fait penser à la mère de Charlène. Une vieille ado abonnée au relooking, qui lui fout la honte jusqu'à la coller en boîte. Mon père minaude moins, mais il s'incruste à notre table, histoire de dragoter mes copines et de faire le beau généreux. Chez lui, j'ai encore ma chambre. Ma petite demi-sœur a pris celle de Théo, mon grand frérot, enfin casé.

Maman vit deux rues plus loin avec mon autre demi-sœurette. À son âge, je me souviens de la crise que j'avais piquée au moment de la séparation. Pas question de quitter mon collège, mes potes, plutôt mourir… Ils avaient opté pour la fameuse garde alternée. Papa gardait la maison avec Gisèle, et maman allait vivre dans un appart tout proche avec Gilles. Mes petites sœurs n'ont pas ce dilemme. Elles sont dans la même classe et s'invitent sans cesse. Papa débarque, le costume chic chiffonné. Il a l'air en forme, il me regarde à peine, embrasse tout le monde et offre sa tournée.

Territoires d'enfance

En dehors des milliers d'amis virtuels des réseaux sociaux, les jeunes adultes ont un cercle bien réel de copains et vrais amis qu'ils conservent souvent depuis l'école. Malgré les séparations conjugales de leurs parents coupés-collés, nombre d'entre eux ont réussi à conserver leurs territoires d'enfance. Cette implantation géographique peut sembler curieuse à une époque où l'on ne parle que de mobilité. C'est peut-être en réaction à cet éclatement généralisé que l'on s'accroche tant à ses territoires. Cette fidélité tenace souligne la nécessité de maintenir des liens affectifs stables dans le tourbillon des ruptures sociétales et familiales.

Les gardes alternées

Les divorces ont déferlé en masse dans les années 1980. Cette rupture du contrat de mariage autrefois marginale est devenue la norme pour un couple sur deux. Dans tous les pays occidentaux, le phénomène s'est amplifié, à tel point que la conjugalité est devenue un CDD variant de deux à quinze ans maximum. Dès l'âge de 20 ans, chaque nouveau couple conserve une arrière-pensée parasite d'engagement précaire.

Les affres de ces séparations ont bouleversé autant les parents que leurs enfants. Dès l'apparition du phénomène, la garde des enfants biologiques a été très majoritairement confiée aux mères. Au regard des législateurs et du pouvoir médico-psy, elles étaient les seules capables d'assumer l'éducation des enfants. Les pères, qui s'essayaient à un nouveau rôle plus proche et tendre avec leurs enfants, se sont retrouvés relégués comme des parents de seconde zone. Les conflits autour de la garde et des inévitables pensions alimentaires ont flambé, alimentant le fonds de commerce des avocats et des psys. Les enfants ont malheureusement été l'enjeu de ces disputes et en ont souffert profondément. La généralisation des séparations conjugales n'a pas suffi à atténuer leur malaise. Être écartelé au cœur de luttes incessantes ne favorise pas l'apaisement. Après cette première longue période des séparations de masse, les modalités se sont enfin assouplies, mais pas la cadence des ruptures.

Dans les divorces, les systèmes de garde alternée se sont imposés depuis une dizaine d'années. On a voulu épargner à l'enfant les dommages collatéraux de la séparation conjugale en préservant ses habitudes, son école, ses amis, et en gardant une distance géographique exiguë entre les habitats. Cette mesure, largement généralisée, a fait ses preuves en termes d'acceptation relatives des séparations parentales et des recompositions.

Tous ces aménagements sont désormais largement entérinés par les juges aux affaires familiales. La loi de 2002 pose l'alternance comme principe de base. Elle prévoit que la résidence de l'enfant peut être fixée au domicile de chacun des parents. Le vieux système de la garde principale pour la mère et du reste pour le père (un week-end sur deux et la moitié des vacances scolaires) a disparu. Les pères se sont battus pour ne plus être des pères au rabais ou des pères-copains qui ne penseraient qu'à s'amuser. Cette reprise en main de la responsabilité paternelle est importante symboliquement. Les hommes ne sont plus considérés comme d'éternels immatures qui laisseraient la responsabilité éducative aux seules mères. Ils ont conçu cet enfant et ils ne l'abandonneront plus après la séparation.

Aujourd'hui, bien que l'on reconnaisse l'importance des pères, il serait cependant abusif de croire que les rôles des parents sont interchangeables. Pour les nourrissons, jusqu'à l'âge minimum de 1 an, il est préférable de vivre chez la mère avec la possibilité de visites régulières du père, si paternant soit-il. Aux débuts de la vie, rester avec sa mère (si elle ne présente pas une grave psychopathologie) et dans un seul lieu semble la solution la plus adaptée. Avant 12 mois, l'enfant constitue ses premiers liens d'attachement, ses premiers repères, ne peut pas encore s'adapter facilement et intégrer l'angoisse de séparation. En fait, ce n'est qu'au-delà des 2 ou 3 ans de la première enfance que la garde alternée est concevable.

Un arrangement moderne

Il y a encore quelques années, de nombreux psys pensaient que les séparations conjugales devaient être plus claires, plus radicales. Ils voyaient dans les aménagements des gardes alternées une impossibilité d'intégrer la séparation parentale, d'en faire le deuil, d'avoir des repères, de poser ses valises, d'édifier un espace personnel dans ces allers-retours. Seul le couperet d'une séparation douloureuse aurait dû permettre aux enfants de renoncer au couple parental et se restructurer autrement. Sinon, ils finiraient par croire au pouvoir magique de réunifier leurs parents dans deux habitats séparés. Un sentiment de toute-puissance qu'ils risqueraient d'entretenir à l'adolescence en tyrannisant leurs parents. Dans notre exemple, la jeune femme a contraint ses parents à rester proches durant son adolescence. Elle pourrait s'imaginer qu'elle les a dominés et qu'elle a façonné leurs nouveaux liens. Elle aurait fabriqué ces deux familles qui ne se quittent plus. Croyance ou réalité ?

Pourtant la garde alternée, instaurée depuis plus de dix ans, fonctionne plutôt bien. Elle ne déclenche pas de nouvelles psychopathologies. Du reste, quel que soit le mode de garde, aucun enfant ne fait aisément le deuil du couple parental. Il conserve longtemps le fantasme inconscient qu'il est en partie responsable de la séparation conjugale. De plus, quoi qu'on fasse ou lui dise, il garde l'espoir secret que ses parents se remettront un jour ensemble.

En revanche, le système de la garde alternée a un double intérêt en matière de deuil progressif. Les parents évitent les conflits autour de la garde et le sentiment d'être le mauvais parent lésé. L'enfant n'est pas doublement séparé de ses modèles parentaux et de ses attaches sociales.

La condition sine qua non de cette mesure est la proximité géographique. Situation complexe tant les recompositions conjugales peuvent être variées. Mais l'éloignement géographique risque de faire tomber dans les affres évitées de la séparation : qui va garder l'enfant ? comment assurer des liens de proximité ? doit-on verser une pension ?... Autant de questions sensibles reléguées, qui réapparaissent et qui demandent des réponses impossibles aux enfants souvent devenus ados.

Certains psys continuent de penser que cette mesure est un aménagement démagogique, qui, au fond, arrange bien plus les parents que les enfants. La garde alternée s'est en effet imposée pour plusieurs raisons, au-delà de celles invoquées pour le bien de l'enfant. Pour les parents, ce dispositif a eu des avantages évidents de partage de la responsabilité parentale. Avec la possibilité de jouir en alternance d'une liberté par rapport aux entraves éducatives, assortie de la nécessité de ne jamais s'éloigner. Au début de la désunion, chacun recouvre sa semaine de liberté. La douleur de la séparation parentale est singulière et fluctuante : tantôt les conjoints « libérés » en profitent pour retrouver leur insouciance d'ado, tantôt la culpabilité les hante (davantage s'ils sont seuls), et ils ne peuvent s'empêcher de vouloir retrouver leurs enfants qui vivent si proches, mais sans eux.

En revanche, dans les cas de recompositions conjugales, cette mesure d'alternance a des effets plutôt positifs. Le nouveau couple expérimente le quotidien sans l'encombrement des enfants et les inévitables conflits éducatifs. C'est peut-être une garantie pour sa stabilité. Les gardes d'enfants et leurs pensions alimentaires ne représentent plus des enjeux de conflit infinis. Les enfants ne souffrent pas trop et sont « partagés équitablement ». Encore faut-il que cela soit possible tant financièrement qu'affectivement. L'équilibre est complexe et, comme dans toutes les formes de séparations, la crise affective de chaque membre séparé est incontournable. Personne n'y échappe malgré les aménagements les plus adaptés.

Cependant ce renouveau conjugal donne aussi la possibilité de recomposer une famille alternée en y adjoignant souvent une nouvelle filiation comme dans le récit. Ce mélange de demi-frères et sœurs biologiques et de « faux demi » inscrivent ces nouvelles nébuleuses familiales dans un paysage singulier. Il y a évidemment des tensions, des jalousies, mais, si la recomposition concerne les deux parents, l'acceptation est le compromis le plus simple. Même s'il reste ensuite difficile de se repérer dans ces recompositions de proximité, et encore plus difficile de faire valoir son individualité dans ces nouveaux groupes-tribus.

Par ailleurs, cette mesure a eu pour effets secondaires l'enracinement profond dans l'espace social environnant. Les enfants se sont attachés affectivement à un territoire plus élargi que celui de la constellation familiale. Cet espace de transition entre un dedans familial aléatoire et un dehors inconnu et cruel est indispensable. Ils y trouvent une protection plus solide que celle des parents vulnérables.

L'écho répété de ces aménagements instaure une atmosphère étonnante dans certains quartiers où les ex se retrouvent au supermarché ou bien partagent la même salle de sport ou la fête de l'école avec les enfants de la recomposition. Cela souligne avec évidence le besoin de liens au sein des familles malgré leurs ruptures. Chaque génération finit par s'attacher à son territoire, le revendique au même titre que des racines culturelles régionales. L'histoire des vies déroule et retisse indéfiniment sa trame. L'exigence princière des enfants victimes des séparations instaure un vrai territoire d'appartenance.

Ancrages

Chacun conserve une tendre nostalgie pour un lieu de rencontre adolescent qui lui a permis de découvrir les autres et soi-même. Les bistrots, les squares, les places de village ou de cité… Ces lieux publics donnent une sensation d'appartenance et d'ouverture au monde. C'est une expérience essentielle pour se structurer. Entre un dedans de l'intime et un dehors de la comédie sociale. Une transition essentielle qui permet de s'éloigner de chez soi tout en restant accroché à un lieu ouvert.

Les « vieux », enfermés dans leurs bureaux, leurs cuisines, leurs bricolages et leurs habitudes domestiques, ont dû délaisser ces espaces de rencontres conviviales. Ils les voient d'ailleurs d'un sale œil, mi-jaloux mi-inquiets. Un repaire d'irresponsables semi-toxicomanes qui ne font rien de leur vie ! L'oisiveté, « mère de tous les vices », reste fustigée par les parents coupés-collés surchargés de contingences, même s'ils l'excusent pour leurs propres jeunes adultes, pauvres victimes du système.

Pourtant, dans ces lieux de rencontres, l'ennui des jeunes n'est qu'une façade. Ne rien faire ensemble, ne pas parler des « choses indispensables », partager morosité et banalités est aussi essentiel pour se structurer en tant que sujet qu'un étourdissement actif. Ensemble, les jeunes s'observent, se comparent, inventent leur vie, s'y préparent et la testent par procuration dans la destinée des proches.

En groupe, les jeunes ont un impératif : ils doivent se démarquer des adultes, absolument. C'est ce qui déplaît souvent aux parents qui y voient un élément rédhibitoire de séparation. Ils imaginent tous les dangers des mauvaises fréquentations. Comme la mère de la jeune femme ci-dessus, ils souhaiteraient pouvoir choisir les élus du clan. Il leur paraîtrait préférable que le groupe soit structuré avec des interdits et des objectifs robustes. Une bonne équipe homogène, une sorte de *team* sportive et saine.

Mais il est excessif de croire que les jeunes subissent les influences majeures de certains leaders de leurs groupes de pairs. L'identification est un processus complexe qui se sert dans plusieurs registres : les modèles parentaux, les amis, la famille, l'école, le travail, la culture, les héros du moment, les attirances affectives…

Par ailleurs, pour se construire, en permanence les jeunes ont besoin de la confrontation, de la surprise. Mais pour cela, à l'inverse de leurs parents au même âge, ils ne s'aventurent pas trop, ils restent à l'abri de leur pré-carré en se donnant seulement l'illusion de la découverte.

Le groupe

Tous les adolescents ont besoin d'un groupe d'appartenance. La fonction sociale du groupe est évidente mais son impact psychique ne l'est pas moins. Aucun être humain ne peut se construire seul. Il a besoin d'échanges et de références variées. Un jeune trop isolé, enfermé dans sa chambre, collé à ses parents, est souvent en danger. Il évite le contact essentiel qui lui permettra de se sentir exister aux yeux des autres.

Dès le début de l'adolescence, une métamorphose psychique, corporelle et sexuelle bouleversante s'installe. Pour structurer leur psychisme, les jeunes adolescents ont besoin de se rassembler. À l'image de pièces d'un puzzle éparpillé, ils ont besoin des autres fragments pour reconstituer un monde interne cohérent. Cette réunification du moi ne peut pas se faire avec le soutien unique des parents. Les protections parentales ne suffisent plus. Les adolescents qui s'identifient aux adultes ont en même temps besoin de s'en détacher. Ce paradoxe les pousse à découvrir d'autres modèles plus proches de leur génération qui ressentent eux aussi une « inquiétante étrangeté ». L'idéal est de partager ces émotions troubles dans un groupe d'appartenance.

Le groupe est avant tout une enveloppe protectrice qui se substitue au giron parental. Un espace où l'on peut régresser ensemble et trouver une nouvelle place : un rôle fluctuant allant du leadership à la soumission. Ces liens donnent la possibilité de se séparer des craintes d'abandon infantiles en se fondant aux autres. L'adolescent, rassuré par son clan, apprend ainsi à se définir et se socialiser dans une certaine dépendance au groupe. Au début de l'adolescence, ce collage est puissant et parfois confus. Les bandes se créent et se soudent dans des actes souvent transgressifs et violents. Le groupe ne fait qu'un, tous les membres se ressemblent et s'imitent. Ils passent psychiquement de l'angoisse de séparation à la crainte de la castration avec sa culpabilité et ses envies de meurtre (symbolique). Pour contenir ces représentations troublantes, ils s'identifient entre eux. Ils ont la possibilité de vivre leurs émois et leurs fantasmes dans une enveloppe de transition où les adultes sont absents. Au contact des autres, l'adolescent évolue et se détache de ses premières influences. Ses liens d'attachement aux pairs sont intenses mais peu profonds. Comme le précisait le psychanalyste D.W. Winnicott il y a déjà cinquante ans, les groupes d'adolescents restent « un rassemblement d'individus isolés qui forment un agrégat[1] ». Un jeune qui évolue est fondamentalement ramené à sa solitude. Il est présent dans une osmose groupale, mais tout aussi absent intérieurement, livré à ses propres pensées et observations. Une île dans un archipel. Son psychisme a surtout besoin de s'agglutiner à celui des autres pour éviter la séparation, l'isolement et le vide.

Pour se comprendre, donner du sens à leurs pensées souvent contradictoires, les jeunes se servent de références élargies. Ils partagent la même quête et s'entraident pour se constituer une identité, un sentiment d'exister autrement. L'écho du groupe permet de se fabriquer une nouvelle image de soi qui pourra se superposer aux anciennes, sans les supprimer. La construction solide de soi passe par ces liens. Les parents coupés-collés qui avaient autrefois des groupes d'appartenance en ont eux-mêmes bénéficié pour soutenir leurs élans d'autonomie. Ils ont pu éprouver l'entraide, la solidarité et lutter contre l'isolement. Ces liens étaient soutenus par des idéologies communautaires auto-engendrées. On n'héritait plus des valeurs, on s'en inventait ensemble. De nos jours, en refaisant magiquement le monde, les jeunes pérennisent l'élan. Ils imitent leurs parents mais expérimentent peu leurs idées. Leurs révoltes sont moins intenses, mais ils sont aussi moins naïfs, surinformés et souvent désabusés. Leurs parents les comprennent, eux aussi se sont largement éloignés de leurs idéaux, mais ils regrettent ce manque de militantisme qui

1. *De la pédiatrie à la psychanalyse*, Payot, 1958.

animait autrefois leurs groupes. À travers leurs jeunes adultes, ils voudraient revoir s'enflammer des engouements écologiques ou altermondialistes. À quoi bon ! La rébellion n'est même plus une illusion, c'est une attitude. Il ne reste qu'un groupe couette où l'on se réfugie loin de l'agitation dangereuse du monde. Le seul ciment du groupe est d'éviter la solitude et l'isolement.

Se couper et se recoller

En groupe, les jeunes ont un impératif : ils doivent se démarquer des adultes, absolument. Ils se servent de leur environnement et de leurs pairs comme d'un support passager pour se défaire des liens parentaux. Tout le groupe social proche y participe : la famille, l'école, les amis, les modes... Cette confrontation permet d'enrichir une dynamique entre intérieur et extérieur, entre désir de liberté et de protection. C'est un gage majeur d'autonomie.

Cependant, s'autonomiser en rejetant ses parents n'est pas si facile. Les jeunes sont souvent rattrapés par la culpabilité de les abandonner, de les trahir. Ils ressentent alors une angoisse indicible, une aspiration vers le néant. Une solitude profonde risque de les déprimer. Les couples et le groupe de pairs absorbent en général cette angoisse. Un relais protecteur qui devient naturellement, en vieillissant, un souvenir structurant. C'est seulement dans l'expérience de la solitude et de l'intimité que les jeunes adultes pourront consolider leur moi qui s'était aggloméré aux autres. Rester coincé dans cet espace de transition évite le rapprochement et la rencontre intime avec soi et avec l'autre.

Dans notre exemple, la jeune femme, qui craint de se

retrouver seule dans sa studette, se réfugie vers son quartier et son groupe d'appartenance. Ce cocon territorial a ici une nette fonction antidépressive. L'angoisse du vide s'associe aux angoisses profondes de séparation, évidemment majorées si le jeune adulte est seul. Dans son « chez elle » élargi, elle retrouve les émotions, les visages, la dynamique rassurante de la répétition. Les amis, le café, le train, les agitations des passants, son papa et sa maman. Le travail psychique de « séparation-individuation » amorcé dès le plus jeune âge et affirmé par l'école et les groupes de pairs reste en suspens.

L'adolescence éternelle des jeunes adultes conserve ce sentiment flou d'être dans une transition infinie, coincé entre l'espace connu et rassurant de l'enfance et le monde angoissant et inconnu des adultes. Rien n'est vraiment acquis, c'est une remise en doute permanente. Les questions existentielles sur la solidité des attaches n'ont plus aucune réponse fiable. Autant éviter l'intime et se raccrocher aux branches des groupes et des lieux de rassemblement toujours vivants.

Une année est une vie

L'adolescence est une période de mouvance, une transformation totale par rapport à l'enfance. Tout devient totalement indécis, bizarre, étrange. Le corps évolue parfois sans commune mesure avec l'esprit dans une dysharmonie qui inquiète. Chaque année est une épreuve. Il faut quitter son corps d'enfant, s'étonner de changements dans lesquels disparaît la grâce d'antan. Les parents sont stupéfaits, même s'ils s'y attendaient. Les jeunes sont bouleversés, mais ils doivent sauver la face et paraître à l'aise aux yeux de leurs pairs et de leurs parents. Ces derniers ne cessant de leur rabâcher : « Tu es grand maintenant ! À ton âge, tout de même ! » Dans le fond, c'est un tâtonnement incessant où chacun recherche ses limites. Personne n'échappe à cette règle de la métamorphose.

De 12 à 25 ans, chaque année est une véritable tranche de vie. La prise de conscience du temps est très subjective selon les âges. À 5 ans, il n'y a aucun repère stable ; à 7 ans, cela s'organise ; à 10 ans, présent, passé et futur se déterminent et la chronologie apparaît. Mais, quelques années plus tard, tout devient confus entre une notion du temps théorique et un ressenti affectif. Un jeune de 15 ans qui repense à une de ses expériences passées, à peine deux ans en arrière, à 13 ans, a l'impression d'évoquer un souvenir très ancien, une époque où il était « si petit » ! Cet écart ne cesse de se creuser avec ces mois ou ces années interminables de l'adolescence. Puis la notion du temps s'inverse et il se met à filer sans retenue en vieillissant. La jeune fille citée ci-dessus parle déjà de son « grand âge » : « À 27 ans, j'ai l'impression du déclin, tout s'affaisse en moi. » Une impression continue que les années passées sont autant de vies. Tout s'effrite, se transforme, comme l'urbanisation ; il ne reste qu'un îlot d'enfance qui annulerait cette temporalité. Les jeunes adultes ne s'effraient pas trop des attaques physiques du temps, ils redoutent plutôt la perte irrémédiable des avantages de l'insouciance juvénile. À l'inverse, leurs parents, nostalgiques et parfois envieux, aimeraient retrouver leur physique et l'insouciance de leurs 20 ans tout en conservant leur expérience. Ce temps insaisissable est inquiétant à tout âge.

Vieillir

Une majorité de parents coupés-collés de jeunes adultes refuse farouchement de vieillir. Ce jeunisme effréné passe par des phases de croyances magiques, de luttes anti-âge et de résignation. Pas question d'être vieux, mot tabou relégué au quatrième âge dépendant. Les seniors ne sont surtout pas gâteux, ils ont encore un esprit vif et aventureux – d'ailleurs, ils en ont beaucoup plus les moyens financiers et intellectuels que leurs jeunes. Au XIXe siècle, Émile Zola décrivait la « vieille » femme de 34 ans, aujourd'hui celle-ci sort à peine de l'enfance.

Les parents coupés-collés quinquagénaires sont fascinés et excités par la plastique des corps jeunes. Ils ne font que répéter un attrait millénaire pour l'esthétisme juvénile. Le toucher soyeux, la peau lisse glorifiée par Socrate sont devenus un masque portable à tout âge. Toutes les avancées du Graal scientifique alimentent le rêve et sont bonnes à essayer. Une pensée magique qui voudrait reculer ce « naufrage du temps », dont parlait Simone de Beauvoir.

Dans l'admiration des corps adolescents, c'est plus le désir des adultes que l'identification qui est à l'œuvre. Vouloir ressembler aux jeunes, en avoir la silhouette et la ligne reste un fantasme qui engraisse les magazines féminins et les tailles des gourmandes qui craquent. L'essentiel est de rester dans le coup, proche des jeunes, de leurs besoins, de leurs désirs (où se cache toujours un peu d'inceste), quitte à les spolier de leur fraîcheur et de leur énergie. Certains s'agitent frénétiquement en courant contre la mort et vers les chirurgiens esthétiques. Ils exhibent leur dynamisme gonflé face à leurs jeunes mous et négligés frisant l'autodestruction alcoolo-tabagique. Une forme comme une autre de rivalité. Mais si, pour les adultes qui s'entretiennent, la métamorphose est moins rapide, les coups de vieux arrivent tout de même un jour ou l'autre, rien à faire. Dans notre exemple, la jeune femme est agacée par les minauderies de vieux beau de son père. Une manifestation classique du démon de midi qui cherche à savoir s'il peut encore séduire. Rien de plus banal, mais un peu trop provocateur aux yeux de sa fille, au demeurant seule. Elle arrive à relativiser cette posture en la comparant à la caricature de la mère de son amie : « une vieille ado abonnée au relooking ». Cette mère-adolescente fardée qui suit sa fille en boîte de nuit est déplorable : elle s'imagine sûrement « trop cool », mais, pour sa fille honteuse, elle est surtout collante et grotesque. Malgré le mépris et la distance qu'essaie d'instaurer sa fille adulte, cette femme-enfant perdue dans son jeu pathologique s'acharne. Dans cette caricature, l'illusion naïve du lien de proximité accuse une peur panique de vieillir, une jalousie maladive et une solitude tragique. La barrière générationnelle est alors totalement rompue. La réassurance narcissique banale des seniors qui ont peur de vieillir cède la place à une exhibition dérisoire.

3

Le couple et la sexualité

Jeune mixte asexué – parents désirants

Retour d'aéroport. L'image du bivouac ouvert sur le ciel pailleté s'effilochait. La voiture filait, et comme d'hab mon beau-père me saoulait avec ses investigations policières. Où j'avais dormi ? Avec qui ? Quoi ! C'est pas vrai ! Comment peux-tu dormir près d'une fille sexy sans rien faire à plus de 25 ans ? Je ne disais rien, il m'agaçait. Il m'a dit clairement qu'à ma place, il n'hésiterait pas une seconde ; même ma mère s'y est mise. Depuis mes 8 ans, ils me gavent avec leur éducation sexuelle et les risques des MST. Ils m'ont acheté des livres, ont laissé traîner des capotes… À 20 ans, j'ai vraiment eu la honte, ma mère m'a surpris dans la salle de bains en train de me masturber. Au lieu de se taire, elle m'a dit que ce n'était pas grave, au contraire. Ils continuent à m'emmerder sur mon allure et me parlent de mal-être, tout ça parce que je suis seul. Ma mère me dit que mon premier flirt raté en troisième serait le grand responsable. Elle ajoute que je suis un célibataire plutôt mou qu'endurci. C'est vrai que je ne suis pas comme certains de mes potes, collés en petits couples avec leurs projets de propriétaires, de chiens, de barbecue et de beaux bébés. Des arrangements merveilleux qui finissent toujours par s'autodétruire. Heureusement tous mes amis ne sont pas aussi nases. On se connaît tous si bien, pas la peine de jouer au dragueur lourdaud, on fait souvent des fêtes, on campe et on dort ensemble... Il ne se passe qu'une chose : on est bien.

Je crois que si je les laissais faire, mes parents m'arrangeraient bien un bon petit mariage à l'ancienne. Comme ils détestent les archaïsmes, ils feraient plus moderne. Ils me dégoteraient sur internet une fille de l'Est, mignonne, bien robuste et pas trop chère.

La sexualité

La sexualité est un phénomène universel qui concerne toutes les espèces vivantes. Elle garantit la reproduction et la conservation de l'espèce. Mais la sexualité humaine va bien au-delà de cette animalité conservatrice. Elle s'allie à des facteurs biologiques, psychologiques et sociaux qui lui donnent une valeur singulière. Cette nécessité universelle est aussi ce qui renvoie le plus à l'intimité.

Pour maintenir leurs structures et maîtriser le bouillonnement du phénomène sexuel – qui atteint son apogée durant l'adolescence –, les sociétés ont imaginé des règles, des interdits et des rites. On retrouve une histoire des aléas de la sexualité et du désir dans tous les mythes et légendes de l'humanité. L'urgence et la violence des pulsions sexuelles des adolescents ont toujours été une menace pour le contrôle social. On a inventé toutes sortes de régulations pour les endiguer, avec des constantes sur la différence des sexes et l'interdit de l'inceste. Pour autant, cette fonction d'autoconservation et les règles de reproduction des sociétés ont toujours été mises à mal. Les migrations, les guerres, la mixité des populations, les nécessités sociales, les attirances, etc., bouleversent tout mais n'ont paradoxalement pas empêché l'espèce humaine de se multiplier et de mieux résister.

Depuis quarante ans, la science a infiltré le champ de la reproduction avec des effets irréversibles. La pilule contraceptive, les FIV et autres manipulations génétiques ont définitivement détaché la sexualité de la reproduction. Le plaisir sexuel est devenu un sujet en soi, bien éloigné de la conception. Ce phénomène de séparation du culturel biologique reproductif et du plaisir sexuel s'est généralisé dans les années 1970, durant l'adolescence des parents actuels. La sexualité des femmes s'est délivrée du sacré et du culturel, leur donnant enfin le droit au plaisir sexuel, jusque-là réservé aux hommes et à quelques héroïnes libérées. La mise en commun du plaisir a bousculé tous les interdits. Cette révolution sexuelle n'a pas annulé pour autant la différenciation des genres. Elle a introduit une égalité de désir et de plaisir, mais pas une confusion des sexes comme certains l'ont cru. Et ce changement profond et radical est encore très récent.

Depuis sa mondialisation, le phénomène n'a fait que croître jusqu'à l'étourdissement. Les parents coupés-collés qui avaient inauguré le tournant de la libération sexuelle sont dépassés, leurs enfants-adultes tout autant. Les scénarios d'avenir de la sexualité ne définissent plus le genre mâle ou femelle, mais une certaine appartenance communautaire : gay, bi, trans, lesbien, SM, hétéro… De quoi se perdre dans les nouveaux diktats de la sexualité-épanouissement. Les jeunes, en proie à des désirs sexuels plus ou moins clairs, se laissent parfois piéger par ce catalogue des possibles. Pour certains, il y a une confusion entre désirs, fantasmes et réalité. Suivant une excitation sexuelle naturelle qui les déborde, ils croient pouvoir se libérer de ce carcan émotionnel en s'embarquant vers des conduites d'essai infinies (pour savoir si c'est bon ?) et finissent souvent par se perdre. Toutes les excitations et les sensations sont désormais possibles, mais rien n'est vraiment passionnant. Le désir et la libido s'éteignent dans cette nébuleuse d'éventualités.

Certains radicaux tentent de maîtriser le shaker sexuel humain en lui imposant des règles antiques tribales, religieuses, sectaires voire eugénistes. Dans l'histoire de l'Occident, on a toujours assisté à ces effets de balancier autour de la question sexuelle entre courants permissifs et interdicteurs. Actuellement, malgré les peurs et les régressions, l'élan général paraît irréversible vers une démocratie du bonheur, du choix et du plaisir pour tous.

Les asexués

Il existe cependant aujourd'hui un comportement étonnant chez certains jeunes adultes qui semblent renoncer à la sexualité sans être tenus par des interdits ni des convictions religieuses. Ce mouvement No sex a déjà suscité une littérature socio-psychologique qui s'est ainsi penchée sur ce phénomène a priori assez marginal mais qui deviendrait une tendance. Toutes les interprétations sont possibles pour expliquer cette posture.

Pour accuser le phénomène, on incrimine volontiers la confusion des genres. Un amalgame qui souligne la crainte généralisée de la différentiation. Depuis quarante ans, les mouvements sociaux ont suscité des lois pour faire reculer les discriminations les plus archaïques. Leur application reste encore polémique mais les avancées sont évidentes. Les femmes ont des droits similaires aux hommes, les discriminations raciales, religieuses ou homophobes sont sanctionnées… Le paradoxe de ce souci d'égalité apparaît dans la crainte d'être différent. Les médias se cantonnent souvent au politiquement correct, mais restent fascinés par les dissidents marginaux (humoristes, braqueurs, échangistes, harders…), à condition qu'ils n'affichent pas d'idées politiques réactionnaires. Ce consensus de la similitude gomme la singularité et pourrait bien finir par éteindre la libido. L'équité annulerait le genre et surtout le désir. En ce sens, les jeux de séduction sont souvent considérés par les jeunes comme des parades inutiles et pitoyables. Exprimer ses désirs sexuels devient caricatural, réservé aux dragueurs lourdauds ou aux sites de rencontres. Dans la vraie vie, on pourrait bien s'en passer, ce serait peut-être plus apaisant ?

Une hypothèse scientifique récente en rajoute et incrimine certains composants plastiques, notamment ceux des bouteilles d'eau, qui dispenseraient discrètement des œstrogènes. Depuis trente ans, l'utilisation régulière de ces plastiques alimentaires dans les pays développés pourrait expliquer des difficultés de mobilité des spermatozoïdes qui toucheraient 30 % des hommes. En poussant l'hypothèse plus loin, certains y voient la cause hormonale qui déviriliserait les hommes modernes et en ferait « des femmes comme les autres ».

Autres responsables désignées de cette dévirilisation : les nouvelles femmes émancipées. Les femmes désirantes seraient sorties de leur passivité et inquiéteraient les petits bonshommes devenus si fragiles. Les rapports millénaires de soumission sexuelle se seraient inversés. Les femmes libérées seraient exigeantes et deviendraient dangereuses voire agressives. Elles menaceraient la virilité fragile des mâles qui ont toujours besoin de se prouver qu'ils sont puissants et vigoureux. Cette idée est un dérivé psychologisant de l'angoisse de castration des mères phalliques. Tous les hommes portent en eux cette angoisse qui explique les phénomènes inconscients de soumission à l'autorité féminine. La défiance des femmes justifie aussi en partie le machisme atavique. Une crainte ancestrale d'un pouvoir mystérieux que les mâles cherchent à évacuer par tous les moyens. Une défense virile pour éviter d'être repris par le courant de dépendance infantile à la mère toute-puissante. Il faut alors être dur, ferme, rigide, autant d'adjectifs symboliques de l'érection.

Certains hommes élevés dans un univers essentiellement maternel seront encore plus fragiles pour affirmer leur virilité et se défaire de la soumission aux femmes. De nos jours, la plupart des mères, en couple ou séparées, assurent tous les registres de maternage et d'éducation et deviennent des sortes de mère-père. Les pères, présents ou fuyants, les laissent faire. Le phénomène est bien sûr majoré dans les familles monoparentales ou dans les couples où le père est absent physiquement et plus ou moins annulé et dénigré par la mère. Les jeunes élevés dans cette absence de références masculines n'ont perçu qu'une autorité féminine à la fois ferme et tendre. Ils risquent de vouloir s'y soumettre éternellement.

Néanmoins, ces hommes castrés symboliquement ne le sont pas forcément dans l'intimité. Jeunes adultes, ils peuvent avoir des difficultés sexuelles comme l'impuissance ou l'éjaculation précoce, mais rien n'est systématique.

L'espace inattendu d'épanouissement des relations sexuelles est infini.

La peur de la peur

Certains jeunes sont exagérément pressés par les vœux d'épanouissement sexuel de leurs parents coupés-collés. Ils ne savent comment faire pour échapper à ce désir projeté de bonheur sexuel. Ils prennent alors le contre-pied de ce prosélytisme en adoptant une absence de désir. Ils se mettent entre parenthèses, dans une transition infinie. Les parents, inquiets, redoublent de pressions intrusives et finissent par renforcer la fermeture. Comme d'autres, le jeune homme du récit justifie son célibat et son absence de désir et de séduction par la crainte de se faire coincer dans une petite vie de couple fusionnel. Ils n'ont aucune envie de se laisser piéger dans un carcan qui imiterait un idéal familial forcément illusoire. Ils craignent surtout l'engagement affectif qu'ils pensent toujours voué à l'échec, comme ils l'ont parfois vécu avec leurs parents.

Ces craintes classiques masquent une réelle peur de la rencontre sexuelle. La sexualité comporte toujours une part de mystère. La fascination et l'excitation qu'elle suscite en témoignent. Les jeunes adultes inexpérimentés sont attirés par ce fruit défendu mais en ont peur. Ils risquent d'être submergés par leurs émotions et leurs désirs. S'engager devient brûlant, malsain. Ils préfèrent rester coincés dans l'évitement affectif. Leurs désirs sexuels, trop longtemps frustrés, reviennent aux premières craintes infantiles de la transgression. Les interdits sociaux et parentaux du surmoi ressurgissent et les menacent de l'intérieur.

Pour se sentir exister et désirer, il faut franchir la ligne, le danger stimule. Si un jeune ne prend aucun risque, la fantaisie et le désir risquent fort de s'émousser.

Ce jeu de résistances psychiques peut devenir un véritable blocage. Lorsque certains jeunes adultes, pour des raisons variées, ont dû trop attendre pour avoir une relation sexuelle, ils peuvent s'en trouver paralysés. Dans cette attente prolongée, toutes les craintes intimes de l'adolescence persistent. Les jeunes adultes n'arrivent toujours pas à intégrer une image du corps globale et rassurante : ils n'osent pas regarder leur nudité et encore moins la confronter à la nudité d'un autre. Ils craignent toujours les jugements sur leurs imperfections, qui sont surtout imaginaires. Ils sont toujours trop quelque chose : petit, gros, laid, maigre, bête... Les rapports sexuels demandent une certaine confiance en soi. Il faut pouvoir plus ou moins contrôler ses émois, sa libido. Beaucoup restent coincés dans leur crainte de ne pas y arriver. Ils ne se sentent pas à la hauteur. Ils craignent de perdre leurs moyens, de trembler, d'éjaculer trop vite, de se bloquer. Cette impuissance pourrait même leur révéler des penchants homosexuels cachés. Certaines jeunes femmes imaginent que la pénétration est forcément violente et douloureuse. De nombreux jeunes pensent qu'ils n'arriveront jamais à partager leur intimité corporelle et psychique avec celle d'un autre, forcément dérangeante.

Par ailleurs, le spectre des MST, et particulièrement du sida, en rajoute dans la paralysie. Depuis leur enfance, assommés de messages de prévention sur les risques de la sexualité, les jeunes d'aujourd'hui associent sexe et danger de mort. Dans l'acte sexuel, le risque n'est plus la grossesse que redoutaient les grands-parents, mais la maladie. Seuls les parents coupés-collés auront pu profiter d'une parenthèse de quinze ans d'amour pseudo-libéré.

Mais toutes ces raisons poussent en fait à éviter la question angoissante : vais-je y arriver ? La réponse la plus simple est la fuite. Les jeunes comme celui de notre exemple se retirent intérieurement dans une bulle asexuée intouchable. Ils se réfugient dans leurs groupes d'amis rassurants qui ne les menacent pas sexuellement. Le groupe tolère ce non-choix, au même titre que d'autres tendances. Les jeunes adultes évitent ainsi toute confrontation avec les couples sexués qu'ils trouvent surannés. Cependant, le sujet occulté reste brûlant. Tout élément extérieur stimulant le désir sexuel, voire une réflexion sur leur chasteté, déclenche de l'agressivité. Ce style de jeunes ne supportent pas que l'on se mêle de leur intimité, mais encore moins qu'on souligne leurs craintes.

Cet enfermement asexué s'autorenforce et peut devenir une véritable phobie. On a peur de sa peur ! La phobie est bien connue de la psychanalyse. Les craintes phobiques renvoient à des angoisses infantiles de viol et de castration : tout ce qui se rapporte de près ou de loin à la sexualité est dangereux. Pour les garçons, le désir féminin est associé aux premières culpabilités infantiles œdipiennes et à la fameuse angoisse de castration. Le jeune homme qui pourrait s'aventurer vers la sexualité est souvent rappelé à ces craintes de petit garçon. Il se sent à nouveau incapable et profondément coupable. Pour éviter cette zone brûlante, il retourne en râlant vers la chaleur soumise de la dépendance parentale. Il ne grandit plus, reste entre parenthèses. Un bonsaï affectif qu'on peut conserver dans sa chambre d'enfant jusqu'à 30 ans. La plupart des parents s'inquiètent de cette attitude, mais certains sont aussi inconsciemment rassurés de ce maintien éternel du lien.

Pour justifier cette transition asexuée, parents et jeunes n'hésitent pas à incriminer un responsable extérieur : un chagrin d'amour de jeunesse qui aurait tout bloqué. Encore une séparation impossible à digérer. En corollaire à ce traumatisme, il ne faudrait plus jamais s'engager à la légère, juste se garder pour une relation idéale. Un grand Amour romantique aux objectifs et aux orgasmes partagés. Une rencontre parfaite dans un monde idéal qui annulerait les défauts incontournables de la réalité. Dans cette attente impossible, certains jeunes adultes risquent de rester coincés longtemps à l'abri de la couette parentale.

La masturbation

La masturbation est un jeu de vérification génitale qui s'amorce vers 4-5 ans. À la maison et à l'école maternelle, les enfants ont leurs premiers attouchements auto- et hétéro-érotiques. Puis, au-delà de 6 ans, il devient indécent de se tripoter, surtout en public. L'âge de raison est celui de la frustration opéré par le fameux surmoi œdipien, résultat inconscient conjugué des interdits parentaux et des normes sociales.

À l'école primaire, garçons et filles se calment un peu avec la sexualité. Ils dérapent parfois dans la cour ou les toilettes pour continuer leurs jeux et leurs explorations, mais ils sont vite sanctionnés par les adultes. L'intérêt sexuel reste alors en latence (plus ou moins en sourdine) jusqu'à la période pubertaire. À la puberté, la masturbation réapparaît et devient irrépressible. Les poussées émotionnelles sont alors aussi bouleversantes qu'irrationnelles.

Dans le psychisme révolutionné des adolescents, les fantasmes érotiques se bousculent, des plus glauques aux plus sophistiqués. Ils sentent en eux une animalité qui les excite infiniment et les menace tout autant. Le plaisir sexuel génital naissant des ados est souvent infiltré de fantasmes gênants et curieux : échangisme, sado-masochisme, homo- et bisexualité, inceste, voire zoophilie… Ces pratiques imaginaires accompagnent les masturbations et mêlent jouissance et culpabilité. Généralement, ces angoisses sont transitoires et s'apaisent rapidement. Le rêve d'enfant, « devenir grand le plus rapidement possible », se transforme en menace. L'excitation sexuelle en est la preuve absolue. On se rapproche du monde imaginé des adultes : c'est assez effrayant, mais c'est aussi stimulant. Les adolescents craignent souvent une intimité sexuelle qui les amènerait à ressembler aux images qu'ils ont des adultes, en particulier de leurs parents. La masturbation est alors indispensable pour digérer les fantasmes chaotiques qui chahutent leur psychisme. Dans leurs pensées érotiques, ils s'immiscent dans le monde le plus intime des adultes, sans s'y aventurer complètement. Ils imaginent leurs rencontres et conservent le pouvoir et la maîtrise de leurs mises en scène.

Vers 17 ans, la pratique masturbatoire devient plus rare. Après quatre ou cinq ans de fantasmes et d'expériences partielles avec des flirts, c'est le moment d'expérimenter vraiment les rencontres érotiques. Le rapport sexuel devient une issue naturelle. C'est ce qui explique en partie pourquoi ces premiers rapports continuent à avoir lieu autour de 17 ans depuis des générations. Ceux qui retardent trop longtemps plus ou moins consciemment cet éprouvé essentiel restent un peu perdus dans l'affirmation de leur identité et de leur image corporelle. Entre réel et imaginaire, ils risquent de se trouver toujours aux prises avec leurs fantasmes incomplets d'enfant-adolescents. C'est peut-être le cas du jeune homme vierge du récit. Ceux qui, comme lui, pour des raisons variées, n'ont pas accès aux échanges sexuels se replient à nouveau sur la masturbation. Elle peut alors être une compensation, non plus pour unifier des fantasmes, mais tout simplement pour évacuer des angoisses et des inhibitions. Pour des jeunes trop longtemps frustrés, cette pratique solitaire peut devenir une sorte de décharge compulsive, sans fantasmes associés, qui vide les gonades autant que le psychisme, comme probablement pour ce garçon de 20 ans que sa mère surprend en train de se masturber dans la salle de bains. Elle réagit maladroitement : les parents coupés-collés qui surprennent fortuitement des masturbations sont souvent embarrassés. Rares sont cependant ceux qui les condamnent. Certains parents *libérés* en rajoutent même avec un couplet psychologisant sur les bienfaits structurants de cette pratique. Ils s'enferrent en vantant le côté naturel et bénéfique du ressenti de la jouissance. Ils mêlent un discours d'éducation sexuelle générale à un moment intime singulier qui demande surtout la discrétion et le silence.

Les parents coupés-collés perçoivent en général ce bouleversement profond qu'ils ont vécu eux aussi. Ils savent que la pratique masturbatoire est très troublante et qu'elle ne concerne qu'une profonde intimité individuelle d'où les liens filiaux sont forcément exclus.

Éducation sexuelle et préservatif

Après une époque de libéralisation parfois outrancière par rapport aux tabous sexuels, le spectre du sida a déclenché un vent de panique. Mais il a aussi véritablement ouvert le dialogue sur la sexualité. La prévention des conduites sexuelles à risque, avec comme étendard le préservatif, a remplacé l'éducation sexuelle et son ambiguïté polémique.

Cependant, ce discours préventif souvent très explicite autour des pratiques à risque a paru choquant à de nombreux parents. Surtout si les messages ont été diffusés trop tôt, auprès d'enfants du primaire n'ayant aucune capacité pour les intégrer. Pour le collégien en proie à des pulsions pubères intenses, la sexualité si excitante s'en est trouvée reléguée à un risque morbide. Surtout que les parents, affolés par les risques épidémiques, en ont rajouté et ont fini par diaboliser les rapports sexuels : l'approche intime de l'autre comporterait un danger mortel. De quoi alimenter les inhibitions des ados les plus anxieux et éviter d'aller vers cette rencontre inconnue, déjà naturellement inquiétante.

Les parents coupés-collés surprotecteurs ont tendance à se cantonner à cette facette menaçante de la sexualité et à acheter des préservatifs pour que leurs jeunes se protègent. Comme dans notre exemple, ils en distribuent très tôt pour favoriser des rapports sexuels « sains », qu'ils contrôlent ainsi un peu. Les garçons, très concernés, ont fini par être souvent plus prudents que les filles. La prévention est devenue leur affaire. Cependant, le préservatif reste synonyme de méfiance, de peur et peut susciter des envies de conduites à risque pour se libérer. Résultat : les adolescents amoureux se font (très rapidement) confiance et ont des rapports sexuels non protégés au nom de l'amour, de la fidélité et de la liberté. En fait, le port du préservatif est beaucoup plus une revendication qu'une pratique, alors que les risques d'infection par le VIH sont loin d'avoir disparu.

Les jeunes adultes ont plus de discernement. Ils sont bien plus prudents, mais restent agacés par les discours hygiénistes autour de leur intimité. Cette attitude est encore amplifiée par celle de parents coupés-collés arrogants qui leur répètent qu'à leur époque c'était formidable : il n'y avait pas le sida, on s'éclatait sans danger. La révolution scientifique de la pilule contraceptive paraissait protéger de tous les risques, autant ceux de la maternité que des autres, plus légers et souvent soignables. Le préservatif était réservé aux bidasses allant voir des prostituées : il ne concernait donc pas les jeunes libérés qui s'accouplaient dans des élans naturels, donc forcément sains. Pour les ados des années 1970, les informations étaient uniquement véhiculées par la musique et quelques médias qui prônaient surtout la défiance des adultes. Les rares conseils sexuels sanitaires transmis par les adultes de l'époque étaient forcément moralisateurs et ringards. La naïveté des multipartenaires sexuels de l'époque a pourtant été à l'origine d'épidémies de MST comme le terrible sida, mais aussi l'herpès ou les chlamydiae qui ont entraîné des stérilités. Après trente ans de prévention généralisée, les jeunes d'aujourd'hui sont bien mieux informés sur les risques sanitaires et sur les pratiques sexuelles. En revanche, ils restent aux prises avec des émois sexuels irrépressibles et souvent contradictoires qu'ils aimeraient comprendre, mais qui ne supportent aucune leçon, si protectrice soit-elle.

Unions arrangées

Certains parents coupés-collés n'hésitent pas à faire la critique acerbe d'un système archaïque et religieux qui arrange les unions. Pourtant, ils conservent le désir secret d'aider leur jeune adulte à constituer un couple idéal. Ce paradoxe n'est pas qu'un résidu culturel. Il souligne la dictature du bonheur qu'aimeraient instaurer de nombreux parents. Si leurs enfants sont indécis, voire bloqués comme celui de notre exemple, autant prendre les choses en main. Dénicher un être complémentaire adapté à leur progéniture (et à leurs désirs) n'est alors plus une ingérence archaïque : l'entrisme se justifie devant la passivité. Pour rester dans l'air du temps, pourquoi ne pas utiliser le marché humain des sites de rencontres du web ? Le jeune du récit évoque cette éventualité avec un certain humour, mais aussi une relative envie cachée d'être guidé. Toutes ces manipulations parentales intrusives sont redevenues moins choquantes.

Un dialogue possible

Malgré l'avalanche des informations sur les pratiques, leurs extases et leurs risques, les jeunes adultes ont mis des années à intégrer une véritable éducation sexuelle. Leurs idées sont bien plus claires qu'au début de l'adolescence, mais elles restent fragiles. La question sexuelle reste énigmatique. Ceci est d'autant plus avéré pour les anxieux, les timides et les inhibés. Le sujet les angoisse et ils préfèrent éviter d'y penser et d'en parler, surtout avec les parents. En revanche, ils ont besoin d'être rassurés. À certains inhibés, il peut être utile de rappeler que pour l'ensemble des jeunes adultes la sexualité n'est pas si simple. Les émois sexuels sont multiples et se conjuguent dans une partition personnelle entre envies et réalité.

L'inhibition sexuelle du jeune homme cité plus haut a trouvé refuge dans une coquille asexuée qui lui permet de dormir sans ambiguïté avec une amie du même âge. Cette pratique est désormais courante chez beaucoup de jeunes qui conservent des rapports intimes asexués avec des amis du sexe opposé. Ils campent ensemble, dorment collés et supportent une promiscuité corporelle sans désirs apparents. L'effet de la mixité est à son comble. À trop se mélanger dans une confusion de genre amicale depuis la crèche on ne se désire plus vraiment. Des amitiés fraternelles idéales sans rivalité qui permettent de ressentir une intimité sexuelle totalement platonique. On reste ensemble éternellement, un groupe uni, sans les risques d'exclusivité des petits couples qui feraient tout éclater.

Les parents coupés-collés souvent éduqués dans un système sexiste ont en revanche connu leur lot de frustrations. Cette empreinte culturelle, qui s'est estompée depuis quarante ans avec la mixité scolaire, les a imprégnés. Durant leur adolescence, ces frustrations ont volé en éclats avec les idées libertaires, et la levée des tabous a permis une déferlante de désirs sexuels partagés qui a marqué leur esprit. Dans le récit, ces parents qui ont vécu tant d'élans individuels et collectifs ne peuvent pas comprendre la passivité de leur fils. Ils n'arrivent pas à concevoir sa gêne et son manque manifeste de désir. Cet étonnement les renvoie à leur incapacité à transmettre cet intime délicieux, uniquement édifié en dehors de leur champ. Ils auraient dû certainement retenir leurs questions intrusives, rester plus discrets, ou trouver une pirouette pour parler de ce sujet délicat qui devient une bombe pour leur enfant.

Peu d'adultes sont capables de se rappeler combien la sexualité est essentielle pour le développement du psychisme et de l'identité. Ils oublient d'en signaler les effets uniques de découverte profonde des autres, de leurs désirs différents et complémentaires. Le plaisir sexuel est d'abord intime. Il est impossible de comprendre cette intimité en dehors d'un échange avec un partenaire. Les rapports sexuels peuvent être un jeu où l'on se permet de régresser, d'être passif ou actif, avec tous les scénarios possibles. Cet univers ludique reste circonscrit aux relations sexuelles. Mais une pratique excitante ne doit pas être confondue avec une affirmation identitaire. Au-delà des pratiques multiples vantées par les performances pornographiques, il y a surtout de l'émotion, de la tendresse dans l'éprouvé des corps mêlés. En somme, on oublie trop souvent de souligner combien la sexualité est plaisante et au demeurant épanouissante.

Jeune indécis – parents rêvants

« Mais oui, m'an, t'as raison : je ne sais pas ce que je veux. Toi tu sais, bien entendu. Tu t'es déterminée de bonne heure, tout baignait, surtout ton mariage qui a pris l'eau. » J'y avais été un peu fort. Malgré toutes mes tentatives burlesques pour trouver l'âme sœur, j'avais encore tout fait foirer. Après un speed dating aviné j'avais rencontré Cat, magnifique plante de 32 ans, juriste, un bel appart. J'y glandais toute la journée et elle m'inondait de cadeaux. J'étais son petit chou, ma mère la

détestait. J'étais scotché à elle mais un peu décalé par rapport à ses potes hyperactifs et leurs goûts artistiques. J'ai fini par fuir avec Marjo, une rencontre merveilleuse du web. C'était mon profil idéal, j'étais le sien. On s'est installés très vite, tout allait si bien. Et patatras, je ne sais pas ce qui m'a pris. J'ai tout plaqué et je me retrouve dans ma chambre d'ado. Papa nous avait pourtant trouvé un studio mimi et avait tout choisi chez Ikea. Il s'était bien énervé avec les notices infernales. Marjo pouffait de le voir s'exciter, mais en deux week-ends le nid était prêt. Marjo était presque parfaite. Elle faisait tout : ses études, la bouffe, les courses. Je me contentais de passer l'aspirateur une fois par semaine. On faisait l'amour à 23 heures pétantes, dans le noir, à cause des voisins qui mataient à travers les rideaux. Une fois par semaine au ciné, une fois au resto, les copains le samedi soir. Une belle petite vie tranquille. On avait même ouvert un PEL ! Nos parents recomposés nous gâtaient d'ustensiles inutiles. Je n'en pouvais plus. Je suis devenu méchant. J'aboyais sans cesse. Je crois que tout a basculé le jour du barbecue de réunification familiale. Tout le monde nous souriait niaisement avec des sous-entendus mielleux. J'ai fini par comprendre que tout ce petit monde recomposé avait décidé de nous marier. Ils en avaient déjà parlé avec Marjo en lui envoyant des photos de robes de fée et de manoirs enchantés. On n'avait jamais abordé ça ensemble, même pas rêvé le truc désuet à deux. Comment pouvait-elle décider de se marier, alors qu'elle me faisait tout juste confiance ? Nos parents avaient dû bien jouer avec sa naïveté. Deux semaines plus tard, j'étais revenu au bercail. Les foudres accueillantes ne m'ont pas lâché. J'ai fini par céder. Je suis retourné soumis dans notre nid d'amour. Marjolaine avait changé, elle ne riait plus. Au bout d'un mois, j'ai fait un grand sac définitif. Ce soir, j'irai retrouver mes vieux potes au Central.

La confusion des âges

Le jeune homme du récit s'est d'abord installé avec une femme de dix ans son aînée. Il décrit sa passivité dans cette nouvelle vie improbable qui agaçait tant sa mère. Ce jeu de séduction des jeunes à l'égard d'aînés de dix ans de plus est relativement classique. C'est une sorte de semi-rencontre incestueuse où les partenaires sont des équivalents parentaux rajeunis et idéaux, plus sexy. Des adultes séduisants avec qui les rapports sexuels sont possibles. Ces aventures permettent inconsciemment de ne pas totalement renoncer aux vœux œdipiens. Une illusion de séduction, de pouvoir et de possession sexuelle des parents voire des aînés. Ce genre d'unions, parfois très intenses, fait évidemment enrager les parents. Elles sont fréquentes mais souvent instables. Une fois les fantasmes semi-incestueux éprouvés, l'illusion de toute-puissance s'effondre. Le risque de retrouver une passivité et une dépendance infantile ressurgit : c'est ce qui est caricaturé dans le récit ci-dessus où le jeune homme est redevenu un petit chou inondé de cadeaux. Dans ces conditions, le décalage de génération devient insupportable. Il n'a plus sa place et retourne chez sa vraie mère, au demeurant ravie.

Ces unions sont parfois encore plus caricaturales, quand il y a plus de vingt ans de différence d'âge. La confusion des générations tolère désormais cette forme d'inceste *light*. Autrefois, seuls les hommes célèbres et les Casanova avaient le droit d'être des séducteurs éternels. Aujourd'hui, les femmes mûres et indépendantes, ces fameuses « cougars », se l'accordent sans honte. Dans les deux cas, il s'agit de manœuvres perverses pour séduire des adolescents naïfs, sur le mode des « liaisons dangereuses ». Mais la morale de Laclos a définitivement disparu : le terme de relations incestueuses est réservé aux pédophiles, qui abusent d'enfants très jeunes. La majorité sexuelle étant délimitée à 15 ans, la loi suppose que tout adolescent pubère peut choisir librement son partenaire. Dès lors, les manipulations de séduction d'adolescents paumés (ou tentés) par des adultes mûrs sont entrées dans le domaine des possibles. Une sorte de retour socratique vers la jeune chair fraîche que s'accordent sans complexes aussi bien les hommes que les femmes.

Parfois, ces rencontres amoureuses ne sont pas qu'une réassurance de séduction. Elles signent juste un manque d'amour qui peut devenir bouleversant. Dans ce cas, le chasseur mûr se fait piéger par ses émotions. La jeune proie devient à son tour le maître du jeu. Elle manipule et martyrise son vieux séducteur. Dans cette inversion, elle retrouve sa toute-puissance œdipienne, et le substitut incestueux devient un jouet soumis. La cruauté adolescente revient et la partie est sans pitié.

Chacun fait ce qu'il peut avec ses attirances et son histoire affective. L'amour résultant de la rencontre intense entre deux êtres reste heureusement un mystère.

La recherche ciblée de l'autre

Chacun conserve au fond de soi le rêve du coup de foudre. Une rencontre fortuite dans un espace public, la rue, le train, un café… où l'espace d'un regard, d'un sourire, tout est joué. Cela sans préméditation, juste une opportunité magique.

Le rêve se goûte dans les fictions littéraires ou cinématographiques, plus rarement dans la vraie vie. Découvrir une perle dans la foule infinie n'est pas évident. Toutes sortes de mises en scène tentent de rapprocher les célibataires. Le marché est juteux et les organisateurs rivalisent d'astuces : rencontres ciblées entre cadres célibataires dans des boîtes ou des restaurants, avec des participants qui portent des signes distinctifs grotesques ou discrets pour exprimer le désir d'un soir ou d'une vie, plans drague arrangés dans des supermarchés... Pour les plus inhibés, il est même possible de s'offrir un relooking physique et psychologique et des leçons avec un *love coach*. Malgré ce déploiement de moyens, trouver l'âme sœur reste souvent un exploit. Le jeune homme du récit a fui un amour décalé qu'il avait rencontré dans un « speed dating aviné ». Cet aménagement conçu pour les plus pressés permet de délivrer l'essentiel des attentes conjugales en sept minutes chrono : la rencontre est calibrée selon des attentes précises et indexée à un planning serré. Le jeune qui a joué avec ce procédé semble s'être fait piéger par une aînée déterminée.

Pour conserver l'espoir d'une rencontre essentielle, les petites annonces se sont répandues sur la toile d'internet. D'un clic, on peut y faire son marché affectif dans un centre commercial mondial. Dans la démocratie idéale du web, les multiples sites de rencontres permettraient à tous les profils possibles de se compléter. Il suffirait ainsi d'y déposer une annonce affriolante et d'attendre les connexions. Des milliers de cœurs esseulés ou frustrés attendent à travers le monde. Dans cette illusion de choix d'un partenaire, chacun croit pouvoir faire correspondre ses désirs à un profil idéal. Le jeune homme cité décrit sa rencontre merveilleuse sur le web : « C'était mon profil idéal, j'étais le sien. » L'assemblage conjugal des jeunes tourtereaux fonctionne d'abord très bien et enflamme les espoirs d'union idéale des parents. Mais, au contact d'une réalité conjugale de plus en plus ritualisée et contrôlée par des parents coupés-collés complices de sa compagne, il se sent piégé.

Les jeunes optant pour cette recherche profilée de l'être idéal éprouvent une excitation certaine mais forcément impossible à combler. Beaucoup picorent alors des rencontres éphémères sans prendre le temps de la découverte. Ils évitent la confrontation de leurs envies au goût inattendu des autres. Dans ce jeu de dupes, ils risquent de se trouver de plus en plus seuls. Leur détresse affective les renvoie naturellement vers leurs parents. Une régression répétée à chaque rupture, parfois à chaque conflit de couple. Les parents coupés-collés sont furieux de cette répétition, mais ils sont toujours là en cas de crise, avec leur affection indéfectible.

Édifier l'habitat du bonheur

Les parents coupés-collés emballés d'avoir enfin réuni un petit couple idéal comme celui de l'exemple précédent mettent tout en œuvre pour le maintenir. Ils les aident financièrement, préparent en détail leur ménage. Ils prennent tout en main : prospectent pour un nid d'amour, pas trop éloigné, se portent caution et l'installent entièrement. Ces parents, séparés ou non, sont enthousiastes pour ce projet merveilleux. S'identifiant aux jeunes amoureux, ils sont sur un nuage. Ils se chargent des moindres détails. Dans le récit, beaucoup de parents coupés-collés se reconnaîtront dans les aménagements caricaturaux du père pour façonner le nid des tourtereaux. Passifs et amusés, les jeunes adultes assistent au montage du décor. Ils seront bientôt les acteurs gâtés du spectacle amoureux écrit par les parents. Il ne leur manquera rien, tout juste un peu de surprise. Ils risquent de se sentir un peu dépossédés. Leur intimité en pâtit : métro, boulot, TV, sexe et dodo. Ils finissent par retrouver la vie ritualisée et morbide de certains couples : plus d'envies, plus de désirs, une vie « plan-plan » de vieux. Dans le récit de notre jeune homme, les parents s'entendent avec la jeune Marjo pour un mariage merveilleux : il a l'impression d'être le dindon de cette farce familiale. Il n'a plus le choix, il doit en sortir. Il se sauve. Cependant, cette influence parentale tendre, conjuguée à celle de sa partenaire, est difficile à repousser. Il se culpabilise et cède aux arguments de bonheur des parents contrariés. Il retente un essai de cohabitation, mais c'est vraiment fini. Sa fuite est une réaction de défense face à la promesse d'un enfermement doré dans un monde clos façonné par des parents coupés-collés tellement attentifs.

Le bonheur

Toutes les études sociologiques sur la sexualité depuis Kinsley et Lipovetsky s'accordent sur le fait que nos sociétés individualistes et hédonistes n'ont pas vraiment réussi à faire disparaître l'image d'Épinal de l'amour à deux. Pour les adolescents particulièrement, le bonheur est conditionné par la possibilité de rencontrer et d'aimer l'homme ou la femme de sa vie. Une vision duelle du bonheur où l'autre est indispensable pour compléter un tableau idyllique. Ce désir de « complétude » est omniprésent dans toutes les attentes de Grand Amour. Celui-ci ne peut concerner que cet être idéal qui partage goûts, envies, désirs, émotions, et ne se résume pas à une rencontre orgasmique.

Dans ses derniers écrits, Sigmund Freud, au crépuscule de sa vie, malade et persécuté par les nazis, a tenté de définir l'aspiration humaine au bonheur en essayant de comprendre la ferveur et l'état extatique des groupes de croyants proches de Dieu, qui ressentent une transcendance qu'il nomme « sentiment océanique[1] ». Il en retrouve l'essence dans le sentiment amoureux où les frontières entre soi et l'autre s'estompent. Freud pensait que ce « sentiment de plénitude océanique » révélait un état antérieur de *nirvana* : une période merveilleuse des premiers moments de vie du fœtus et du bébé, où la mère et l'enfant fusionnent parfaitement sans aucune tension. Période oubliée mais inscrite à jamais.

Le bonheur fusionnel à deux s'alimente de cette illusion. Elle continue d'être une aspiration idéale qui annule l'évidence des difficiles rapports humains. La frustration et la douleur disparaissent sous l'effet magique du plaisir amoureux.

Malheureusement, comme le soulignait Freud, le bonheur est un état éphémère et instable. Il est beaucoup plus simple de s'installer dans le malheur, la plainte et la douleur, si fréquents, que d'être heureux. La discontinuité et la rareté des moments de bonheur en font toute la valeur. Or dans nos sociétés, les parents coupés-collés voudraient instaurer une sorte de dictature du bonheur. Ils souhaitent multiplier à l'infini ces moments fugaces et épargner le plus longtemps possible à leurs enfants les aléas du malheur. Parfois, ils vont si loin que leurs jeunes cherchent à s'inventer un passé empli

1. *Malaise dans la civilisation*, Payot, 1929.

de traumatismes pour donner du sens et une vraie valeur d'enjeu à leur vie hyperprotégée. En cherchant bien, on trouve toujours des horreurs banales pour se forger une histoire pathologique. Au besoin, on utilise le malheur des autres – qui ne manque pas.

Le désir de couple idéal

Tous les parents, et davantage ceux ayant raté leur conjugalité, rêvent de stabilité et de réussite affective pour leurs jeunes adultes. Ils appuient parfois un peu trop leurs attentes et s'emballent à la moindre union affective. Ils essaient par tous les moyens de la faire perdurer : un désir de réparation plus ou moins évident de leurs propres erreurs conjugales. Ils vont alors tout essayer pour façonner un petit couple parfait. Ce désir de maîtrise inconscient tente de supprimer la part de danger potentiel liée à l'inconnu : la pièce rapportée devra s'emboîter parfaitement dans les désirs du jeune bien entendu, mais aussi de ses parents.

Les jeunes pris à ce jeu du contrôle tendre et bienveillant de leur bonheur restent ainsi fidèles aux attachements infantiles. Ce procédé inconscient leur rappelle que le seul lien solide serait le lien filial. S'engager ailleurs, avec l'inconnu, c'est nécessairement le rompre. Les parents coupés-collés ont souvent opéré une rupture précoce avec les désirs de leurs parents. Ils ont choisi seuls leur vie affective s'en sont parfois mordu les doigts. Ils regrettent aujourd'hui de ne pas avoir écouté les conseils éclairés de leurs ascendants. Pourtant, cette décision, alimentée par un élan juvénile irrépressible, leur a permis de se sentir libres et autonomes. Ces erreurs les ont parfois blessés mais elles ont surtout renforcé leur confiance en eux. Et ils se sont donc construits dans cette opposition.

Pourtant, ils en conservent un fond de culpabilité. Dans leurs engagements affectifs, ils ont ainsi souvent maintenu un lien inconscient avec les désirs ou les craintes de leurs parents bafoués et abandonnés. Untel a épousé le genre de femme que sa mère détestait, une autre aura choisi un homme d'origine étrangère en contrepoint au racisme du père, d'autres encore auront réalisé leurs désirs plus ou moins inconscients d'homosexualité refoulée… Les divans de psychanalystes ont reçu leur lot d'évidences inconscientes des influences obscures exercées par les liens de filiation.

Les parents coupés-collés ayant saisi ces risques aimeraient les éviter à leurs jeunes. Ils voudraient les protéger de leurs erreurs et tout à la fois leur transmettre leurs élans révoltés. Un paradoxe qui risque de favoriser la confusion et la fameuse répétition morbide. Ces parents coupés-collés craignent que leurs enfants choisissent des partenaires inadaptés au bonheur qu'ils imaginaient. Pour convaincre, ils ne peuvent plus affirmer une franche désapprobation comme le faisaient leurs aïeuls. Ils cherchent à manipuler leurs enfants autrement, en douceur, afin d'éviter à leurs jeunes adultes l'écueil d'une rencontre forcément vouée à l'échec.

Cet espoir atavique est légitime mais totalement illusoire. Personne ne peut établir les termes d'une union idéale. Encore moins pour ses enfants.

Couples en miroir

Quel que soit le couple, la combinaison de l'histoire et des attentes de chacun est complexe. L'autre reste un inconnu dans lequel on se cherche en miroir et qui doit combler nos manques et satisfaire nos envies. C'est un processus classique qui s'applique autant aux jeunes couples qu'aux plus expérimentés.

Tous les couples sont soudés par un pacte secret où sont déposés leurs liens les plus anciens de dépendance à l'autre : des émotions de bébé qui se retrouvent dans l'intimité et dans le manque de l'autre. L'union colmate ces craintes terrifiantes d'abandon tapies en chacun de nous. Le partenaire incarne donc un soutien, une protection contre l'inconnu. Une mère et un père idéal qui enveloppent et protègent dans une délicieuse fusion. Cette osmose illusoire est merveilleuse. Elle tente d'annuler l'histoire et les traumatismes de chacun. Dans le couple, la combinaison des êtres dilue tant bien que mal cette empreinte personnelle. Dans la fusion amoureuse, l'union fait la force et fournit un certain apaisement par rapport à l'histoire douloureuse de chacun.

Selon le psychanalyste Didier Anzieu, « faire couple[1] », c'est mettre en commun les parties les plus anciennes de soi, du temps de la fusion à la mère, époque où les psychismes mère-enfant étaient relativement indifférenciés. Cette période est complètement enfouie en chacun de nous, elle rappelle la dépendance absolue à l'autre. Dans

1. « Introduction à l'étude des fonctions du moi-peau dans le couple », *Gruppo*, n°2, 1986, p. 75-81.

tous les couples, chaque membre dépose inconsciemment cette partie primitive dans une crypte secrète. Les racines archaïques de chacun s'y entassent. On y retrouve les besoins et les désirs primaires, ainsi que les angoisses les plus anciennes (morcellement, abandon, dévoration...). Dans ce pacte d'alliance inconscient, il y a donc toutes ces parties symbiotiques et terrifiantes que l'on décrit dans les passions dévorantes.

Ce processus fusionnel évite d'être confronté à la peur de se retrouver seul et abandonné, une part infantile qui existe dans toutes les unions. L'autre est le réceptacle des incohérences, du chaos et de la violence primitive de chacun. L'altérité particulière des couples permet alors à chacun de régresser, d'être tour à tour l'enfant et le maître, sans jamais être seul.

Cette face cachée des couples démontre bien les difficultés à s'extraire totalement des influences infantiles. Le couple fusionnel donne une puissance fabuleuse, mais il souligne la fragilité de chacun. Les séparations ouvrent la crypte secrète et toutes les angoisses primitives réapparaissent. La violence et le désespoir ressurgissent, démontrant le lien évident entre l'amour et la haine. Les parents coupés-collés, malgré leur expérience, sont tout aussi concernés par cette fragilité. Leur partie primitive commune les fait autant régresser que leurs enfants. Pourtant ils continuent à leur faire la leçon du bonheur à deux.

Déceptions

Dans son témoignage, le jeune homme du récit refuse le monde rêvé de ses parents. Il ne peut même pas l'envisager avec sa compagne. Cette réflexion souligne la fragilité des jeunes couples dont les parents arrangent le bonheur : ils n'ont même plus la possibilité de faire des rêves classiques de jeunes amoureux. Ils sont dépossédés de cette petite folie amoureuse, alors que les désirs illusoires tenant du conte de fées sont pourtant nécessaires pour renforcer les couples. L'imaginaire du couple se nourrit de ces rêveries, peu importe qu'elles se réalisent ou non. Rêver à deux, c'est se projeter dans un futur de tous les possibles. L'édification magique d'un avenir radieux exclut nécessairement les parents. Ils aimeraient bien s'en mêler, tout arranger pour que ce soit encore plus merveilleux, mais ce n'est pas leur rôle. Cette rêverie exclusivement partagée à deux améliore la confiance réciproque et l'envie de confronter ses désirs à ceux du partenaire. C'est un vrai travail psychique de renforcement narcissique et de différenciation. Le désir magique conjoint donnera à chacun une force et un ancrage affectif puissants. Dans sa rupture, le jeune du récit refuse que ses parents se mêlent de ce processus. Il ne supporte pas cette manipulation qui le dépouille de son libre arbitre. Il fuit ce monde d'adultes arrangé sans lui, par son amie et ses parents. Leurs croyances naïves de bonheur par procuration ne se réaliseront pas. Ils ne pourront pas se réparer affectivement à travers cette union féerique. L'échec et la répétition les poursuivent. Ils se sentent coupables de ne pas pouvoir enrayer un destin si funeste qui pourtant appartient totalement à leur fils. Ces parents coupés-collés n'échappent pas à leur culpabilité éternelle. Ils sont forcément coupables !

Le jeune se retrouve alors dans une situation inextricable entre la liberté retrouvée et les murs de sa chambre d'enfant. Lui qui se croyait enfin relativement autonome revient à la case ado. Sa chambre, ses potes, ses habitudes célibataires. Une délivrance ambiguë qui renoue nécessairement avec le nid parental et les reproches. Moralité : dans sa vie de petit couple comme dans celle d'adolescent, il est cerné !

Jeunes collés – parents complices

Lucie était si belle, tout le lycée la kiffait. Je n'étais pas terrible, un peu timide, mais j'y suis allé au culot. En fait, elle n'attendait que ça. On est tombé raide fous amoureux. On a découvert le sexe ensemble, c'était incroyable. Je croyais tout connaître mais j'étais vraiment un puceau. Mon grand frère avait filé en Erasmus, laissant un beau paquet de dettes. Mes parents étaient furieux, ils remboursaient les créanciers mais ils lui envoyaient des mails inquiets tous les jours. En amenant Lucie j'avais redonné des rêves à ma mère. Nous étions ses tourtereaux magiques. Lucie venait de plus en plus souvent, elle fuyait son foyer où sa mère se débattait avec ses frères qui jouaient aux petites racailles. Elle avait mis sa fille dans « de bonnes mains », les miennes et celles de mes parents, des raretés de stabilité. En février on est partis au ski dans une location minuscule. Mes parents ont fait un truc incroyable. Ils ont dormi dans les lits superposés (mon père ronfle) et nous ont laissé le grand lit. J'étais un peu choqué, mais c'était vraiment sympa. Au retour, j'ai viré mon lit d'enfant et j'ai eu le canapé-lit dont je rêvais. Le soir, on faisait l'amour, beaucoup plus discrètement que les parents. Je crois qu'ils organisent des sortes de soirées interactives sur le net coquin. Ça toujours été des chauds, je me souviens quand j'étais au CM2 j'avais trouvé des cassettes pornos sous leur lit. En les regardant, on avait bien rigolé avec les copains.

Après six mois de cohabitation, je n'ai pas compris ce qui m'arrivait. J'avais envie de Lucie, je m'excitais et, au moment de la pénétrer, plus rien. Lucie ne m'en voulait pas, c'est rien puisqu'on s'aime. On est resté collés comme ça deux ans ensemble. C'est un peu devenu ma sœur. Ma mère allait au hammam avec elle et me disait qu'elle avait une peau exceptionnelle. Elles gloussaient sans arrêt, allaient danser ensemble et se faisaient draguer. Un soir, je l'ai trompée avec Myriam une brune boulotte très entreprenante. C'était l'été, on l'a fait dans les bois, une extase. Après on s'est allongés en regardant filer des petits nuages ronds. C'était beau. J'ai quitté Lucie, ma mère a pleuré avec elle. J'étais chamboulé et assez triste. Mon père a essayé d'arranger le coup, il voulait nous emmener en hôtel-club aux Caraïbes. Malgré la belle friandise, je n'ai pas cédé. Je suis parti camper avec mes potes.

Désirs collants

Les parents coupés-collés qui prétendent respecter la vie privée de leurs jeunes s'y introduisent parfois avec une douceur perverse. Ils donnent des conseils, arbitrent les conflits, deviennent des médiateurs parfaits pour une vie d'équilibre. Dans cette position protectrice et pédagogique, rien ne leur échappe. Ils contrôlent tout et n'hésitent pas à organiser le confort d'une intimité de proximité. L'intimité sexuelle des jeunes se retrouve alors souvent sous le toit parental. C'est plus pratique qu'à l'arrière des berlines et c'est tout à fait toléré, voire encouragé par les parents. Pourquoi chercher un hôtel ?

Ce qui est caricaturé dans l'exemple ci-dessus n'est pas si rare. De plus en plus de jeunes couples d'adolescents vivent en « couple bébé » chez un de leurs parents. Pour ne pas rester totalement sur la touche, certains parents adoptent une admiration un peu niaise. Ils encensent et accueillent cet enchantement amoureux qui risquerait de leur échapper. Une sorte de collage qui utilise les rêves adolescents du grand amour, rêvant d'un nid douillet et d'une famille heureuse de contes de fées. Ce qui ne devrait être qu'une histoire de jeunesse intense, mi-rêvée et souvent passagère, devient sérieux. Les parents coupés-collés s'en sont mêlés et y ajoutent des désirs d'union parfaite et éternelle. Ils voudraient contribuer à édifier un couple idéal et pur sous leurs yeux attendris. Ils renouent eux aussi avec leurs croyances magiques d'enfants. Ils fondent leurs désirs dans une confusion générationnelle. L'adolescent aux prises avec ses pulsions sexuelles puissantes est encadré. Dans le donjon parental, il ne prendra plus aucun risque. Les gentils geôliers attendris maîtrisent ses élans. L'exemple du lit d'adulte qui pourra accueillir les ébats dans la chambre d'enfant est significatif.

Découvertes sexuelles

Certains jeunes comme celui du récit découvrent très tôt l'intimité sexuelle des parents. Ces derniers ne prennent plus la peine de cacher leurs fantasmes, ils les mettent à disposition de la curiosité de leurs enfants. Cassettes pornos, godemichés et autres sites internet chauds sont autant de preuves de leur intimité brûlante. Dans le récit, le jeune homme décrit la continuité de cet érotisme intime que ses parents ont toujours plus ou moins étalé.

Ce qui autrefois était qualifié de perversion et était secrètement caché devient banalement accessible et parfois exhibé. Les sex-shops s'ouvrent au grand jour pour séduire les couples en mal d'innovations et surtout les femmes insatisfaites. Les vibromasseurs se sont infantilisés. Des nouveaux jouets pour adultes, lapins coquins ou autres peluches en latex. Ils sont griffés, dessinés par des designers qui renflouent ainsi le déficit de la haute couture. Les jeunes adultes s'amusent de cette *sexy fashion* mais, au-delà de la dérision de surface, restent stupéfaits par cette exhibition. Pour un peu, leurs charmants parents les inviteraient à s'initier au plaisir et pourquoi pas à partager leurs expériences de groupe. Il n'y aurait peut-être pas de mal à essayer, tout cela n'est plus qu'un jeu après tout ! C'est un peu ce que l'on pourrait déduire de la promiscuité érotique du récit.

La société s'effraie du visionnage précoce d'images porno qui se généralise. La curiosité sexuelle des préados est très vive. Elle utilise tous les moyens proches (internet, DVD, magazines...) pour satisfaire ses questionnements. Les jeunes, en proie à des désirs sexuels plus ou moins clairs, se laissent parfois séduire par le catalogue des possibles qui leur est ainsi offert. Pour certains, il y a là une confusion entre désirs, fantasmes et réalité. Suivant une excitation sexuelle naturelle qui les déborde, ils croient pouvoir se libérer de leur carcan émotionnel. Ils s'embarquent alors vers des conduites d'essai infinies et finissent souvent par s'y perdre. Toutes les excitations et les sensations sont désormais possibles, mais rien n'est vraiment passionnant. Le désir et la libido risquent de s'éteindre dans cette nébuleuse d'éventualités.

Les images crues du porno sont à la limite de la violence et de la boucherie. L'impact traumatique de ces images sur des enfants de 11 ans est évident. Cependant, il dépend à la fois de l'âge et de la manière dont s'est effectué le visionnage : avec intention ou fortuitement, seul ou en groupe, avec des pairs, des aînés, des adultes, éventuellement accompagnés d'attouchements... Toutes sortes de paramètres qui peuvent occasionner des traumatismes plus ou moins graves. Dans le récit ci-dessus, les films pornos sont visionnés en groupe de préados de 11 ans. Ce très jeune âge ne semble pas, sur le moment, avoir été un facteur de traumatisme pour le jeune homme. Grâce à son groupe de copains de CM2, il a pu relativiser l'impact pervers des images dans une dérision collective. Une sorte de défense communautaire précoce, qui protège des impacts traumatiques.

Dans le témoignage du jeune homme, le lien entre ces images porno et les parents semble pourtant évident. Il finira par troubler sa sexualité naissante : ces images crues de la sexualité parentale seront certainement inconsciemment associées à sa découverte sexuelle.

Premier amour

La première relation amoureuse et sexuelle est unique. Elle constitue une trace originelle dans les choix amoureux ultérieurs. La puissance de l'élan amoureux est fulgurante. Un tsunami affectif qui balaie les anciens liens de dépendance aux parents. Pourtant, les émois amoureux ont des similarités avec les premiers échanges profonds entre parents et enfant. L'un est tout pour l'autre et réciproquement, une interdépendance délicieuse. Les jeunes adultes amoureux retrouvent donc en partie leurs désirs de dépendance infantiles. Ils se noient l'un dans l'autre dans une fusion idéale. La symbiose des regards, la communication sensorielle avec juste quelques mots essentiels, les odeurs, la voix, la peau… ils renouent avec les liens sensuels de la première enfance.

Ainsi, alors que, dans leurs élans d'autonomie, les adolescents tentent de se défaire d'un monde infantile passif et dépendant, dès qu'ils sont amoureux, ils en retrouvent l'enveloppe sensuelle. Ils sont à nouveau totalement dépendants, naïfs… coincés mais heureux. Cette idéalisation de contes de fées est nécessaire pour rêver et évoluer.

La relation amoureuse alimente le travail psychique d'affirmation de soi. Elle expérimente surtout la confrontation aux désirs d'un autre. Cette rencontre intime et exclusive à l'adolescence est un tournant temporel majeur. Les liens primaires entre mère et enfant se distendent. Les parents qui ont connu cet élan savent que cette intimité partagée entre jeunes ne reviendra plus jamais de leur côté. Les amoureux se confieront leurs petits secrets et se constitueront un nouveau monde exclusif. Une néoréalité d'où les parents seront forcément exclus.

Cependant, les premières amours sont infiltrées de toutes sortes d'attentes magiques infantiles. Il est difficile de repérer ce que l'on découvre en soi ou en l'autre. Une confusion fabuleuse qui permet surtout de mieux se reconnaître soi-même. La découverte profonde de l'altérité n'est pas évidente. Les conflits d'intérêts et de confrontation au réel sont inévitables. Les jeunes amoureux retrouvent aussi leurs réflexes infantiles d'un narcissisme mégalo. Ils fonctionnent en miroir et projettent leur idéal sur l'autre. Leur relation amoureuse devient totalement fusionnelle. À peine amorcée, cette relation trop intime enraye le travail psychique de différenciation qu'elle aurait dû occasionner. La singularité et l'humanité des partenaires disparaissent. Leur désir redevient exclusif et capricieux. Dans leurs rapports intimes, ils risquent de paniquer.

Les jeunes adultes, déstabilisés par cette confusion amoureuse, ont par ailleurs la sordide impression d'être observés et jugés par leurs parents. Une promiscuité partagée comme celle du récit accentue ce ressenti. Cela ravive des craintes adolescentes de persécution et leur coupe inévitablement les ailes. Des troubles anxieux, comme l'impuissance décrite plus haut, sont fréquents. La fuite et la rupture sont des issues classiques pour échapper à ce contrôle. Ce fantasme inconscient de persécution parentale est banal durant les premières relations amoureuses. Cependant, il devient vraiment effrayant quand l'intrusion des parents est bien réelle.

Les premières relations sexuelles

Les premières relations sexuelles arrivent vers l'âge de 17-18 ans, après des années d'attentes conscientes et inconscientes. Les rêveries les plus farfelues sont alors mises à plat. Comme le signale l'adolescent du récit, l'échange corporel intime est incomparable avec tout ce qu'il pouvait s'imaginer. Le « dépucelage » constitue une étape symbolique entre l'avant infantile et l'après adulte. Même si la première relation est médiocre (comme c'est souvent le cas), la sensation est totalement nouvelle. Comme le signale le jeune homme du récit, c'est une confrontation totale à l'inconnu.

La relation sexuelle va éclairer le rapport compliqué que les ados ont avec leur corps. L'échange intime vient confirmer la réalité d'un corps à peine accepté, dont la représentation conserve encore certaines zones floues. Une découverte globale de soi par le contact charnel avec l'autre. Cet éprouvé unique contribue à préciser l'espace possible entre une réalité intérieure faite de pulsions, de fantasmes, et une réalité érotique toujours étonnante.

Cet échange intime est une rencontre essentielle et fondatrice qui va permettre de se différencier profondément et tout à la fois de se fondre dans l'autre. Les relations amoureuses adolescentes sont souvent passionnelles. L'émotion est violente et l'adolescent réalise qu'il peut se perdre dans l'autre. Une petite mort angoissante que relativisent heureusement la vigueur de la jeunesse et la réalité excitante du partenaire.

Cet éprouvé puissant réveille les zones profondes du psychisme. Des pulsions à l'état brut. Un mélange d'émois sexuels primitifs et de violence fondamentale qui trouvent leur fusion dans l'orgasme. C'est un bouleversement qui vient ébranler les édifices d'une personnalité encore bien fragile. Tout ceci renvoie aux origines de la découverte sensorielle. Une sorte d'enveloppe primitive qui se tisse durant les premiers échanges amoureux et tendres entre la mère, le père et l'enfant. Ces échanges sensuels protègent le bébé et lui permettent de se sentir exister et différencié. Par ailleurs, l'autoérotisme entretenu depuis l'enfance, qui alimentait les désirs et la toute-puissance, cède le pas au partage. Les relations sexuelles troublent les jeunes partenaires mais leur apportent une confusion délicieuse qui leur permet finalement de se sentir uniques.

Ce processus merveilleux demande une intimité profonde d'où les parents sont forcément exclus. Faire l'amour dans sa chambre d'enfant risque alors d'être fort troublant. Poursuivre sa découverte sexuelle à proximité des parents l'est encore plus. Dans le récit ci-dessus, le jeune homme décrit cette promiscuité totale au moment d'un séjour de ski. Ses parents cèdent leur lit au couple de tourtereaux. Cette proposition, qui a des allures de sacrifice attendri, ressemble surtout à une manipulation perverse pour partager l'intimité naissante des jeunes. Au moment crucial de leur découverte du désir intime, ils doivent s'exhiber sous couvert de confort hôtelier. Les parents qui s'immiscent dans cette intimité sexuelle le font cependant en toute bonne foi. Inconsciemment, ils essaient surtout d'empêcher une séparation essentielle avec eux. Un mouvement irréversible qui les exclura et les renverra à leur vieillissement.

Bébé couple

À l'adolescence les premières amours se transforment rarement en petit couple précoce. L'instabilité affective est plutôt la règle. L'envie de vivre en couple n'est qu'une manière d'idéaliser les premiers émois. Dans ce désir d'union précoce, il y a la nostalgie des parents idéaux. Des adultes merveilleux, unis, sans défauts. Pour évacuer le malaise de l'adolescence, former un « bébé couple » qui ravira les parents est une solution. Les jeunes amoureux sentent une force cumulée qui écarte tous leurs problèmes affectifs. Ce couple fusionnel se constitue en référence à la dyade primitive mère-enfant. Personne n'existe vraiment pour lui-même, la moitié de l'un s'appuie sur la moitié de l'autre. On ne se quitte jamais. Ce type de relation, on l'a vu, est appelé anaclitique en référence au grec « s'appuyer sur ». Dans ce genre d'union, toute séparation, si minime soit-elle, est vécue comme un abandon.

Les bébés couples nagent dans l'illusion. Ils se croient libres, autonomes et font des projets d'avenir rose et heureux. Mais, en fait, ils se soudent dans une fusion absolue qui évacue le monde extérieur. Leur risque majeur est le repli régressif avec des tensions importantes et de l'agressivité. Dans l'exemple précédent, l'enfermement amoureux des tourtereaux arrangé par les parents finit par déclencher des troubles sexuels chez leur fils.

Cette immaturité est renforcée par la joie parentale d'avoir son petit casé avant l'heure, donc dépendant à jamais. C'est une situation très différente de celle des mariages précoces d'autrefois. Ceux-ci l'étaient pour des raisons souvent impérieuses d'indépendance et de parentalité. Certainement pas pour entretenir une immaturité éternelle. Certains bébé couples passifs se laissent piéger dans ce monde de Bisounours. Ils y restent coincés à deux en évitant le moindre changement qui devient une menace. Ils finissent par régresser totalement et évitent au maximum tous les aléas de la réalité. S'investir à l'extérieur, travailler, réussir... Sortir du petit couple-cocon risque de le faire éclater. Dès lors, les bébés amoureux restent sous la couette avec le soutien matériel et la complicité active de leurs parents. « Ils sont si mimi, on ne va tout de même pas contrarier leur lune de miel ! » Ce genre de réflexion est encore plus fréquent chez les parents ayant eu un parcours affectif chaotique.

Parents voyeurs

Certains parents complices essaient de se mêler de l'intimité amoureuse de leurs enfants. Ils acceptent les ébats amoureux de proximité, les couvrent en fournissant préservatifs et pilules contraceptives. L'écoute furtive ou attentive du tumulte jouissif des jeunes corps leur rappelle des émois puissants qu'ils n'ont peut-être plus. Ils épient ces émois sexuels bouleversants. Ils sourient et surtout s'excitent de cette vigueur. Il y a une porosité malsaine de voyeurisme qui est bien caricaturée dans notre exemple.

Ce voyeurisme est une forme d'inversion de la curiosité sexuelle infantile qui reviendrait chez des parents régressés excités. Les enfants découvrent très tôt l'intimité sexuelle des parents. Elle renvoie aux origines du voyeurisme et au fantasme particulier de la « scène primitive ». Autour de 4 ans, l'enfant épie tous les rapprochements sensuels. Il s'imagine (et en est parfois le témoin) la sexualité parentale comme un affrontement brutal, une sorte de viol. Il en est à la fois traumatisé et excité. Ce choc l'exclut du monde intime des adultes, mais suscite en lui l'envie d'y voir de plus près. En grandissant, ce fantasme est plus ou moins refoulé. Si les enfants entendent le bruit des ébats sexuels des parents, ils n'y prêtent plus vraiment attention. En revanche, quand les parents s'exhibent sans trop de retenue, ils risquent de maintenir ce fantasme angoissant de scène primitive et de perturber la découverte sexuelle de leur adolescent.

Les parents voyeurs s'excitent et épient leurs petits jeunes fougueux qui se sentent inévitablement très gênés. Dans ce confort du lit trop proche de celui des parents, certains jeunes risquent de voir leurs élans sexuels et amoureux castrés. Dans le récit ci-dessus, le jeune devient impuissant. Il remplace sa vigueur amoureuse par une liaison fraternelle. Sa nouvelle sœur Lucie sera récupérée (quasi sexuellement) par sa mère. Il n'arrivera vraiment à retrouver une excitation sexuelle qu'une fois échappé hors des murs parentaux. La nature, le ciel infini et une fille pulpeuse lui redonneront des ailes.

Un chagrin constructif

Il est fréquent d'avoir eu un premier chagrin d'amour qui a dévasté tous les rêves d'absolu. Les jeunes ayant connu ce premier échec sont souvent bouleversés. Ils ont l'impression qu'ils ne connaîtront plus jamais rien de semblable. Ils n'ont pas tout à fait tort, cette première expérience est unique. En revanche, la première séparation affective, si douloureuse soit-elle, n'est pas un traumatisme rédhibitoire. Après cette rupture, ils retrouveront probablement une autre relation affective. Elle sera différente mais tout aussi intense.

En général, les parents relativisent cet échec. Ils tentent de rassurer leurs jeunes en leur sortant des clichés sur la labilité des sentiments : « Un de perdu, dix de retrouvés ! » Ces réconforts sont plutôt inefficaces. Les parents ont oublié combien ils avaient été bouleversés eux aussi par leur première rupture amoureuse. Il est préférable de se taire et d'écouter la réelle souffrance sans la dramatiser.

Dans notre exemple, la position des parents collés est inverse. Ils rêvent d'un univers sans conflit, protégé des séparations et de la douleur. Ils ne croient pas aux effets structurants des premières ruptures amoureuses, pour eux ce serait plutôt un désastre. Cette rupture les renvoie à leur incapacité de supporter une séparation affective, probablement liée à l'éloignement du fils aîné ou tout simplement à une crainte de séparation conjugale. Ils utilisent alors tous les stratagèmes pour que la relation perdure. En cimentant le bébé couple, ils se consolident eux-mêmes. La mère entretient une proximité maternelle et sensuelle avec sa « belle-fille » plus ou moins rejetée par sa propre mère. Si le fils s'en sépare, il blessera deux femmes. Le lit de la culpabilité est bien fait. C'est évidemment ce qui arrive. La mère pleure avec sa Lucie, elles sont abandonnées. Le père s'y met aussi et cherche à recoller l'union par les moyens les plus attractifs comme le voyage mythique aux Caraïbes.

Le chagrin et la tristesse de la première rupture amoureuse sont indispensables, mais il ne faut pas que cela dure des années. Habituellement, avec le temps, les jeunes font le deuil de cette relation bouillonnante où se mélangeaient leurs attachements et leurs désirs d'enfants et d'adultes. À leur insu, ils se débarrassent de leurs attentes idéalisées et surtout de leurs liens infantiles. Ils sont moins en dette avec les désirs des parents et deviennent beaucoup plus aptes à une relation stable et équilibrée. Cette première séparation amoureuse est une étape pour mieux assumer les pertes existentielles et mettre une distance d'intimité définitive entre le jeune et ses parents. Ces derniers n'auront plus prise sur son affectivité profonde. Ils devront s'éloigner tout en restant proches en cas de crise.

Jeune homo ou bisexuel – parents affolés

J'ai élevé mon Boris toute seule, comme tant de femmes. Son père le voit peu, il s'occupe surtout de sa nouvelle famille. J'ai bien essayé de retrouver quelqu'un, mais qui voudrait d'une dépressive à tendance boulimique ? J'ai beau me raisonner, suivre toutes les recettes minceur des magazines féminins, je craque. Je n'arrive jamais à conserver mon poids et mes hommes. Dans la débâcle, je me répands, je sais que je ne devrais pas mais je me confie à mon Boris. Il est si sensible, à l'écoute, et assez ravi que j'en finisse avec mes conquêtes has been *qui l'énervent. Il a raison : faudrait faire des efforts, un peu de tri dans mes attirances, le chocolat et les machos finissent toujours par m'avoir. Quand je suis trop stressée, il me masse le cou, puis on se regarde un DVD, bien collés, et après ça va mieux. Son père m'accuse de trop le couver, mais c'est un peu réciproque. C'est vrai qu'à 24 ans il est encore à la maison, mais c'est devenu si fréquent. Ses études d'arts plastiques le passionnent. Aux expos il m'explique tout : les lignes de fuite, le mouvement, la profondeur formelle et symbolique des œuvres.*

Son père s'inquiète de ne jamais l'avoir vu avec une fille. De mon côté, je me disais naïvement que ça viendrait avec le temps. En attendant, il était toujours avec Loïs, un petit Haïtien superbe. À eux deux ils pouvaient provoquer une émeute de jeunes filles. J'ai enfin compris le jour où, rentrant plus tôt, je les ai retrouvés dans mon lit. Un choc énorme. On a discuté des heures, pleuré et un peu ri pour reprendre du souffle. Boris ne pourrait pas en parler à son père, il le tuerait ! Il a essayé les filles mais il ne ressentait rien et se sentait trop nul. Il m'a avoué que Loïs était bi. Il a de la chance, il est autant à l'aise avec les garçons qu'avec les filles. Affolée, je lui ai parlé des risques du sida. Il m'a montré une grosse boîte de préservatifs et m'a demandé de ne pas m'en faire. Après tout, ce n'est pas une maladie. Il a ajouté que je pourrais tenter l'aventure moi aussi. Je serais peut-être plus stable et épanouie qu'avec les mâles. Il m'a achevée en me précisant que la mère de Coralie était bien plus sympa depuis qu'elle vivait avec une jeune ambulancière.

Relations érotisées

Certaines mères comme celle de ce témoignage n'hésitent pas à entretenir une relation érotisée avec leur garçon. Les caricatures de confessions intimes, de massages partagés et de petits couples parent-jeune ne sont pas si rares. Les *reality shows* en font leur credo. Dans ce collage affectif brûlant, les pères sont tout autant concernés que les mères. Ne cédons pas au cliché psychologisant de la mère exclusive, ravie de l'homosexualité du fils qui n'aurait qu'elle pour seule femme de sa vie. Dans cette exclusivité inconsciente, des pères très maternants conserveraient aussi ad vitam aeternam une place tendre irremplaçable dans le cœur de leur fils.

Dans ces cas de relations chaudes et d'envahissement anxieux, le développement psychosexuel du jeune sera perturbé mais pas forcément enrayé. Seule évidence : à l'âge adulte, il lui sera difficile d'oublier ces émois et de rompre l'intensité de ces liens exclusifs. Ces attitudes érotisées entre parents et jeunes adultes sont aujourd'hui banalisées et confondues avec un prolongement de la tendresse maternelle précoce. Avec un jeune de 24 ans, comme celui du récit ci-dessus, elles témoignent plutôt de relations ambiguës, surtout si elles sont régulières depuis des années. Pour autant, ces relations étroites ne sont pas les déterminants obligés de tendances homosexuelles. L'origine de l'orientation sexuelle ne se résume pas à quelques caresses tendres et à des clichés, c'est infiniment plus complexe. Néanmoins, ces rapports ambigus de couple parent-enfant risquent bien de perturber les engagements affectifs que les jeunes tenteront à l'extérieur. Encore une manière criante de conserver un lien sensuel de fidélité inconsciente pour ne pas lâcher son jeune.

La confusion des genres

Dans nos sociétés d'équité, hommes et femmes semblent parfois un peu perdus, ils ont du mal à autodéfinir les rôles et les fonctions de chacun. Tout est désormais possible et les modèles anciens sexistes sont définitivement obsolètes. Malgré les résistances de certaines communautés culturelles et religieuses, le mouvement d'égalité des droits hommes-femmes est en route. Rien ne pourra vraiment l'arrêter, même si la différence domestique est encore bien tranchée avec des tâches ménagères exclusivement féminines. Toutefois, il serait utile de ne pas confondre égalité, équité et interchangeabilité. Le socle physiologique de la différence des sexes et la persistance des modèles culturels de différenciation millénaires sont indéniables.

Les femmes continueront à avoir cette fonction essentielle de procréation, les hommes en seront toujours lésés. Les progrès de la science qui prédisent l'arrivée de l'ectogenèse (un ventre maternel artificiel) sont encore loin de toute réalisation. Avec le sperme en paillettes et les ventres artificiels, la procréation se détacherait complètement de la sexualité, l'équité serait enfin atteinte dans un monde interchangeable inauguré par les congés paternité et les inséminations, et le désir d'enfant disparaîtrait au profit du désir sexuel et de l'accessoirisation de la grossesse : manipulations techniques possibles, mais encore symboliquement barrées par les cultures et le psychisme des individus. Pour avoir un sentiment de continuité, tout être humain a besoin de liens maternels précoces et d'une inscription culturelle. Un système ultrasophistiqué qui retirerait ces fondamentaux psychiques dans une vision totalitaire organique relève de la pure fiction.

L'identité sexuelle

Avant même la conception, les parents, en rêvant d'avoir un garçon ou une fille, assignent une première identité sexuée imaginaire à leur futur enfant. Les échographies de la grossesse préparent et soulignent cette différenciation sexuelle. Les parents cherchent un prénom, aménagent la chambre et adaptent leurs désirs imaginaires selon le sexe à venir. Il ou Elle sera... avec des qualités merveilleuses infiltrées de clichés esthétiques et intellectuels et de traces inconscientes culturelles et transgénérationnelles. À peine arrivé au monde, le nourrisson est donc affublé de toutes sortes d'attentes. Le comportement de l'entourage affectif ne fera que souligner ces déterminismes. L'enfant va devoir s'adapter aux normes culturelles attachées à son sexe.

Psychiquement c'est différent. L'identité de genre est à l'origine une « féminité primordiale ». L'empreinte des premiers échanges maternels constitue le socle primitif de l'identité sexuée. Ce « féminin pur » représenterait une trace primitive qui permettrait ensuite de se différencier. Un univers symbiotique total que les nourrissons abandonnent après en avoir été suffisamment imprégnés. Dès la deuxième année, grâce à sa pensée, sa motricité et son langage, l'enfant met en place une séparation symbolique totale entre lui et son entourage. Malgré son très jeune âge et sa dépendance obligée, il n'est pas une pâte malléable aux désirs des parents, il existe ! Les interactions relationnelles vont construire son psychisme et les assignations sexuées des parents seront plus ou moins modifiées selon ses propres jeux.

Depuis les premiers échanges, une sorte de mouvement psychique d'assimilation-différenciation lui permet d'être un sujet à part entière. Acquérir une identité sexuée procède du même mouvement : absorber le masculin et le féminin pour se différencier. La période œdipienne soulignera définitivement la différence des sexes et des générations. L'enfant de 5-6 ans comprend mieux l'identité sexuelle qu'on lui a assignée depuis toujours. Il en rajoute, fait le coq ou la poulette coquette. Toute une dramaturgie de séduction et d'affirmation pour faire comme les grands. Cela modifie ses rapports vis-à-vis du parent du sexe opposé. Il le met un peu à distance, en prenant quelques précautions pour ne pas être rejeté, et s'identifie au parent du même sexe. C'est une séparation psychique essentielle qui sera effective des années plus tard, à l'adolescence.

Les enfants du primaire ont besoin de s'identifier à leur sexe d'appartenance. Ils forment souvent des bandes, des groupes sexués très tranchés. Leur affirmation de genre est très caricaturale, car ils croient encore à des pouvoirs et des transformations magiques qui pourraient changer leur sexe. Leurs pulsions sexuelles agissent essentiellement dans ce psychisme féerique. C'est une forme infantile d'autoérotisme qui s'alimente dans l'imaginaire. Dans la réalité, leurs rapports sexués sont plus basiques. Ils sont dans des jeux d'opposition et reprennent des clichés sexistes qui choquent parfois les adultes. Les enfants s'arrêtent à ce qui est évident : en avoir ou pas.

Avec l'adolescence, ce manichéisme disparaît. Les ados pensent autrement, ils sont contraints de perdre leurs illusions d'enfants. Leurs croyances de toute-puissance sont tenaces, mais s'effacent peu à peu. Ils sont à la fois très sûrs d'eux et tout autant fragiles. Pour se consolider, la rencontre intime avec l'autre devient indispensable. La différence n'est plus définie par les manques imaginaires car les garçons et les filles en pleine métamorphose se sentent tout aussi imparfaits. Le corps affirme ses caractères sexuels adultes, mais le psychisme bousculé de pulsions sexuelles se sent incomplet. L'adolescent s'imprègne de la génitalité d'adulte de ses parents pour se forger la sienne.

Les gays

Après une persécution ancestrale, l'homosexualité n'est plus considérée comme une déviation démoniaque ni comme une maladie, une anomalie héréditaire ou une perversion. Par le passé, les hommes ayant des pulsions homosexuelles les refoulaient ou les vivaient dans des rencontres coupables, furtives et cachées. La honte sociale était si puissante qu'elle obligeait à adopter une norme plaquée pour se guérir du mal. Il fallait s'accrocher à une identité de surface tenue par le masque social et la position de chef de famille. Seuls les êtres exceptionnels (Platon, Michel-Ange, Cocteau, Genet…) s'autorisaient à afficher cette pratique. Les parents des jeunes adultes ont vécu une amorce de libération des mœurs qui n'a pas totalement effacé l'homophobie.

L'effroyable épidémie de sida des années 1980, qui a touché en premier lieu les homosexuels à peine libérés, a paradoxalement permis d'ouvrir le débat. Depuis peu, les droits des homosexuels sont reconnus. En psychiatrie, il aura fallu attendre 1987 pour retirer de la nosographie le terme de perversion et ne plus identifier l'homosexualité à une maladie mentale, mais tout simplement à une issue particulière des névroses ordinaires. Selon la loi laïque, les êtres humains ne sont plus stigmatisés du fait de leurs pratiques sexuelles. Désormais, la *gay pride* s'affiche sans honte, les revendications du mariage ou de l'adoption homosexuelle ont fait irruption dans le débat politique, situation inenvisageable il y a encore vingt ans ! Malgré ces avancées sociales, de nombreux homosexuels conservent une forte culpabilité et ont des pratiques sexuelles embarrassantes et dissimulées. Ils vivent avec un sentiment à la fois excitant et honteux, actuellement doublé de la crainte d'être contaminé.

Devant l'étalage d'orientations possibles, les jeunes adultes s'interrogent davantage sur leurs désirs et leurs déterminismes sexuels. À l'adolescence, les désirs homosexuels sont omniprésents dans les pensées et certaines conduites. Cependant, il ne faut pas confondre fantasmes, tendances et affirmation. L'orientation sexuelle n'est pas un acquis héréditaire. Elle est toujours délicate à intégrer. Les adolescents appréhendent graduellement leur identité sexuelle et ses préférences. Difficile de repérer un déterminisme à travers les fantasmes, les conduites autoérotiques, les rapports au corps et à autrui. Tout est tellement fluctuant entre 12 et 25 ans... Pour certains, l'homosexualité agie ne serait qu'une étape ambiguë de leur développement pubertaire. D'autres évoquent des attractions ancrées depuis l'enfance envers des pairs du même sexe. Une orientation précoce cachée qui redoublera d'intensité à l'adolescence. Malgré cette attirance évidente, la plupart ne pourront accepter leur orientation homosexuelle qu'à la fin de l'adolescence. On ne peut vraiment affirmer une homosexualité que pour les jeunes qui s'adonnent depuis des années à des pratiques homosexuelles avec un goût exclusif et répété.

Ces tendances, qui devraient être aujourd'hui plus facilement exprimées, se taisent toujours dans une intimité cernée de culpabilité. En fait, peu d'adolescents ayant eu des penchants ou une expérience homosexuelle se confient ouvertement. À ces âges, l'intime est fondamental et se dévoiler n'est pas si simple. Avec le temps, quand ils ont acquis la certitude de leur orientation, les jeunes comme celui du récit mettent tout en œuvre pour en souligner l'évidence. Ils s'assument mieux et alimentent moins leur culpabilité d'interdits castrateurs. Ils sont alors prêts à faire leur *coming out.*

Le coming out

Cette révélation est un véritable acte de renaissance. Les jeunes homosexuels qui osent enfin exprimer clairement leur orientation sexuelle se libèrent d'une tension étouffante. Cette divulgation publique, accidentelle ou planifiée, de leur homosexualité laisse souvent les parents coupés-collés pseudolibérés interloqués. La plupart, comme la mère ci-dessus, sont bouleversés par ces révélations, pourtant souvent évidentes depuis des années. La généralisation des débats sur le sujet et la tolérance affichée (pour les autres) ne les aident pas vraiment à l'accepter pour leur progéniture. Cette révélation les choque et les culpabilise inévitablement. Ils sont blessés et se croient forcément coupables. Ils auraient été de mauvais parents, avec une éducation déplorable. Ils les auraient traumatisés avec leurs problèmes sexuels, comme en témoignent les confessions intimes de la mère du récit. Leurs attitudes et leurs difficultés affectives seraient les principales responsables. En somme, c'est un échec de transmission de l'identité sexuelle, inadmissible. Ils ressentent alors un sentiment de honte et cacheront cette révélation par crainte du jugement des autres. Boris demande à sa mère de garder le secret et surtout de ne pas en parler au père : « Il le tuerait ! » Une alliance intime pour mettre à distance un père dont il suppose par avance la réaction meurtrière. Cela souligne le caractère semi-incestueux de cette relation mère-fils caricaturée dans leur complicité de petit couple.

Pour une majorité de pères, les *coming out* de leurs garçons sont en effet un choc. Il leur faudra souvent des années pour encaisser la révélation. Malgré une tolérance affichée, les anciennes représentations culturelles sexistes ressurgissent violemment. Certains éprouvent une honte coupable d'avoir engendré un tel fils. Les sentiments agressifs les plus triviaux fusent. On s'insulte, on se frappe parfois et on ne se voit plus durant des années. Père et fils sont malheureux et souffrent, drapés dans leur orgueil. Mais cette tension et ces rejets sont très violents. Les pères ressentent intérieurement une sorte d'arrachement de leur continuité.

L'absence d'hétérosexualité implique l'arrêt généalogique. S'il n'y a pas d'autre fils, le nom disparaîtra, la trace virile du père avec.

Ce type de conflits et d'incompréhensions n'est heureusement pas toujours aussi rude. L'intelligence et la tolérance finissent un jour par l'emporter. En revanche, certains pères coupés-collés sont presque trop tolérants à l'égard de l'homosexualité de leur fils. Cette posture reflète une ouverture d'esprit moderne, qui devient fréquente. Pourtant, une interprétation psy pourrait y voir une forme de défense inconsciente. Ces pères trop rapidement conciliants seraient tranquillisés par une orientation homosexuelle qui ne les détrônera jamais. Ils ne craignent plus de perdre leur pouvoir viril. Face à l'homosexualité du fils, ils conservent leur place de mâle dominant. Encore une manière de garder l'emprise.

Toutefois, la plupart des jeunes homos, comme Boris, redoutent plutôt l'apocalypse. Après avoir transgressé les tabous, les fantasmes d'une punition paternelle meurtrière sont fréquents. C'est une résurgence œdipienne classique : le père tout-puissant tuera le fils qui a trahi la loi… Les réactions violentes de rejet paternelles décuplent ce ressenti et réveillent des sentiments d'infériorité. L'estime de soi des jeunes risque de s'effondrer.

Cet effondrement est majoré s'ils sont issus d'une famille monoparentale, élevés par une mère isolée, et qu'ils ont souvent été déjà stigmatisés et malmenés par leurs pairs. C'est un tableau fréquent, loin d'être aussi idyllique que celui de notre exemple. Les relations fils/mère sont plutôt chargées de tensions et d'agressivité. En l'absence d'un tiers, les mères les plus solides et attentionnées en font les frais. Le film choc autobiographique du très jeune Xavier Dolan, *J'ai tué ma mère !*, l'illustre remarquablement. Cette tension explosive s'allie à un sentiment de dépréciation qui peut provoquer des conduites à risque et de profondes dépressions. Des études montrent que les tentatives de suicide sont beaucoup plus fréquentes chez les jeunes homosexuels. La culpabilité intense que suscite l'homosexualité est parfois impossible à évacuer autrement.

Les origines

Il est très difficile, autant pour l'homosexuel que pour ses parents, de comprendre l'origine de l'attirance et de la détermination homosexuelles. Toutes sortes de paramètres se télescopent. Pour rationaliser l'événement, chacun y va de son couplet infiltré de psychogenèse de magazine. Les coupables habituels sont la fidélité passive à la mère, l'absence réelle et symbolique du père, la féminisation anxieuse des pères, des traumatismes sexuels infantiles, les tabous culturels, religieux, familiaux, les discriminations et les stigmatisations ajoutés à des facteurs génétiques obscurs. Difficile de s'y repérer, d'autant que la prééminence de l'homophobie varie d'un pays et parfois d'un quartier à l'autre.

Devant la nébuleuse d'origines possibles et la culpabilité intense qui s'y attache, les parents consultent alors un psy pour tenter de comprendre. Souvent, ils espèrent naïvement pouvoir « guérir » leur jeune et le remettre dans le droit chemin hétérosexuel. Cette tentative est ridicule : il est évident qu'une homosexualité avérée n'est pas une maladie et que la transformer en hétérosexualité pour la guérir est une entreprise vouée à l'échec. Mais, dans ce contexte émotionnel bouleversé, elle devient assez légitime. Inutile cependant de vouloir y coller des déterminismes faciles pour se faire une idée des responsables. Comprendre reste aléatoire, il est préférable d'essayer de faire un chemin personnel pour accepter un comportement qui ne se contrôle pas et qui ne doit pas être destructeur.

Les lesbiennes

Les femmes ont toujours été en proie à des tabous culturels et religieux puissants qui ne supportent pas la mystérieuse jouissance féminine. On retrouve cette méfiance dans les écrits médicaux masculins, depuis Hippocrate jusqu'aux disciples de Freud, qui trouvaient totalement pathologique la masturbation féminine. On séparait arbitrairement les vaginales des clitoridiennes, en diabolisant ces dernières. Pour la virilité scientifique, une femme aboutie devait être forcément complétée par le phallus masculin.

Les antiennes persistent, mais l'évolution de la tolérance est irréversible. Désormais, les femmes libérées choisissent plus aisément leurs engagements affectifs. Ainsi, les couples lesbiens, à l'inverse des gays, conservent une image sociale mieux tolérée. Leur possibilité d'enfanter reste entière, même si la société y fait toujours obstacle. Un enfant ne peut avoir qu'une seule mère, même s'il est élevé par deux femmes. Si l'homme est évité, la mère primordiale est toujours en elles. Par ailleurs, les femmes ont un accès à l'homosexualité (psychique) moins culpabilisé que les hommes. Depuis toujours, le rapproché corporel féminin entre la mère et la fille a fondé leur identité. Le lien physique parfois intime entre elles est une manière de découvrir les mystères de l'identité féminine qui est très intériorisée. À l'adolescence, la découverte orgasmique féminine est moins évidente mais très puissante. À la différence de l'éjaculation, l'orgasme clitoridien n'a pas de période réfractaire, au contraire. Les femmes peuvent le répéter sans fatigue.

Dans nos contrées, il est beaucoup plus toléré que deux jeunes femmes se tiennent par le cou dans la rue, que s'il s'agit de deux jeunes hommes. Dans ces conditions, les expériences adolescentes semi-homosexuelles sont plus fréquentes. Elles ne présagent pas d'un déterminisme sexuel, elles permettent plutôt de rassurer la féminité globale. La confrontation corporelle sensorielle féminine favorise une impression de plénitude. Ces rencontres intimes peuvent être structurantes pour certaines jeunes filles. Elles permettent de relier les pensées intérieures, les fantasmes, à des envies de rencontres sexuelles inquiétantes. Cette transition homo peut permettre de retrouver un courant de tendresse qui a manqué dans les premiers liens maternels. Les psys évoquent même un « renforcement narcissique » à une période trouble qui enracinerait profondément l'identité féminine.

Pour les femmes, l'homosexualité avérée reste ainsi beaucoup plus rare. La sensualité des échanges intimes féminins à l'adolescence n'est pas vraiment déterminante. C'est plutôt un passage pour affirmer son identité sexuelle qui n'exclut pas l'hétérosexualité, au contraire. Selon les attirances, la possibilité de se retrouver en couple homosexuel semble donc moins stigmatisante. Du reste, les lesbiennes sont souvent très discrètes. Elles revendiquent rarement leurs préférences sexuelles comme une identité. Dans notre exemple, le jeune Boris suggère cette orientation pratique et moins dangereuse à sa mère esseulée. Il se réfère à la mère d'une amie qui serait enfin épanouie après tant d'échecs hétérosexuels. Les engagements amoureux lesbiens sont évidemment bien plus profonds que cette boutade. De nombreuses études affirment d'ailleurs que leurs couples sont plus stables avec des liens affectifs et émotionnels puissants.

La bisexualité

Dans leur construction psychique, les adolescents se sentent incomplets et ont besoin de s'unifier pour assimiler les attributs génitaux de leur mère et de leur père. En psychanalyse, c'est ce que l'on appelle la « bisexualité psychique ». Ce processus interne s'amorce dès la petite enfance. La croyance imaginaire en un sexe unique est fréquente pendant l'enfance. À l'adolescence, lâcher cette croyance n'est pas si simple. Tout un processus complexe d'affirmation de soi est nécessaire. La résolution de cette bisexualité psychique est une des raisons de l'hésitation identitaire des adolescents. Ils mettent du temps à accepter l'idée d'un corps sexué. Cette pensée nécessite une unification de l'image du corps. Un sentiment qui prouve une certaine cohérence et une continuité entre ce que l'on a été, ce à quoi on croyait et ce que l'on devient. Il faut alors se séparer des croyances d'enfants, de ses peurs et de certains de ses attachements en allant vers l'autre sexe forcément inconnu.

Cette bisexualité psychique ne doit pas être confondue avec les conduites bisexuelles génitalisées ! C'est de fantasmes dont on parle. Après l'absorption de cette bisexualité, l'adolescent prend conscience de n'être qu'une moitié du monde sexué. Le masculin et le féminin fondent une coupure irrémédiable. Le ressenti profond de l'identité sexuelle passe par l'éprouvé face au sexe opposé qui devient alors complémentaire. En somme, avant de se déterminer sexuellement, il est indispensable d'être intérieurement complet. Si cette élaboration mentale reste imparfaite, l'adolescent aura des difficultés érotiques et risque d'être perpétuellement envahi de culpabilité. Il préférera rester en transition androgyne, ni homme ni femme, mais les deux à la fois. Il conservera magiquement les attributs des deux sexes et l'étendue de leurs plaisirs sexuels.

L'annulation de la différence des sexes reste un fantasme infantile d'autoengendrement. Aucune société n'a pu fonctionner sans cette différenciation. À la suite de Lévi-Strauss, les ethnologues ont décrit quelques systèmes de parentés qui pouvaient préconiser l'inceste, mais aucun ne prônait l'indifférence des sexes. Ce désir d'annulation bisexuel est une forme de régression infantile qui éviterait toute confrontation à la différence. Dans un monde idéalisé, on s'enrichirait de l'autre, on ne s'y confronterait plus, et on finirait par se confondre sans conflits. Ce lissage qui donne des droits à toutes formes d'expressions humaines confond le singulier et le collectif.

Dans notre exemple, le petit ami de Boris serait « bi ». Cette tendance se banalise, elle se déclare comme une nouvelle forme d'identité sexuelle. Pourtant, à l'adolescence, elle n'est souvent qu'une affirmation de soi provocatrice. Dans un monde hyperindividualiste qui prône tous les possibles sexuels, il devient difficile de renoncer à ce fantasme de bisexualité. Autant pour les adolescents incertains de leur identité que pour les adultes qui se croient désormais incomplets sexuellement s'ils n'ont pas expérimenté une sexualité inversée. Il est évident qu'on ne renonce jamais totalement à ses croyances infantiles. C'est un univers précieux, rassurant et créatif. Ainsi une certaine bisexualité survit en chacun d'entre nous. Elle peut alimenter des fantasmes, se jouer dans des pratiques sexuelles mais en aucun cas définir une identité. Y renoncer n'est pas une tare sexiste ni une totale négation.

4

L'identité sociale

Jeune indécis – parents intransigeants

Malgré ses 80 printemps, mon père me parle encore de son usine, sa bête. Tout le patelin s'y est englouti depuis des générations. J'aurais dû y passer comme mes frères, mais j'ai filé vers la grande ville. Le père a râlé mais il m'a souhaité bonne chance. Aujourd'hui, il est fier de son fiston. Je suis devenu un bon cadre autonome et mobile, pourtant je suis épuisé. Ce genre professionnel meurt vite de surmenage, de harcèlement, de licenciement... Après deux périodes interminables de chômage, j'ai déjà eu mon lot d'angoisses. J'ai peur pour mon fils, l'époque est terrifiante.

Jonathan m'observe proférer mes litanies plaintives. Il sourit, placide. Ce beau garçon brillant surdiplômé est bouffi d'a priori, il hésite sans cesse à s'engager. Je lui serine qu'avec son bagage les pistes sont innombrables, mais les opportunités rares. Il faut foncer et expérimenter avant de juger. Ses périodes d'essai s'achèvent vite, trop vite. Je lui refais pourtant ses CV et ses lettres de motivation, j'y ajoute un coaching musclé pour ses entretiens. Il mémorise bien, joue le jeu et décroche souvent la timbale de l'entretien. Mais, en quelques semaines de réalité, le soufflé retombe. Il ne comprend pas vraiment ce que l'on attend de lui, d'être un cadre responsable ou un assistant photocopieur. Il s'y perd, cafouille et se fait jeter. Déjà trois fois, c'est très inquiétant. Il prétend qu'il n'est pas fait pour ce métier. Il ajoute qu'il a bien récité sa leçon, mais que sur le terrain ça ne colle pas. Rien à faire : depuis son brevet des collèges, c'est la même crainte de ne pas y arriver, de ne jamais être à la hauteur. C'est irritant : plus je le secoue, plus il perd ses moyens. Enfin, il a tout de même réussi sa prépa et une bonne école que j'aurais rêvé d'intégrer. À l'inverse de moi, sa mère le survalorise, au moindre effort elle applaudit. Elle prétend que c'est ma dureté qui le perturbe, que je ressemble à mon père. Il faudrait que j'entende son désarroi, il ne veut pas devenir un forçat du travail. Les entreprises sont trop cruelles, j'en sais pourtant quelque chose. Je reçois des jeunes en entretien d'embauche. Leurs arguments sont désolants ; entre les frimeurs qui connaissent tout et les glandeurs qui cherchent à savoir leur nombre de jours de congés ! C'est l'enfer d'en trouver un adapté et encore, comme Jon, il tient rarement la période d'essai. Ma femme demande naïvement pourquoi il faudrait absolument se battre pour faire sa place ? Selon elle, je traînerais encore des résidus machos guerriers. Elle conclut toujours par l'exemple phare de Nelly, notre grande, qui a un job en or avec un patron qui l'adore. Demain, Jonathan a un entretien, j'espère que tout ira bien. Pour une fois je ne lui ai rien dit d'autre que bonne chance !

La représentation du travail

Selon les générations, la représentation du travail varie considérablement.

Pour les aînés des Trente Glorieuses, l'identité sociale était prépondérante. Elle s'appuyait sur des critères collectifs puissants, fondés sur la force du travail. Comme le grand-père ci-dessus, la plupart des travailleurs étaient des ouvriers unis par l'usine et la conscience internationale du prolétariat. Les efforts de productivité et les combats sociaux qu'ils ont menés leur ont forgé une identité sociale solide et respectée. C'était leur usine, leur travail, leur fierté, leur vie. Vingt ans après, ils restent toujours des anciens de…, avant d'être des retraités anonymes.

Pour la génération suivante, comme celle du père du récit, le travail est devenu synonyme de réussite, de revanche sociale, de formation et de qualification. 75 % des cadres actuels ont eu des parents d'origine modeste. Grâce à la contraception et à la démocratisation des études, ils ont connu les premiers prolongements de l'adolescence. Après avoir quitté leurs parents précocement, ils se sont souvent frottés au travail à l'ancienne durant leurs études. Diplômés ou non, ils ont profité de la fin des Trente Glorieuses et ont souvent connu des carrières brillantes. Le travail reste fortement investi comme révélateur d'identité acquise par l'effort et non plus par l'entreprise mère. Même s'ils sont entrés dans la même société que leurs parents, ils y ont souvent progressé. Ils ont l'impression de s'être faits tout seuls, une sorte d'autoengendrement, et en sont fiers. Ils ont aussi connu les débuts de la modernisation et de la mondialisation avec son lot de purges et de crises économiques sévères. Cependant, malgré des périodes sombres, ils ont toujours su rebondir. Ils ont été et sont toujours très courageux. Comme leurs parents, ils ont beaucoup travaillé, sacrifiant leur jeunesse et leurs loisirs tout en conservant leur part de rêve pour l'avenir radieux de leurs enfants. Mais, à l'inverse de leurs parents, ils veulent guider l'indépendance de leurs jeunes. Ils cherchent toutes les astuces pour qu'ils trouvent un travail épanouissant.

Pour la nouvelle génération d'adultes, la sacralisation du travail s'est définitivement effondrée. Malgré un bon niveau d'études, ils n'y accèdent pas facilement. L'emploi n'est plus pour eux un vecteur d'ascension sociale et de renforcement de l'identité. Le chômage massif et la précarité sont devenus des passages obligés. Dans ces conditions effroyables, leurs attentes sont très différentes de celles de leurs aînés. Face aux crises et aux dégradations des conditions de travail, ils restent prudents si ce n'est effrayés. Ils ont souvent besoin du réseau et du soutien de leurs parents pour trouver un emploi et assumer un début d'indépendance. Ils auront des attentes différentes selon leur niveau d'études, mais sans prétention majeure. Ils savent qu'en dehors des sélections il n'y a plus vraiment de reconnaissance du niveau d'études et ont une impression de gâchis et d'inutilité. Ils sont submergés de messages négatifs sur le monde cruel de l'emploi. Dans leurs premières approches, leurs interrogations concernent plutôt les conditions de travail que son intérêt.

Dans l'exemple ci-dessus, le père caricature sa représentation des jeunes à l'embauche, alors qu'il a lui-même un fils en difficulté. Ils seraient surtout préoccupés par les avantages financiers, les primes, les congés… En fait, tout ce qui peut leur garantir une aisance, des loisirs et surtout une sécurité. À peine sortis des études, certains aimeraient retrouver la continuité du système de récompense des efforts scolaires. Un rythme lent d'étudiants avec leurs quatre mois d'inactivités, au cours desquels ils ont parfois fait quelques petits boulots. Les plus acharnés, après six années de forte pression scolaire, ont davantage envie de souffler que de retourner en enfer. D'autant que le diplôme prestigieux est à peine reconnu dans la réalité professionnelle.

L'exception française

Après des années de pressions et de sacrifices, les 3 à 5 % de jeunes ultrabrillants affublés de la trilogie du rêve : bac S-prépa-grande école, se frottent au monde réel du travail. On leur a promis la lune avec des collaborateurs dévoués et des stock-options juteuses. Une trace rêvée par les parents coupés-collés. La réalité est moins scintillante. L'époque où les entreprises venaient les cueillir à la sortie de l'école est révolue sur le marché du travail. Pour obtenir les postes du haut du panier, les jeunes surdiplômés doivent rivaliser avec des aînés moins diplômés mais très expérimentés. Leurs salaires sont minorés et les mises à l'épreuve de périodes d'essai de trois ou quatre mois renouvelables sont de plus en plus exigeantes. Encore un challenge de bêtes à concours où il faut faire du zèle, être au top sans compter et parfois accepter d'être sous-employé tout en restant surqualifié. De factotum-assistant photocopie à directeur de projet, un yoyo difficile à intégrer. Ce testing affligeant de la période d'essai devient une forme de persécution : la crainte d'être jugé, de ne pas être à la hauteur, qui finira par se vérifier. Les jeunes, affolés par cette pression palpable, n'arrivent plus à l'évacuer comme ils l'avaient fait à la maison avec leurs parents. Dans cette mise à l'épreuve, ils retrouvent la pression scolaire des parents et des enseignants. La seule différence, c'est qu'aucun patron n'est aussi proche et encourageant. Ce ressenti ne retient donc que les exigences parentales les plus drastiques dont nous avons parlé dans le chapitre des études.

Ce qui est déjà difficile pour les brillants impétrants des grandes écoles se majore selon la dégressivité des diplômes. L'inflation des masters dans tous les domaines, y compris les plus elliptiques, n'a pas arrangé l'affaire. La réalité correspond rarement aux intitulés ronflants des cursus, en communication, en organisation… La règle du terrain est de sous-évaluer ces diplômes, voire de les ignorer. Cette négation du diplôme universitaire réveille les blessures anciennes de raté de cursus. La culpabilité de n'avoir pas pris la voie royale des concours conseillée par papa et maman revient, et les parents ne se privent pas d'en rajouter.

Dans ces conditions, difficile d'être enthousiaste pour la recherche d'emploi et les projets d'avenir. Réalité ou mépris ? Une interprétation pourrait aussi y voir des adultes craignant pour leurs postes ou leur pouvoir et reléguant les jeunes loups à l'état de brebis.

L'autodidacte intransigeant

Les autodidactes sont souvent des diplômés pugnaces de terrain. Ils se sont construits seuls avec des parents moins qualifiés. Dans notre exemple, la chronologie de l'ascenseur social a bien fonctionné. Les parents ouvriers ont engendré un fils qui est devenu un cadre sup stressé. Ce dernier a mis la pression à son fils brillant pour qu'il réussisse la grande école qu'il aurait rêvé d'intégrer. De mieux en mieux… mais la confrontation aux exigences du niveau d'excellence des sociétés est rude. Le père ne comprend pas pourquoi son fils ne continue pas à briller. Il l'identifie aux jeunes malaisés qu'il rencontre et lui en veut d'être identique à la masse. Il a du mal à comprendre ce qu'il pense être un relâchement. Il projette sa ténacité et son courage surmené sur un fils brillant qui devrait naturellement lui ressembler. Sa femme le trouve trop dur et exigeant. Elle poursuit son rôle de mère médiatrice et valorisante face à un mari tranché. Cette caricature sexiste se retrouve fortement dans le monde manichéen de l'emploi. Quoi qu'en dise la mère, avec l'exemple de sa fille chanceuse, son « job en or avec son patron qui l'adore », les chefs sont plus souvent rudes et intransigeants que pédagogues et rassurants. Le père continue donc à secouer son fils, tout en sentant bien qu'il alimente sa passivité. Alors, comme de nombreux parents coupés-collés, il l'aide à réussir ses entretiens d'embauche. Le coaching a l'air de bien fonctionner, mais le jeune ne résiste pas à l'épreuve d'essai du terrain. Son père ne peut évidemment pas le remplacer durant cette période.

Ces échecs sont pourtant plus structurants qu'il n'y paraît. Les jeunes comme celui du récit et bien d'autres ont absolument besoin d'être guidés pour leurs entretiens d'embauche. Mais s'ils sont seuls à s'expérimenter sur le terrain réel du travail, leurs réussites et leurs échecs finissent par développer leurs capacités d'adaptation. C'est au pied du mur qu'on peut, ou pas, gravir l'échelle. Le père du récit a certainement évolué de la sorte. Face à son fils, qui a tant réussi jusque-là, il ne peut envisager le même processus. Pourtant il sait qu'aucun job n'est simple et qu'on se prend souvent les pieds dans le tapis, fût-il rouge.

L'entretien d'embauche

Pour se lancer dans les entretiens d'embauche, les jeunes adultes doivent faire preuve de combativité, de volontarisme, être prêts à s'investir sur tous les fronts. Dans cette épreuve du feu, ils doivent séduire sans minauder, avoir l'air sûr d'eux, de leurs connaissances et de leurs pseudo-expériences, tout en reconnaissant qu'ils ont beaucoup à apprendre des savoir-faire de l'entreprise. En somme, se détacher définitivement de leurs stigmates infantiles de toute-puissance.

Dans l'exemple ci-dessus, le père est affligé par les caricatures de jeunes candidats qu'il a croisés. Alors, comme une majorité de parents coupés-collés, pour son fils, il prend les choses en main. Il prépare le terrain de l'audition qu'il connaît bien pour l'avoir lui-même vécue à de nombreuses reprises et la pratiquer lui-même en embauchant des novices. Il refait le CV, corrige la lettre de motivation et coache son fils qui répète son rôle pour l'épreuve de l'entretien. Ces modalités de préparation et d'entraînement à l'entretien d'embauche sont indispensables. Mais elles sont trop souvent dispensées par des parents légitimement inquiets. Le désir de réussite est bien naturel, mais certains parents en rajoutent dans les instructions anxieuses. Trop appuyées, de telles préparations peuvent parfois desservir le jeune adulte. Il finit par être dépossédé de ses compétences dans la parodie de composition que ses parents lui imposent.

Les jeunes adultes sont confrontés à un paradoxe difficile qui rappelle leur adolescence. Au moment crucial où ils doivent être indépendants et prouver leur dynamisme actif, ils se retrouvent pris dans la soumission et la passivité. Dans cette situation, ils ressentent la nécessité d'une prise en charge mais ne supportent pas d'être renvoyés à leur noviciat par leurs parents expérimentés. Les conseils les plus judicieux sont toujours mal interprétés dans les relations affectives. Un autre adulte professionnel de l'embauche (ou pas) est souvent bien mieux entendu. Les conseils deviennent évidents et ne remuent pas les rapports de pouvoir et de soumission qui se jouent depuis l'adolescence.

L'arrivée dans le monde du travail

Cet exercice de terrain est un tournant profond dans les étapes symboliques de la vie. En entrant dans ce monde pro, les jeunes quittent le jeu de la compétition scolaire, ses déceptions, ses victoires, et surtout leur statut d'étudiant et finalement celui de jeune. C'est un vrai processus de perte, un passage d'une période infiniment prolongée à une autre, incertaine mais incontournable pour être un jour autonome.

Même les plus optimistes, impatients de travailler, n'échappent pas à ce ressenti. L'espoir de s'épanouir professionnellement n'est heureusement pas toujours déçu, mais rien ne s'acquiert rapidement. Le temps nécessaire à l'acquisition d'une expérience se mêle à celui du malaise et du doute. On sent ce que l'on perd, mais on n'est jamais sûr de ce que l'on gagne ! Cet adage se retrouve dans toutes les épreuves de l'existence, depuis les premières angoisses de séparation jusqu'à la parentalité. Il est impossible de se développer sans ce vécu de pertes et de découvertes.

La période d'essai

Le premier emploi correspondant aux diplômes est une épreuve initiatique. C'est une véritable situation d'entre-deux, entre le monde rêvé-redouté du travail et celui des études. Une épreuve de transition entre la postadolescence et l'âge adulte. Le jeune diplômé adoubé par la fierté familiale se considérait abusivement comme un expert. Désormais dans la cour extérieure des grands, il redevient un novice. Il ressent l'ensemble de son inexpérience sur le terrain et cette situation le replonge dans les affres existentielles de l'adolescence qu'il croyait avoir résolues. Le jeune est à nouveau envahi de doutes et de craintes et est rarement tutoré dans ses actions professionnelles. L'exemple du patron en or de la fille aînée reste une exception. La solitude du travailleur déclenche de l'angoisse et certains jeunes risquent de perdre tous leurs moyens. Ils entérinent les idées reçues sur les jeunes présomptueux inexpérimentés qui circulent dans l'esprit des seniors de l'entreprise. Ils risquent alors de régresser avec des réflexes d'enfant coupable ou séducteur, seule façon qu'ils connaissent pour être reconnus et appréciés dans le monde des adultes. Dans la première mise en situation professionnelle, ils ne peuvent que regretter leur enfance surprotégée qu'ils viennent à peine de quitter.

Dans cette mise en pratique, ils sont pris de ressentis contradictoires. Ils redoutent le jugement des supérieurs et leurs décisions, qui détermineront leur avenir professionnel. Pourtant, ils sont à la fois excités de vivre enfin ce nouveau statut d'adulte tant désiré. Comme des enfants, ces jeunes adultes craignent les sanctions et sont à la fois très enthousiastes. Cela crée une tension interne où l'angoisse l'emporte parfois sur l'engouement et l'envie d'aller plus loin. À l'épreuve du temps, les tensions s'apaisent et les réflexes régressifs avec. Une nouvelle identité sociale se profile, lentement mais sûrement.

Jeune révolté – parents militants

Sept ans d'études, un an de recherche d'emploi et me voilà au sixième mois de période d'essai. Je me force à sourire, je m'applique, j'oublie de pisser, je lis des tonnes de notices mal traduites, j'agrafe, je classe, je photocopie et j'étouffe dans ce bureau borgne. Le CDI enfin signé, le rythme s'est emballé. J'étais coincée dans la boîte. Le patron balance ses ordres en aboyant et ne sourit jamais, ma collègue lui ressemble : une carne célibataire enkystée au bureau. Si j'ose partir à 19 heures, elle me fusille avec son regard de fouine. Les jeunes, c'est bien connu, des feignasses incompétentes ! Question salaire : l'immobilisme minable, aucun espoir d'augmentation avant des décennies… Je craque, c'est trop, j'en peux plus. Je vais me tirer, tout plaquer. Je rêve d'être une serveuse à qui on sourit ou une créatrice de bijoux. Enfin, je devrais me calmer, le boulot est stressant mais pas si pourri. Aujourd'hui je suis surtout une polyvalente surexploitée mais un jour viendra où… je serai une grande spécialiste. Et puis papa a pensé à tout pour ma petite fatigue. Il m'a déniché et équipé un studio à deux stations alors que lui se tape trois heures de transport par jour pour rester en dehors de la masse étouffante de la ville.

Maman ne supporte pas qu'on me maltraite. Elle sort ses

griffes et hurle : « Avec ton niveau de qualification, c'est une honte ! Tu ne devrais pas te laisser faire, tu as des droits. Tes grands-parents et moi on ne s'est pas battus depuis 1936 pour que nos enfants du XXIe siècle finissent esclaves. C'est une régression abominable ! » Elle ajoute qu'à son époque le boulot fleurissait et que les patrons tremblaient devant les syndicats. Aujourd'hui tout le monde râle, mais s'exécute, la peur au ventre. Elle éructe et va farfouiller sur le net à la recherche du texte sur les heures sup.

On est parties dans des considérations socio-politicardes, avec ses « moi, de mon temps » et le sacro-saint droit au respect humain. On faisait un beau meeting toutes les deux. Des belles envolées qui ne m'aidaient pas des masses. Demain, je me lève tôt, le patron m'envoie en province. Enfin une bouffée d'air.

Une maturité difficile

Après la scolarité et ses épreuves, le travail représente le rituel postmoderne de la maturité. Les jeunes adultes devront passer d'une pseudo-liberté subventionnée et protégée à un univers aliénant et dangereux. Un nouveau monde où chacun va devoir prouver ses capacités, ses performances, se confronter à la rivalité, au pouvoir et à l'autorité. Un espace angoissant où la compréhension et l'empathie sont devenues optionnelles. Le travail et ses exigences rappellent la règle sociale, ses impératifs et ses injustices. Chaque institution, chaque société possède sa propre dynamique, ses leaders, ses manipulateurs et ses victimes. Les rôles sont aussi interchangeables que les sociétés.

Les jeunes adultes savent que l'arène de l'emploi est cruelle, mais ils espèrent aussi qu'elle assurera leur épanouissement. Ils s'attendent à être valorisés, soutenus, mais ils sont souvent déçus. L'individualisation a depuis longtemps remplacé le paternalisme confiant. Ils constatent que, malgré l'intérêt du métier, le temps travaillé n'est pas souvent agréable et encore moins confortable. Certains sont gâtés et imaginent une suite logique à leur éducation, mais la plupart sont déçus. Accepter de s'engager dans un choix professionnel sans en attendre des merveilles d'épanouissement n'est pas une opération simple. La déception est autant au rendez-vous que la surprise. Au début, les jeunes travailleurs se vivent comme des stagiaires inexpérimentés. Ils confondent parfois leur manque naturel d'expérience et une incompétence irréparable. Face aux tâches à accomplir, ils se retrouvent seuls et sont souvent un peu perdus.

Il y a un décalage permanent entre leurs savoirs, leurs attentes et celles plus pragmatiques et souvent moins excitantes de l'emploi. Ils ont un sentiment constant d'insatisfaction, de manque, que leurs parents tentent de comprendre ou bien entérinent avec des discours sur le bon vieux temps du plein emploi et du tutorat paternaliste. Une idéalisation d'une époque où fleurissaient surtout les petits boulots que les jeunes ne rechignaient pas à accepter pour survivre et poursuivre leurs études. Un plein emploi sous-qualifié dans une société en transition de modernisation, qui n'aurait jamais pu absorber 60 % d'une classe d'âge surdiplômée.

Autorité et pouvoir

Travailler signifie aussi rentrer dans le rang, se soumettre à la loi collective des masses laborieuses. Freinés par leurs craintes et leur observation des adultes, les jeunes redoutent de s'engager dans une vie à jamais dépourvue de saveur, hantée par la nécessité des fins de mois et du standing. Ils se retrouvent avec les discours identiques que leurs parents coupés-collés proféraient au même âge. Ils se sentent pris au piège d'une société de consommation et de production qui fera d'eux des esclaves ritualisés. Ce sentiment d'aliénation du travail revient après avoir été gommé par les obligations alimentaires des jeunes des années 1970, qui ont dû travailler très tôt. Aujourd'hui, les parents coupés-collés retrouvent avec délice cette idéologie perdue dans l'attitude de colère et parfois de fuite de leurs jeunes adultes. Le final du film *L'Auberge espagnole*, de Cédric Klapisch, où le jeune Erasmus imprégné de liberté et d'ailleurs fuit la vie promise étriquée de fonctionnaire, en est un exemple emblématique. Jeunes et parents se retrouvent dans cet envol lyrique. Entrer dans ce monde de l'exploitation et du mépris pour devenir adulte serait du gâchis. Autant rester marginal, sans contraintes, dans une illusion libertaire. Le fond révolutionnaire nostalgique des parents coupés-collés fait son grand retour. La réalisation de ces désirs déclenche malheureusement une dépendance infinie aux aides sociales et familiales.

Les jeunes adultes supportent mal les ordres et les empressements des chefs. Ils les voudraient compréhensifs, prêts à leur pardonner toutes leurs erreurs, dociles et patients comme leurs parents ou du moins l'un d'entre eux. Les ordres intempestifs et injustifiés les heurtent. Ils sont choqués par tant de despotisme qu'ils croyaient seulement réservé aux caricatures des fictions ou des guignols. Leur sensibilité surdéveloppée ne le supporte pas. Les parents coupés-collés sont réceptifs à cette colère qu'ils ont connue eux-mêmes mais qu'ils ont enfouie. Cela leur rappelle l'autoritarisme rigide des parents, des enseignants et des patrons qui les ont parfois brisés. Autrefois, l'autorité n'était pas négociable, il fallait s'y soumettre et se taire. Ils en gardent des blessures mal refoulées, qu'ils avaient souvent tenté d'évacuer. À l'adolescence, ils ont voulu puissamment affirmer leur indépendance et ont renié en masse les principes parentaux et toute forme de domination. Cet élan fut souvent vite arrêté par les impératifs alimentaires de l'indépendance et des responsabilités familiales. Ils ont pourtant poursuivi leur révolte avec l'éducation ouverte qu'ils ont dispensée à leurs enfants. Ils ont tenté de transmettre des limites et des interdits, mais toujours justifiés et négociables. Pour gagner leur autonomie, leurs adolescents ont eu à leur tour ces réflexes ancestraux de remise en cause des principes et des règles, si justifiées soient-elles. Ce mouvement psychique d'opposition leur a permis de se détacher de l'idéalisation du monde des adultes, d'en faire le deuil et de se forger une identité de sujet plus ou moins autonome. L'autorité a donc été intégrée après avoir été contestée et éprouvée par les ajustements progressifs, adaptés à l'âge, du permis et du défendu.

Devenus adultes, la plupart des jeunes ont pu ressentir par eux-mêmes la nécessité des interdits. Leur capacité d'obéissance découle de leur capacité à saisir l'espace possible entre le permis et le défendu. Les plus structurés ont compris qu'obéir n'était pas se soumettre mais tout simplement accepter les codes culturels de la liberté sociale. La difficulté des jeunes n'est donc pas, comme on le dit abusivement, l'incapacité à accepter des ordres mais plutôt à en supporter l'intransigeance. Or les diktats intempestifs sont fréquents dans le monde barbare de l'emploi. La dynamique particulière à tous les groupes humains génère ces excès tranchants du pouvoir. Les jeunes adultes (et les moins jeunes) ne le supportent pas. Devant toutes les caricatures du pouvoir et de l'autorité, ils ont une tendance à se mettre en opposition comme ils le faisaient il y a peu face à toutes les figures parentales.

Un certain pourcentage de jeunes élevés sans limites claires réagit violemment à l'autoritarisme. Ces enfants adultes n'ont pas pu intégrer la fonction structurante du non. Toute autorité est alors ressentie comme une posture totalitaire qu'il faut détruire ou fuir. Dans le monde du travail, cela se traduit classiquement par l'affrontement et l'exclusion. Heureusement, la grande majorité des jeunes travailleurs ne sont pas suicidaires, le plus souvent ils encaissent. Comme la jeune femme de notre exemple, ils accumulent une tension interne qui éclatera de préférence chez papa-maman.

Les parents sont évidemment réceptifs à ces agressions de leur précieuse progéniture qui a fait l'effort de se lever à 7 heures pour se rendre dans ces bureaux infâmes. Les polémiques s'enclenchent avec le droit des victimes à la clé. Tous les thèmes actuels associés à la dangerosité du travail sont étalés : le stress, la souffrance, le harcèlement et pourquoi pas, selon l'actualité, les risques suicidaires. Toutes les incidences pathogènes des conditions de travail. Devant cette psychologisation dramatique des problèmes liés au travail, les jeunes débutants ne peuvent qu'être effrayés. Leurs parents coupés-collés aimeraient bien pouvoir encore les protéger, mais c'est devenu très délicat. Ils savent par expérience que les emplois ne sont pas un nid douillet mais souvent une arène où il faut combattre et sortir vainqueurs. Pourtant, ils persistent à croire à un milieu du travail enrichissant, pédagogique et attentionné pour leurs jeunes si vulnérables.

Les jeunes les plus fragilisés par les affres de l'emploi cherchent des échappatoires. Certains seront soutenus par le droit du travail et le syndicalisme parental. D'autres chercheront refuge dans une passion amoureuse qui les rassurera. Cependant, la plupart se réfugieront dans des groupes de pairs où ils pourront se plaindre avec humour et relativiser leur situation.

Les inévitables conflits

Les parents coupés-collés se mêlent de tous les petits conflits professionnels de leurs enfants avec la même passion qu'ils avaient pour les histoires de la cour de récréation. Cette intrusion est parfois caricaturale, ils utilisent des arguments similaires : « Il faut te défendre, ne pas te laisser faire, parles-en à ton chef (comme autrefois au maître), va voir la médecine du travail, les syndicats... » Autant d'emportements inutiles qui oublient combien il est nécessaire d'accomplir un parcours solitaire pour sentir son rôle et sa place au travail. Pourquoi les jeunes adultes n'en seraient-ils pas capables ? Encore l'illusion protectrice de leur épargner toute souffrance dans un monde idéal. Le militantisme actif reste du côté parental, la plainte et la passivité du côté des jeunes. Une manière inconsciente de conserver le pouvoir à la maison où seuls les maîtres savent se défendre.

Idéologies

La génération des jeunes adultes a grandi au milieu des ruines du mur de Berlin, de l'agonie du prolétariat européen et des derniers militants marxisants. Dans un monde démystifié de ses caricatures politiques ou religieuses, le capitalisme règne comme le moins pire des systèmes. Leurs parents coupés-collés ont déplacé leurs combats idéologiques sur des causes plus actuelles : l'écologie, la mondialisation, les inégalités, la précarité, les extrémismes... Leurs engagements flamboyants infiltrés d'humanisme s'épuisent pourtant très vite. Les jeunes ne sont pas aussi militants que leurs parents et leurs élans s'éteignent tout aussi vite. Ils se laissent porter par les manifestes de revendications parentales mais restent souvent passifs et plaintifs comme la jeune femme citée plus haut.

Aujourd'hui, la politique s'est mondialisée au service de l'économie marchande. Tout est devenu complexe et interdépendant. Les marchandises et les idées se distribuent en flux tendu. Difficile d'avoir un avis ferme et déterminé sans avoir l'impression d'être réactionnaire. Il est possible de s'exprimer sur tout mais l'éventail des sujets sensibles s'élargit, laissant pour seul espace celui ridicule du politiquement correct. Dans ce consensus mou, la part infantile de chacun trouve son scénario. La mondialisation solidaire et pacifique arrangerait bien l'enfant doux et rêveur, mais une apocalypse guerrière satisferait tout autant l'enfant cruel.

Les mouvements populaires et syndicaux qu'évoque la mère du récit ont disparu pour se retrancher dans l'individuel. Les jeunes adultes ont évolué avec des référents moraux qui se sont privatisés au sein des familles. Chaque groupuscule a sa néoréalité et sa définition propre du permis et du défendu. La bulle de chacun cohabite avec celle des autres, mais ces regroupements sont devenus aussi fragiles que leurs idéaux. Les familles éclatent et leurs petits principes avec.

Le doute s'installe à tous les niveaux, la polémique devient obscure et manipulée par des informations spectaculaires fluctuantes. Les démocraties se noient dans la nébuleuse des revendications individuelles. Le peuple n'a plus sa voix, mais des voix ; une sorte d'agrégat insaisissable de millions d'individualités. Les idéaux républicains de liberté et d'égalité sont défendus dans la sphère publique mais ceux de fraternité semblent surtout relégués à la bulle familiale. Des systèmes clos qui ne communiquent plus mais sont contraints de se tolérer.

L'affectif professionnel

Malgré leur ascension sociale et leurs postes clés dans les sociétés, les parents coupés-collés tentent de rester fidèles à leurs idéaux humanistes de jeunesse. Ils aimeraient donner une âme plus chaleureuse aux sociétés libérales froides et calculatrices qu'ils ont souvent fondées.

Les combats sociaux se sont centrés sur l'aménagement et la réduction du temps de travail pour tenter d'endiguer le chômage. Les 35 heures et leurs RTT n'ont pas atteint leurs objectifs initiaux : ils ont surtout profité aux salariés, à leurs familles et aux hôteliers. L'allongement du temps de loisir n'est plus l'apanage des profs ; chaque famille, recomposée ou non, peut s'aligner sur les vacances scolaires. Le temps du travail s'est trouvé intégré à celui des loisirs à la manière du temps scolaire. Une continuité du rythme haché des enfants que les jeunes trouvent naturel. Cet aménagement est devenu un véritable droit au repos dans le droit du travail. Malgré les polémiques sur la désorganisation des services et le manque de productivité, l'ensemble des salariés y tiennent et leurs enfants davantage encore.

Dans le monde froid du travail, l'affectif a fait une entrée fracassante avec le syndrome du harcèlement moral qui a succédé au harcèlement sexuel et ses clichés des fameuses promotions canapé. La fin du paternalisme démagogique laisserait-elle la place au maternalisme ultraprotecteur ? Il y a désormais, à tous les niveaux de la société, un paradoxe entre droits et devoirs qui suscite des controverses incessantes. Les tenants de la rigueur et de la productivité s'opposent à ceux de l'empathie et de la bonne ambiance au travail. Le père sévère contre la bonne mère chaleureuse. L'affectif et le bien-être érigés en lois pour éviter toute violence du système n'écartent pourtant pas les conflits naturels de la dynamique des groupes. Cette diabolisation du travail repose sur de vrais abus de pouvoir et sur un mépris, affiché depuis des décennies, du travailleur face aux profits. Mais une idéalisation lisse de ce monde pourrait finir par favoriser des tensions obscures qui ne laisseront apparaître qu'un système simpliste de bourreaux et de victimes. Vision infantile mais pratique qui transpose les paradoxes affectifs des familles.

La mise à l'épreuve

Quand il faut prendre des responsabilités et des engagements professionnels, il n'y a plus de place pour les tergiversations, les doutes, ni même l'erreur. Les jeunes adultes qui s'engagent dans une mission professionnelle décident seuls de la pertinence de leur action. Leur formation théorique est utile mais, s'ils n'ont pas une tâche technique à exécuter, leurs certitudes sont bousculées. Dans leurs actes professionnels, ils ne sont pas des rêveurs ou des angoissés du boulot, ils deviennent des débutants en phase d'expérimentation. Leurs rapports avec les collègues sont alors essentiels et souvent très chargés affectivement. Ils attendent de l'attention, du soutien, de l'empathie et ne rencontrent souvent qu'indifférence, parfois une rivalité voire une critique acerbe, comme la jeune femme de notre exemple. L'accueil peut se révéler agréable en début de mission, mais les rapports n'en sont pas moins biaisés. On ne se fond pas à la famille des pros en quelques jours. Il y a alors une attente forcément frustrée qui alimente tous les doutes.

Une majorité de jeunes adultes ne supporte pas cette période transitionnelle. Ils craquent parfois et voudraient changer de métier, de voie, parfois de manière radicale, en annulant tous les efforts qu'ils ont faits pour leurs diplômes. Une envie de tout plaquer pour un job (soi-disant) plus cool, style serveur, avec plus de contacts et aucune responsabilité.

Le temps de l'expérience

Il est difficile d'assumer ses désirs face à une réalité forcément décevante. L'idéal serait de trouver une cohérence entre les espoirs d'épanouissement, l'accompagnement des seniors et les exigences professionnelles. Un parcours progressif qui permette d'éprouver un sentiment de réussite existentielle. Le travail n'est plus synonyme de rupture mais de continuité. Après une période fluctuante d'adaptation, les jeunes capables de mettre en action leur métier arrivent enfin à en être fiers. Ils commencent à s'affirmer et en parlent avec exaltation, mais ils conservent souvent une légère posture plaintive pour la forme. Ils râlent, souvent avec raison, sur les horaires, les salaires et surtout les comportements caractériels de leurs chefs. Ils tiennent leur position avec leurs amis dolents et surtout vis-à-vis de leurs parents coupés-collés.

Ils continueront systématiquement auprès d'eux à gémir, prétendant que « c'est un scandale, qu'on n'a pas le droit de traiter des humains comme cela, que c'est indigne »... On en retrouve une caricature dans le récit ci-dessus où la jeune femme fait ses armes et a naturellement des difficultés avec l'autorité et les exigences de rendements. Une fois leur période d'adaptation réussie, les jeunes adultes conservent encore ce fond de lamentations pour leurs parents. Sinon ceux-ci seraient trop rassurés et risqueraient de devenir lourds. Ils les encenseraient et en rajouteraient auprès des proches. Un étalage glorieux assez mal vécu par les jeunes qui ont alors l'impression d'être spoliés de leurs douloureux efforts d'adaptation. Ils veulent passer le cap discrètement sans que leurs parents le soulignent lourdement.

La confrontation à la réalité du ring professionnel est une vraie rupture avec la protection généralisée de la famille et de l'école. Les savoirs professionnels s'expérimentent seuls et aussi face au regard non complaisant des autres. Cette mise à niveau du réel permet de lier profondément tout ce qui a été acquis auparavant et ce qui adviendra. Cela donne du sens à l'avenir, qui devient moins incertain malgré les crises économiques.

Jeune planqué – parents self-made-men

Douze heures par jour, des milliers de kilomètres pour une clientèle improbable, des nuits blanches à m'angoisser, des coups brillants et d'autres foirés. Une vie rude bien chargée, mais une vie conquise, comme la maison retapée entre deux contrats. Charly a toujours été un peu lent, je ne sais pas de qui il tient… Certainement pas de moi et même pas de sa mère. Elle est toujours agitée entre ses gardes de week-end et de nuit et sa frénésie de propreté. Il nous reproche nos moyens, nos voyages, notre future retraite… Selon lui, on est des privilégiés-protégés et on laisse crever nos enfants ! Beau discours socio antibobos, qui commence à bien me gonfler. Après tous nos sacrifices ! Sa mère a bien essayé de le pousser vers le sanitaire, il y a tant de débouchés. Rien à faire, même pas brancardier durant les vacances. Il a peur des maladies et du sang. À 25 ans il n'a même pas son permis, le code serait trop dur à avaler. Pauvre chéri ! Il préfère se laisser vivre, faire quelques petits boulots au black et traîner depuis six ans en socio. Il fréquente des loosers gâtés et sans diplômes, engraissés, qui croient que le fric tombera aussi facilement que leur argent de poche. Il a fini par développer une vraie dépression. Pour être tranquille, il tenterait bien le concours d'agent administratif. Son rêve : un petit boulot peinard, un maximum d'avantages, des tas de vacances, un petit logement de fonction et aller à pied au bureau. La belle vie, pas de stress, pas d'angoisses financières de propriétaire. Pour me rassurer, il m'a dit qu'une fois dans la place, les concours internes permettaient une belle progression de carrière. Je crois rêver. Je l'imagine avec ses collègues en train de comptabiliser leurs congés infinis et regarder des vidéos marrantes sur le net. Après tout il n'a peut-être pas tort ; je ne sais plus...

Les contraintes structurantes

Le travail s'est désacralisé. Il a perdu sa fonction de soumission normative, déjà expérimentée au service militaire. Il n'a plus cette valeur, mais garde toujours une place essentielle dans la symbolique de l'identité et de l'autonomie. Les jeunes adultes aimeraient pouvoir y découvrir une activité globale qui remplirait leurs aspirations et leurs désirs. Ils souhaiteraient y trouver la même attention protectrice qu'en famille ou à l'école. Une empathie qui assurerait une continuité entre un monde rêvé et celui qu'on leur a promis depuis l'enfance.

La réalité du terrain est évidemment plus rude et fait écho aux plaintes constantes des médias et des parents coupés-collés, incapables d'exprimer combien ils apprécient leur travail, ses réussites et même ses contraintes. Le sens du travail ne se réduit pas au plaisir. L'idéal de satisfaction du travail bien fait se découpe en une infinité de détails qui sont difficiles à définir. Évidemment, il faut quelques années avant de sentir une appartenance à un métier. Le narcissisme social ne se construit pas en un jour. Les années d'expériences et de sacrifices des parents sont souvent occultées par leurs jeunes adultes comme le jeune Charly, ci-dessus, qui ne se réfèrent qu'à leur statut actuel plus confortable. Pourtant, de nombreux seniors ont souffert des aléas professionnels. Les plus zélés ont fait les frais de restructurations violentes, de mises au placard, de longues périodes de chômage... Ils ont vécu des dépressions inévitables après une série de pertes d'identité sociale, de niveau de vie, de conjugalité... À ces accumulations de revers, s'est ajouté le départ des enfants pour la grande aventure incertaine de l'emploi.

Les parents qui ont été épargnés et protégés par des emplois qualifiés, structurants et mieux payés, auront eu une vie plus agréable. Pourtant ils ne cessent de se lamenter sur leurs contraintes de transport, de pression, de surcharge. Un discours paradoxal face à des adolescents à qui on répète chaque jour : « Travaille bien à l'école, c'est ton avenir qui est en jeu ! » Quand l'avenir est constamment assombri de plaintes et de litanies sur le monde pourri du travail, qui voudrait évoluer et faire vraiment des efforts pour s'y engager ? Ce qui est perçu, c'est que l'effort, les sacrifices et la soumission sont les seules valeurs à espérer.

La réalité du travail des jeunes

En France, 650 000 jeunes sont au chômage. C'est le plus fort taux d'Europe. Jusqu'à 30 ans, ils sont plus ou moins condamnés à la précarité et aux CDD. Souvent peu diplômés, ils ne se voient proposer sur le marché du travail que des emplois sous-qualifiés qui les enfoncent encore davantage. Ils sont fréquemment en contrat temporaire, acceptant des emplois aidés dont les groupes industriels et les sociétés abusent et dont le quota horaire, minimisé, ne leur permet même pas de survivre. Une situation désespérée, avec des taux de chômage affichés de plus de 40 % dans certaines zones sensibles.

Certains sociologues définissent ces jeunes comme une « génération perdue ». À l'inverse des jeunes gâtés aux parents coupés-collés, leur réussite sociale est impérative. Ils ont le lourd mandat d'aider leurs parents fragilisés par la précarité. En trahissant ce devoir de soutien, ils se dépriment et vont vers une précarité éternelle. Sans emploi, sans projet, il ne leur reste qu'à « tenir les murs » des quartiers perdus et parfois à survivre de petits trafics. Dans cette détresse, ils entretiendront des désirs magiques mégalomaniaques et rêveront de postes prestigieux, de devenir riches vite et sans trop d'efforts. Une espérance banale incarnée par la vélocité des jeunes traders, pourtant ultrabrillants, qui ont fait s'écrouler le système financier et précarisé des régions du monde dans une excitation ludique totalement indifférente aux réalités humaines. Ce déni du temps, de l'expérience et de l'histoire est devenu une valeur universelle. La société marchande encourage ce tout tout de suite : un grattage gagnant pour des millions de perdants assurés. Ce déni de la réalité est affligeant, mais il se comprend chez les milliers de jeunes sans qualification qui n'ont aucune possibilité d'insertion et d'évolution.

Petite consolation : les récentes augmentations de contrats d'alternance démontrent le travail de fond des référents sociaux qui redoublent d'attention, d'astuces et de persévérance pour sauver ces jeunes en voie de marginalisation. Avec le soutien et la guidance d'adultes bienveillants, l'illusion de réussite factice cède le pas à une nécessité de formation aux métiers artisanaux jusque-là dénigrés. Cette transition de l'alternance entre les études et le monde du travail est un processus qui a largement fait ses preuves. Dans notre pays, elle reste encore stigmatisée comme un apprentissage sous-qualifié au regard de l'élitisme scolaire.

Mais certains jeunes intermittents du travail ne sont pas

forcément issus de couches sociales défavorisées, ce qui ferait d'eux des victimes. Ils sont souvent maintenus dans leurs illusions infantiles par des parents coupés-collés, dépassés, qui continuent à les materner. C'est ce que condamne le père de notre exemple quand il parle de ces loosers gâtés que fréquente son fils Charly.

Pour les jeunes diplômés, le constat est tout autant alarmant. Il y a souvent, pour un poste qualifié, des milliers de candidats. La compétition est féroce. Sur le net, les cabinets de recrutement sont contraints à des sélections drastiques. L'accès aux entretiens d'embauche est déjà une étape de réussite. Les jeunes diplômés sélectionnés se retrouvent en compétition avec des seniors très expérimentés et souvent déclassés. Il leur manque toujours un savoir, une expérience. Dans le monde de l'embauche, on est soit trop jeune et inexpérimenté, soit trop vieux et surdimensionné. Désormais l'étroitesse des classes d'âge en capacité de travail se situe, dans le meilleur des cas, entre 25 et 55 ans. Une petite trentaine d'années alors qu'on demande aux travailleurs de cotiser quarante-sept ans pour se constituer une retraite. Deux limites d'âge qui concernent autant les parents que leurs jeunes. Il devient donc naturel de traîner dans la dépendance parentale jusqu'à 25 ans. Les opportunités sont si réduites que l'attentisme semble parfois constituer la meilleure posture.

Le fantasme du travail protégé

Il n'est pas rare de retrouver dans les concours administratifs des jeunes surdiplômés qui cherchent un poste stable et rassurant. Peu importe leur qualification : l'important, c'est d'être inclus dans un système protecteur qu'on pense aussi inaltérable que l'amour parental. Cet afflux élève considérablement le niveau des concours et exclut encore davantage les moins équipés scolairement.

La réalité des emplois administratifs est évidemment loin des clichés de planque dorée. Ces caricatures des fonctionnaires mous et gâtés qu'évoque le père du récit sont des rengaines faciles. En réalité, la gestion du territoire, de la sécurité, de l'éducation ou de la santé demande des professionnels efficaces et rigoureux. Par ailleurs, l'ensemble des acteurs des services publics sont soumis aux critiques permanentes de tous les citoyens. Une clientèle choyée par les lois sociales et toujours plus exigeante. Ce cocon illusoire peut aussi devenir un piège infernal car il comporte les mêmes avatars de pouvoir et d'absurdité que ceux que l'on retrouve dans toutes les institutions professionnelles privées. En cas de conflit, exit les possibilités de prud'homme, d'allocations chômage et de prime de licenciement. Il faudra trouver des compromis, se soumettre, et parfois supporter l'insupportable.

Le malaise

Pour évoluer, tout individu, gâté ou non par la vie, doit traverser une période de malaise. Ce mal-être est un ressenti passager qui devrait traduire une souffrance d'étape et s'estomper. Mais certains jeunes adultes en passe d'indépendance n'arrivent pas à franchir celle du travail et sont parfois piégés dans une transition éternelle. Ceux-là s'accommodent de cet état obscur, trimballent leur mal-être comme un étendard qu'ils brandiront à chaque tentative de sortie dans le monde réel. Ils renforcent ainsi inconsciemment un système persécutif de toutes les représentations du travail.

Ces jeunes se retrouvent face à une double contrainte : être libre de tout expérimenter et, en même temps, entièrement dépendant d'un système de protection. Ce qui fonctionne comme un conflit inconscient dans le psychisme des ados ne s'apaise pas, bien au contraire. Certains jeunes adultes restent figés dans une quête existentielle de perfection, tout en sachant que c'est impossible. Ils n'ont aucune bonne réponse, alors ils se cherchent jusqu'à l'épuisement. Les jeunes comme Charly ne savent plus qui ils sont, où ils vont, ils ne croient plus à aucun discours d'évolution et ils finissent par s'enfoncer dans une lourde dépression. Rien ne leur convient ; de toute façon, ils ne sont bons à rien. Des idées de dépréciation de soi s'installent, et un sentiment de ne jamais pouvoir en sortir quelles que soient les pistes proposées. Un puissant sentiment d'insécurité interne se creuse. Le doute et l'incertitude cohabitent avec des convictions éphémères magiques, selon l'influence et l'ambiance du moment. Il faut absolument retrouver des bulles de protection. Le groupe d'amis paumés devient alors le miroir angoissant d'une perdition commune. Le jeune est paralysé et, plus on le secoue, plus il résiste.

Ce syndrome phobique devient quasi paranoïaque. Le monde du travail apparaît comme un ennemi puissant à fuir, mais il est aussi tapi en soi-même, dans le désir d'adulte. C'est une double persécution, à la fois extérieure et intérieure, qui alimente une culpabilité incompréhensible. Ces mouvements psychiques débordent l'individu et son entourage. La dépression majeure qui s'est installée demande des soins avant même qu'on puisse imaginer une approche de l'emploi. Le malade a besoin de se restructurer, d'être soutenu par son entourage et des professionnels de santé.

Ce processus d'autodestruction se retrouve dans de nombreuses crises de l'existence. Il est similaire à la dépression d'un chômeur de longue durée : il faut alors souvent restaurer l'estime de soi du malade avant d'envisager un projet professionnel sérieux.

Dans notre exemple, le jeune Charly n'a pas son permis de conduire. Une métaphore répandue des craintes de « conduire sa vie » que l'on retrouve fréquemment chez de nombreux jeunes adultes surprotégés.

Une attente infinie

En dehors de ces cas pathologiques, une trop longue attente entre vie scolaire et vie active génère une crainte qui s'amplifie avec une certaine surprotection familiale et sociale. Cet attentisme banal qui envisage les débuts de vraie carrière autour de 30 ans pénalise tous les exclus du système scolaire et surtout ceux qui ne peuvent pas compter sur le soutien parental. Ainsi, malgré des envies d'autonomie professionnelle, parents coupés-collés et jeunes se retrouvent dans la répétition de l'interdépendance. Ils ne se quittent plus alors qu'ils auraient besoin de prendre leurs distances pour amorcer chacun, selon ses enjeux existentiels, un tournant décisif.

Jeune déçu – parents désabusés

La scénographie m'avait toujours fasciné. Toute mon enfance, mes parents m'avaient traîné aux spectacles. Le cirque Plume, Découfflé, Mnouchkine, le Off d'Avignon, les nuits blanches de Lyon… Que du bon, du fascinant, comment y échapper? Ma mère y croyait, pour elle j'étais fait pour ça. À la suite de mes études privées « métiers du spectacle » et des années de petites fêtes où je jouais au metteur en scène maudit, j'ai dû me replier sur la technique. Après quelques missions d'été et des mois de McDo, j'ai enfin déniché le fameux CDI. On a fêté le big événement : champagne pour un avenir radieux. Maman était usée par sa routine : son train de 7 h 13, le bureau exigu, l'écran greffé et un défilé de cadres stressés qui lui disaient à peine bonjour. Elle rentrait tard : un tas d'heures sup et des retards ataviques de transports. Pas question de changer à son âge, elle n'avait plus le choix. Elle avait déjà pris deux ans de chômage, s'était ruinée pour mes études artistiques et avait perdu tous ses amis. De mon côté, je me débats avec des kilomètres de câbles et des coups de fil incessants. Le patron n'arrête pas de gueuler comme mon père. Il faut s'activer toujours plus vite. Son fils arrive sans cesse en retard avec le matos et mon collègue glande un max. Je rumine et je vérifie toutes les fixations, les poulies. Je n'arrête pas et, pourtant, je crois toujours que j'ai tout foiré. Les danseurs râlent aussi, même ce metteur en scène que je vénérais tant s'est avéré infect. L'envers du décor!

Avec mes horaires débiles et mon petit salaire, pas moyen de prendre un appart. De toute façon je n'en ai pas la force. Je rentre au petit matin quand maman se lève, on a la même sale gueule. Je me demande parfois si, dans le fond, on ne se ressemble pas. Solitaires et avilis au boulot, incapables de profiter des pauses éphémères sans s'effondrer. Heureusement, j'arrive encore à en rire avec mes potes qui ont le même genre de patron et de mère.

L'inévitable chômage

Le chômage est devenu une fatalité inévitable. Il fait souvent partie du parcours professionnel et n'épargne même plus ceux qui se croyaient protégés par une entreprise solide et structurée. Parents et jeunes adultes partagent la même inquiétude, mais les enjeux sont bien différents selon l'âge et les responsabilités. Le phénomène est tellement répandu qu'il effraie l'ensemble des actifs. Ils craignent de perdre leur poste et parfois ils ne supportent pas la fréquentation des autres en recherche d'emploi. Ils pourraient leur porter la poisse, les contaminer. On assiste à une véritable discrimination à l'égard de tous ceux qui sortent du système. Ils ne sont plus rien, leur identité sociale s'est dissoute dans le grand sac des chômeurs avec toutes les idées reçues sur ce drame. La mère évoquée ci-dessus semble en avoir fait les frais. Dans notre pays, où la protection sociale solidaire est obligatoirement prélevée sur la feuille de paie, il est naturel d'être protégé temporairement si l'on se retrouve sans emploi. Pourtant la plupart des victimes du chômage sont stigmatisées. Elles seraient plus ou moins responsables de leur situation. Elles souffrent en silence et se culpabilisent souvent de « profiter du système ». Les clichés ont la peau dure, et on préfère toujours que cela arrive aux autres.

La réalité du chômage des jeunes est dramatique, mais

son vécu très singulier prête à interprétations. Pour certains, il y aurait une sorte de perversion du système social qui alimente les débuts de carrière hachés. Les jeunes adultes, encore fortement dépendants financièrement de leurs parents, y voient parfois une continuité naturelle du maternage. Ces mesures de soutien social les soulageraient temporairement et les guideraient sans qu'on leur tienne rigueur de leur manque d'entrain. Les émoluments les autoriseraient, comme au bon vieux temps scolaire, à poursuivre un rythme entrecoupé de périodes de vacances subventionnées. Évidemment ce sentiment ne concerne que les enfants plus ou moins gâtés qui pourraient croire que les allocations de chômage ne sont qu'un supplément d'argent de poche pour rester sous la couette parentale. Cependant, on peut s'étonner d'un système qui entretient la dépendance sociale et familiale, surtout pour les plus diplômés. Lorsqu'on interroge ces derniers, ils sont souvent moins inquiets que leurs parents ou leurs enseignants sur une vie professionnelle forcément précaire et polymorphe.

La réalité des CDD et des intérims donne une projection instable de l'emploi et surtout lui retire son sens profond. L'accumulation de petits boulots, de périodes de chômage et de jobs plus ou moins en adéquation avec la formation donne un sentiment de discontinuité, alors que le passage à l'emploi devrait apporter l'inverse. Le jeune de notre exemple a traversé des années d'intermittence avec un certain flegme. Il est épuisé mais ravi de son CDI qu'il croyait uniquement réservé aux filiations protégées, c'est-à-dire aux fils de patron.

Les passe-droits naturels

Aujourd'hui, devant la réduction drastique de tous les postes, les réseaux personnels fonctionnent souvent bien mieux que les annonces officielles saturées de candidats. Les passe-droits ont toujours existé dans tous les domaines, de l'ouvrier faisant intégrer son fils à l'usine aux personnalités du show-bizz. Ce qui révoltait autrefois certains self-made-men est devenu une règle affichée jusque dans les filiations présidentielles des Bush père et fils. Cette tradition féodale a infiltré tous les corps de métier. Elle suscite une colère légitime de tous les isolés face à la société des fils à papa. Dans le milieu artistique, le jeune ci-dessus croyait que seuls « les enfants de » pouvaient avoir une place stable. Pourtant, sans piston, à force de pugnacité, de précarité soutenue par sa mère et de petits boulots, il a obtenu un poste. Son emploi technique l'a tout de même introduit dans le milieu dont il rêvait. La mise en scène sera pour plus tard. Les acharnés qui se consacrent entièrement à leur passion finissent toujours par percer.

Le groupe rassurant

La récupération du mal-être des épreuves de l'existence est généralement assurée par les parents coupés-collés et les groupes de pairs. Le groupe de jeunes adultes est confronté aux mêmes affres quelle que soit sa profession. Certains s'en sortent mieux, d'autres vivent l'enfer mais, ensemble, ils arrivent à relativiser. Entre eux, ils se rassurent sur la vanité des carrières et détruisent avec humour les ficelles du pouvoir et de l'autorité. Cette réunification du moi groupal autour de l'opposition à l'autorité abusive des adultes permet d'évacuer les tensions. Par ailleurs, ces échanges restaurent les repères identificatoires qui sont bousculés par le monde laborieux des grands. On ne sera pas contraint à leur ressembler tout de suite. On sera des « monsieur-madame » plus tard.

Les retrouvailles rassurantes du groupe permettent de rompre l'inévitable sentiment de solitude des jeunes travaillant en milieu d'adultes. Le groupe de pairs poursuit sa fonction de soutien et de consolidation. Après avoir déversé leurs inquiétudes et réduit en miettes leurs patrons, comme ils le faisaient jadis avec leurs profs, les jeunes adultes sont apaisés. Ils en rajoutent une couche finale sur les soutiens parentaux excessifs qui les saoulent plus qu'ils ne les rassurent. Le groupe les considère avec humour. Il soigne cette nouvelle crise identitaire plus facilement que l'anxiété parentale.

La réalité

Au-delà de leurs fantasmes et de leurs craintes de séparation, les jeunes adultes découvrent souvent la réalité surprenante du monde du travail. Les débutants ont l'impression d'être en immersion dans un milieu hostile qui ne se dévoile pas ouvertement. Ils se voient comme des novices incompétents qui vont être sanctionnés sur leurs approximations. Pourtant, ils découvrent vite que de nombreux collègues ne sont pas si pro que cela. Ces lenteurs ou ces incompétences n'empêchent pas pour autant le fonctionnement de l'entreprise. Malgré des différences d'investissement et de performance évidentes selon les individus, l'ensemble s'équilibre.

Le jugement sur leur efficacité se situera donc ailleurs. On observera plutôt leur adaptation au contact. Leur manière de se présenter, de communiquer avec le groupe et les clients, de copiner, de manger au self... Un des éléments clés reposera sur leur aptitude à travailler en groupe. En être un élément dynamique, mais pas trop, sachant respecter le rythme et l'ambiance de l'ensemble. Arriver à l'heure, même un peu avant : peu importe le zèle et les heures supplémentaires le soir, l'essentiel est d'être à son poste au même moment que tous les membres de l'équipe. L'entreprise observe évidemment les possibilités intellectuelles, les capacités de compréhension et d'analyse. La vitesse d'exécution peut être fort appréciée, mais il ne faut pas qu'elle souligne les lenteurs des autres. Dans le récit, le jeune redouble d'efficacité, mais il finit par entériner la passivité de son collègue. Ainsi, il faut être efficace mais pas menaçant.

Enfin un des éléments phares est la capacité d'obéir aux ordres parfois aboyés et de supporter des tâches subalternes. Un rappel de l'autorité parentale, injuste, mais ici impossible à contrer. Une façon de tester ses possibilités d'allégeance, de soumission, mais aussi de résistance.

Tout un programme diffus d'analyse globale de la personnalité qui donnera la valeur subjective de l'adaptation au rythme et au style de l'entreprise. Ce procédé pour le moins inattendu ne fait que renforcer la crainte de mal faire, d'être jugé et observé en permanence. Le milieu du travail se vit alors comme une régression où les adultes guettent l'enfant intrépide qui risque de faire des bêtises. Cette impression devient vite insupportable. Certains, comme ce jeune, se sentent imparfaits et épuisés. Ils réalisent que le rêve est toujours éloigné de la réalité. Malgré un travail valorisé, ils se retrouvent dans la même situation stressée et précaire que leurs parents.

Les désirs

Les parents ayant subi de nombreuses pertes sociales et affectives sont brisés et ont une représentation maléfique du monde du travail. L'emploi devient alors un monstre qui dévore les petites vies. La seule issue pour transmettre l'envie de travailler est d'envisager une réussite glorieuse pour ses enfants. Avec leurs diplômes, ils auront accès à un espace protecteur idéal d'entente cordiale et d'épanouissement. Un monde magique qui donnera du sens et de l'utilité à leur vie.

Mais le succès scolaire n'est pas toujours au rendez-vous. Cette idéalisation déçue réduit l'accès prometteur à des métiers fascinants et aléatoires. On se prend à rêver de carrières artistiques fulgurantes qui valoriseraient les dons et les efforts relatifs. Les parents qui rêvent secrètement de reconnaissance créatrice projettent volontiers leurs désirs sur leurs jeunes progénitures. Depuis le début, ils sont prêts à tous les sacrifices pour la brillante réussite de leurs enfants. Ils ne laisseront pas la répétition de la banalité l'emporter. Ils espèrent que leurs jeunes auront l'éclat qui redorera le leur, un peu fané. La mère du récit a cru en les études artistiques de son fils et les a subventionnées. Elle le voyait metteur en scène, il en revient technicien scénique un peu désabusé et assez culpabilisé, mais il fait son chemin. La gloire et la réussite attendront. Pour le moment, il partage son épuisement et l'appartement avec sa maman. Il n'a plus la force, ni peut-être l'envie de la quitter. Elle s'est tant sacrifiée et serait bien seule sans lui. L'indépendance sera pour plus tard.

5

La parentalité

Jeunes parents précoces – mère seule

Enfin un peu de calme, l'hôtel s'est vidé. 21 heures : c'est l'heure des restos. Mickaël doit dormir. Pas la peine de téléphoner, je risque de le réveiller. Je suis encore coincée jusqu'à 23 heures dans ce hall qui s'agitera bientôt de tous ces touristes gavés et encore avides. Cette préretraite de maman est tombée à pic. Avant on se croisait à peine. Elle vivait pour son boulot. Pour tout remerciement, on l'a jetée : restructuration, délocalisation, charrette. Trop vieille, trop chère. Ç'a été un sacré choc. Au début, elle se levait encore plus tôt et n'arrêtait pas de râler, de pleurer et de frotter. Coincés dans ma chambre avec Steve, on l'entendait parler seule et remuer les meubles. Puis c'est arrivé, j'oubliais trop souvent ma pilule. Trois semaines de retard de règles, puis quatre et cinq… Silence, pas un mot, on rentre le ventre, on ne respire plus. Steve, intrigué par mon petit bidon, a fini par le trouver louche. D'autant que j'étais une angoissée de la pesée et des régimes. Jusque-là on s'éclatait bien au lycée hôtelier. Steve était beau avec son costume noir de chef de rang. Quand il a fini par comprendre, il a fait une grimace terrifiante et a disparu. J'ai craqué et j'ai tout lâché à maman. Elle s'est effondrée et on a pleuré ensemble. Ma grossesse a été un enfer de migraines et de vomissements. Je ne pouvais plus me regarder, j'étais devenue Elephant Girl. Ma mère essayait de me rassurer, mais je la jetais. Je ne voulais qu'une chose : que ça se termine, vite. Un mois avant l'accouchement, Steve est revenu avec un énorme bouquet de buffet de mariage. Il avait réfléchi et serait heureux d'être papa. Il se collait à mon ventre qui gigotait, je riais à nouveau et je rêvais de notre Mickaël. On s'est dit que ce serait dur avec nos métiers, mais on s'en sortira ! C'est surtout maman avec son licenciement qui nous en sort. Les parents de Steve sont tout de même venus à la maternité. Ils m'ont apporté un gros livre sur l'éducation des bébés. En rentrant dans ma chambre, j'ai eu un terrible coup de blues. Je n'y arriverais jamais, j'étais si jeune, si nulle ! Maman m'a lavée avec le bébé et ça a disparu. Avec nos horaires impossibles, Maman a pris Mickaël dans sa chambre. Demain matin, j'ai ma matinée : on prendra un bain, il adore m'éclabousser.

Désirs d'enfant

Depuis l'apparition de la contraception et la fin des avortements clandestins, il y a quarante ans, le slogan féministe « Un bébé quand je veux et avec qui je veux » a pris racine. De nombreux baby-boomers ont ouvert cette brèche de liberté, suivis par leurs enfants, et aucun retour en arrière ne semble possible. Aujourd'hui, les grossesses sont en général tardives, autour de 30 ans, chez des jeunes adultes ayant un travail et souvent l'expérience de la vie de couple.

Avec cette place d'aboutissement dans le développement de la maturité, l'enfant est devenu l'incarnation la plus précieuse du désir. Cette nouvelle norme est relativement acceptée et rend désormais excentrique un désir d'enfant précoce. Le bébé est uniquement programmé selon le standard prophylactique du moment. Il ne sera plus jamais un accident plus ou moins désiré ou un raté de la méthode Ogino comme l'ont été de nombreux parents coupés-collés. Dès lors, la grossesse d'une femme jeune est forcément le résultat d'une immaturité adolescente ou d'une soumission à des cultures archaïques. Pourtant, comme l'illustre notre exemple, un enfant peut naître à des étapes variées de l'existence de sa mère. Si la plupart des jeunes femmes attendent une quinzaine d'années avant d'envisager d'être mères, certaines ne veulent pas différer ce désir. Aux États-Unis et en Angleterre, le taux de grossesses chez les adolescentes de moins de 18 ans est très élevé. Très peu gardent l'enfant, mais le désir est puissant. Il serait ridicule de penser que ces grossesses précoces sont possibles car elles peuvent être supprimées par l'avortement légalisé. Ce ne sont pas des échecs contraceptifs qui auraient pu être évités avec plus de maturité. Il s'agit plutôt d'un désir d'enfant inconscient tapi en chacun de nous depuis l'enfance, que la contraception et l'IVG n'empêchent pas d'apparaître à tous les âges. De plus, pour les jeunes, la contraception est souvent vécue comme une entrave hygiéniste à la spontanéité amoureuse. Enfin, la grossesse n'est pas une MST.

Pour les jeunes adolescentes, le désir d'enfant est très actif, mais il reste essentiellement imaginaire. Les jeunes filles inquiètes de leur intériorité mystérieuse, qui saigne avec les règles, aimeraient pouvoir se rassurer. Pour combler un vide corporel étrange et sentir un vrai corps de femme, elles rêvent de le mettre à l'épreuve réelle de la grossesse. Leurs capacités maternelles ne seraient plus virtuelles. Elles seraient à la fois femme et mère. Inconsciemment, elles auraient en elles les compétences de leur mère et le fameux phallus symbolique du père œdipien qui comblerait tous leurs vœux de complétude narcissique.

Une autre raison, plus culturelle, désigne les jeunes femmes comme des êtres incomplets et hédonistes tant qu'elles n'ont pas prouvé leur fertilité. Des millions d'entre elles sont encore totalement soumises à ces impératifs. Celles qui ont été éduquées dans nos contrées restent souvent écartelées entre une fidélité à la tradition parentale et un désir d'indépendance. Être enceinte, c'est avant tout révéler une activité sexuelle interdite aux parents qui prônent souvent l'abstinence et surtout la virginité jusqu'au mariage. L'oubli de contraceptif apparaît comme une provocation. La colère parentale redouble de reproches. L'antienne millénaire de la tradition sexiste revient en force : « La jeune fille est une putain, elle porte la trace de sa souillure. Pour laver l'affront il faut garder l'enfant et lui trouver un père qui assumera. » À 14 ou 15 ans, les jeunes filles ne peuvent pas accepter ces contraintes, elles s'affolent. Si elles sont en échec scolaire, l'enfant devient une alternative de réussite sociale. En revanche, quand elles réussissent scolairement et qu'elles envisagent des projets, la tension est extrême. Cette ambivalence provoque parfois des ruptures scolaires, des violences familiales, des fuites et des autodestructions.

La raison la plus courante pour les jeunes filles de désirer un enfant est surtout liée à l'histoire des relations aux parents. L'enfant à venir pourrait alors réparer tous ses manques d'affection et ceux qu'elle perçoit chez ses parents. À travers son bébé, la jeune mère cherche aussi une mère. C'est une manière de redonner aux parents défaillants et malheureux un trophée réparateur. Le phénomène est caricaturé dans notre exemple où la jeune femme vit en bébé couple avec une mère seule déprimée ayant perdu son identité sociale. Ces trois raisons sont souvent les déterminants de l'oubli de contraceptif. Un oubli efficace à un âge où la fécondité est au zénith.

Les trois bébés

Le bébé n'est plus considéré comme un être végétatif en devenir, il devient une personne chaque jour. Il évolue en fonction de son environnement qui comble au mieux ses besoins vitaux, biologiques et surtout affectifs. Chaque futur parent est conscient de cette prodigieuse aventure et s'y prépare psychologiquement depuis l'enfance.

Pour un jeune couple qui envisage de devenir parent, trois représentations de Bébé se télescopent :

– un *bébé fantasmatique* qui s'est forgé dans toutes les rêveries infantiles de représentations parentales. Depuis les 3-4 ans et l'aventure œdipienne, quand on souhaitait un enfant de papa et évincer maman, jusqu'aux jeux d'enfant de papa/maman et aux rêves de maternité de la puberté ;

– un *bébé imaginaire* en qui résident tous les espoirs secrets de faire naître un enfant idéal. Un enfant parfait comme celui qu'on aurait dû être pour faire plaisir aux parents, qui colmaterait nos manques, nos fragilités, réaliserait nos rêves avortés, réparerait nos traumatismes d'enfant… ;

– un *bébé réel* qui, par sa singularité, son style et ses talents, viendra bousculer les deux premiers et engagera les parents vers la réalité. Heureusement, il est souvent gratifiant et vient recoller les attentes inconscientes des deux autres bébés psychiques. Si l'enfant n'arrive pas à recoller ces désirs imaginaires, les parents pourront toujours en faire un autre.

En fait, devenir parent va bien au-delà de tout ce qu'on pouvait espérer ou imaginer. Ainsi le désir d'enfant est multiple et infiltré de toutes sortes d'attentes et de significations inconscientes, méconnues des deux futurs parents. Il serait donc présomptueux d'en déterminer l'origine précise.

La grossesse

Attendue, espérée et un peu redoutée, la grossesse est une étape de vie essentielle pour toutes les femmes. Chacun sait que les bouleversements qui arrivent avec la gestation seront radicaux. Les futurs parents et grands-parents se sont tous plus ou moins imaginé cet événement capital.

Durant la grossesse, on observe plusieurs périodes qui déchaînent une multitude de comportements et de remaniements psychiques.

La première est constituée d'un fabuleux remaniement psycho-corporel. C'est une période clé qui pourrait être comparée à une reviviscence de la crise adolescente et plus tard à la ménopause. Durant cette crise « maturative », la femme doit intégrer à son histoire personnelle une nouvelle identité maternelle. Elle est bousculée par ses conflits psychiques infantiles. Elle repense à sa propre conception, à ses rapports avec ses parents. Ce mouvement psychique, très troublant, survient parallèlement aux bouleversements hormonaux qui la fatiguent, la font vomir, la stressent, troublent son humeur et ses relations aux autres, altèrent sa sexualité… Elle est à fleur de peau, fatiguée et plus fragile. Alors, elle peut régresser en laissant apparaître des fantasmes enfouis un peu étranges, ou bien être très excessive, suspicieuse, ou encore chercher à tout maîtriser. Si ses proches ont des attentions tendres ou essaient de la calmer, elle peut se montrer cinglante et agressive comme dans notre exemple. Quels que soient son âge ou sa maturité, la future mère craint parfois la déformation corporelle, doute de son choix et se demande si elle va être capable d'assumer. Elle peut avoir une petite période de repli dépressif, mais aussi des envies hystériques infantiles irrépressibles de bonbons ! Le fœtus minuscule qui pousse en elle prend déjà une place immense. Pourtant, à côté de ce tableau compliqué à supporter par elles-mêmes et leur entourage, les futures mamans opèrent un profond processus de remaniement psychique.

Cette période fondamentale est aussi merveilleuse que difficile. Quand la future mère se retourne vers sa mère qui a peut-être vécu la même chose, elle attend beaucoup plus d'être rassurée et écoutée que de recevoir des conseils éclairés. L'agressivité très crue des conflits rappelle le style de l'adolescence. Si les régressions sont trop importantes et que la future mère perd un peu pied, la seule attitude pertinente est une patience proche et conciliante. Les sensations étranges que procure ce début d'aventure maternelle prouvent que le bébé reste encore un mystère.

Les futurs pères sont souvent plus apaisants que les grands-mères anxieuses. Cela est évident dans le récit quand le jeune papa revient au nid. Les parents ont besoin de partager secrètement ces premiers moments de création.

Le bébé réel qui s'agite en couleur et en relief sur les écrans d'échographies reste encore très empreint de l'imaginaire conjugué des parents et des grands-parents. Il continue d'alimenter les attentes les plus démesurées et d'être celui qui va réparer les blessures et combler les manques de tous ses proches. Il sera beau, intelligent, gentil, sensible... Plus l'accouchement approche, plus l'angoisse de séparation s'infiltre. La mère est souvent épuisée, parfois elle doit rester couchée à cause d'un risque de naissance prématurée. Le plus souvent, comme la jeune femme ci-dessus, elle est taraudée d'envies contradictoires, celle d'en finir, d'être soulagée de ce poids et de le garder bien au chaud.

À cette époque, les grands-mères ont un rôle déterminant à jouer en rassurant leur fille (ou leur bru) sur sa capacité à être mère. Elles écarteront mieux l'ensemble des craintes intimes que ne pourraient le faire les pères. Se coller à la très jeune mère fragile devient alors indispensable.

Baby blues

Les bouleversements physiques et psychiques de leurs dernières semaines de grossesse rendent les mamans très vulnérables. Comme décrit dans notre exemple, après l'accouchement il y a souvent un moment dépressif surprenant. Quelques jours après avoir été tant remplies de leur bébé, certaines jeunes mères se sentent vides et mutilées. Cette impression est accentuée par le retour à la maison qui met fin à l'agitation soignante et rassurante de la maternité.

Après le choc merveilleux de l'accouchement, une angoisse de séparation surgit. Dès le troisième jour, une certaine tristesse peut s'installer. Les mères se croient contraintes de montrer un masque de jubilation alors qu'elles sont au bord des larmes. Elles vivent une sorte de deuil achevant un pan de vie essentiel et unique. Mais un deuil en réveille toujours un autre, et des souffrances anciennes peuvent ressurgir. Ainsi, dès son arrivée, l'enfant qui incarne le bonheur ranime parfois le tourment. Si aucun événement grave (accident, décès, séparation...) n'arrive dans cette période, ces troubles dépressifs banals disparaîtront en quelques jours.

Les grands-mères sont alors souvent utiles pour rassurer les jeunes mères déprimées. Elles ont vécu le même désarroi temporaire et savent que cela ne dure pas. S'occuper de sa fille mère perdue et triste comme de son bébé est tout à fait naturel. Cela garantit la pérennité de la fonction maternelle. Dans notre exemple, la jeune femme se retrouve nursée dans son bain avec son bébé par sa mère. Cette régression spectaculaire la ramène pourtant à la vie, même si elle aura encore infiniment besoin de sa mère.

Les mères précoces ont parfois du mal à se rapprocher de leur bébé. Elles ont toujours peur de mal faire et de ne pas le comprendre. Parfois elles n'osent pas lui parler, le porter, le caresser. Cette capacité intuitive à deviner les besoins de l'enfant ne se construit que dans une fusion d'échanges primaires qui demande la capacité de se fondre ensemble sans se perdre. Le contact du corps à corps de la mère et son bébé redonne vie à un corps vidé. Fortes de cette sensation, les mères peuvent à nouveau se laisser aller à rêver et à régresser avec leurs enfants. Elles sont à nouveau pleines d'eux, mais psychiquement. Dans le récit, la jeune femme fragilisée par sa maternité pourra enfin devenir une mère.

Grand-mère précoce

Les femmes qui abordent la cinquantaine traversent une crise maturative somato-psychique. Les effets physiologiques de la ménopause sont plus ou moins évidents et annulent définitivement toute possibilité biologique de maternité. Cette crise de maturité fait souvent écho à celle que traversent leurs jeunes adultes, depuis longtemps pubères, qui entrent dans une éventualité de procréation socialement possible. De plus, comme cela apparaît dans notre exemple, la maturité des seniors s'actualise dans la cessation d'activité et celle de leur enfant dans un début de carrière. Tout n'est évidemment pas très synchrone. Les écarts d'âge et de situations sociales à la maturité sont infiniment variables.

Selon les idéaux actuels, le conte de fées familial moderne se déclinerait selon une parfaite progression chronologique : une jeune femme autour de la trentaine, avec un bon travail plus ou moins protégé, qui pourra lui laisser du temps pour materner, un compagnon tendre et efficace ayant une belle situation, un habitat spacieux, des parents et beaux-parents fraîchement retraités, proches géographiquement, suffisamment dynamiques, bricoleurs, chaleureux, fortunés, avec de préférence une maison de vacances bien située, et surtout sachant se rendre disponibles sur l'heure… Le rêve !

Quelle que soit la configuration familiale, la première grossesse institue un nouveau statut de parent et de grand-parent. Les protagonistes ressentent psychiquement le même processus qui leur fait sauter une génération. Ce bond générationnel renvoie chacun à une étape symbolique du vieillissement. Ces positions n'ont pourtant rien du déclin. Elles sont plutôt liées à une espérance débordante de vie.

Les jeunes grands-mères non préparées à l'événement maternel de leur fille sont souvent bouleversées. Elles n'ont pas eu le temps de se préparer et elles partagent ce sentiment confus avec leur fille. Il faut alors assumer l'urgence. C'est un dilemme qui oblige subitement la mère à renoncer à sa place pour occuper celle de grand-mère et la fille à devenir quasi magiquement une mère. Ce jeu de dames de substitution, déjà complexe dans des conditions de confort et de maturité, devient infernal quand personne n'y est préparé. Ni la mère ni la fille ne se donnent le temps du deuil et de la séparation psychique de la maturité. Dans notre exemple, la fille fait inconsciemment cadeau de son bébé à la mère esseulée et déprimée. Mickaël l'aidera par sa vitalité, elle ne sera plus jamais seule et conservera un bout merveilleux de sa fille à portée de main. Elle pourra lui donner de l'amour, le cajoler et se réparer par leurs échanges. La grand-mère est autant surprise que ravie. Elle a enfin trouvé un nouveau projet de vie dans cet obligatoire soutien maternel. Sa fille n'a pas terminé sa formation, son compagnon qui a fui revient tout aussi démuni, ils ont des métiers chronophages. Sa fille a entravé sa féminité et son autonomie, mais tout est encore possible. Après l'accouchement, elle a repris ses études, elle envisage donc un avenir et une indépendance. En attendant, la grand-mère assume. La situation est si tendue et inextricable qu'elle seule semble pouvoir y remédier. Elle a un rôle essentiel et devient le garant du bébé et de la survie de sa fille. Espérons que cette crise familiale s'apaise avec le temps.

Dans ces histoires de précipitation maternelle, le risque

psychopathologique est de se replier dans la passivité et de tout déléguer à la grand-mère. Celle-ci, avec sa surcharge d'amour, finit par s'approprier le bébé. La relation d'entraide deviendra un piège à émotions et entretiendra un flou générationnel. L'enfant élevé avec une mère-sœur pourrait avoir des troubles du développement et de l'attachement, et des difficultés à se repérer.

Dans ces drames, les pères disparaissent vite. Ils fuient un arrangement fusionnel mère-fille dont ils sont totalement exclus. Les filles ont une tendance à répéter leur grossesse et il n'est pas rare de retrouver le même schéma deux ans plus tard.

Le premier petit-enfant

Pour les jeunes parents inexpérimentés, l'aventure est vertigineuse. Leur vécu émotionnel est colossal, riche de contradictions, de craintes, de joies, de détresse parfois. Les bébés sont si singuliers, avec des compétences et des besoins sans cesse fluctuants. Leur appétit, leur sommeil, leurs perceptions et leurs modes de communication varient en permanence. Habituellement, les parents s'adaptent vite à leur nourrisson, ils décodent ses signaux subtils et y répondent avec plus ou moins d'habileté selon leurs émotions, leur histoire affective et leur savoir-faire, souvent hérité de leurs mères. Pour expérimenter cette réalité singulière, il est préférable d'avoir sa bulle autonome d'intimité familiale. Cohabiter avec ses parents dans son ancienne chambre d'enfant, comme dans notre exemple, risque fort de troubler ce processus. C'est aussi désastreux que d'y expérimenter sa sexualité. Cette promiscuité est malheureusement le lot des familles précaires très mal logées ainsi que de nombreux très jeunes couples incapables financièrement de trouver un habitat indépendant. Ces impératifs ne doivent pas exclure l'envie de trouver une solution d'autonomie, même partielle, pour édifier un espace propre à la nouvelle famille. Les parents ressentiront alors bien mieux leurs potentialités et prendront confiance en eux.

Plutôt que de trouver un arrangement économico-pratique, les grands-parents coupés-collés les laisseront donc seuls approfondir leurs engagements. Dans ces conditions d'indépendance résidentielle, le petit monde primaire de la famille restreinte finira bien par s'accorder. Malgré la démesure du projet parental, les tâtonnements des débuts s'affineront. Dans la complexité infinie des échanges, chacun trouvera sa place et son style. Autant les parents et les grands-parents que le bébé.

Cependant, certains jeunes parents qui avaient pourtant « tout prévu » sont parfois débordés par cet être minuscule à la présence gigantesque. Ils paniquent et ont besoin d'aide et de soutien à la moindre alerte. Ils se retournent alors naturellement vers leurs parents coupés-collés. Ces derniers, devenus grands-parents, représentent un repère fiable, même s'ils n'ont pas été des parents exemplaires. Ils restent une référence identificatoire majeure qui a contribué – comme ils ont pu eux aussi – à l'avènement des futurs parents. Ils sont donc toujours très proches affectivement, tout en ayant considérablement évolué. Ces parents coupés-collés ont souvent réfléchi à leurs erreurs, se sont informés et ont essayé de soigner leurs traumatismes psychiques. Au cours de l'histoire de leurs enfants et de la société, ils ont assoupli leurs positions éducatives. Ils se sont détachés des rigidités de la génération précédente. L'information, la culture, l'adaptation à un certain chaos des valeurs les ont rendus plus souples et plus intelligents.

À la naissance du premier petit-enfant, les nouveaux grands-parents savent généralement garder une distance avec les jeunes parents. La plupart restent vigilants, certains ne peuvent s'empêcher d'être intrusifs, mais tous sont prêts à intervenir en cas de besoin. Le premier petit-enfant les introduit dans un autre degré de parentalité. Ayant élevé leurs enfants tant bien que mal, ils ont su faire des compromis entre l'enfant imaginé, rêvé et bien réel. Cependant, ils reviennent à leurs vieilles croyances d'enfant idéal face à ce bébé tout neuf. Grâce aux attentions de ses grands-parents, il pourra éviter de souffrir. Il ne sera plus la victime des erreurs éducatives et affectives de ses jeunes parents. Petite créature en gestation et déjà si investie d'attentes !

Jeune et enfant écran – grand-mère totale

Je me faufilai dans l'embouteillage de poucettes. Nous étions trois grands-mères, vite repérées au milieu de ces jeunes mères et pères. La cloche ramena tous les regards vers le portillon. C'était le même tintement prolongé depuis des décennies, quand j'attendais impatiemment Sandrine, la mère de Léo. Les minuscules soldats arrivaient en rang, la tête relevée en quête de parents.

Léo goûtait goulûment avec son oncle. Deux gosses barbouillés de Nutella et de rigolade avec leurs vingt ans d'écart. Mon petit Lucas traîne ses 24 printemps dans une troisième tentative étudiante. Ça irrite son père, mais moi j'avoue que je suis ravie de l'avoir encore près de moi. Il est si gentil. À son âge, sa sœur commençait déjà à travailler et avait son studio. Elle est comme son père : boulot-boulot, déplacements, réunions, stress. Il y a quatre ans, elle s'était un peu calmée avec la grossesse. On l'avait aidée à aménager sa maison, rien n'allait jamais, son humeur naturelle est vite revenue. Son mari est plus cool, mais j'ai l'impression que ma fille ne lui fait pas trop confiance. D'ailleurs, lui aussi n'est pas disponible, c'est un sportif et le sport c'est sacré. Il me conseille de faire du sport, de m'entretenir. Il exagère, je suis en pleine forme. J'ai dans les fesses des décennies de salle de gym. C'est fini, mais je n'arrête pas de courir entre ma vieille maman, le supermarché et Léo. D'ailleurs, pour aller aux cours, je devrais laisser Léo à la cantine. Après le goûter, PlayStation avec Lucas, square s'il fait beau, un bon bain et souvent le dîner. Sandrine me fait toujours des listes, mais je les perds. Elle a l'air d'une éternelle épuisée. Comme elle, son père rentre tard, il râle un coup et avale son repas devant l'ordi. J'ai aussi le mien, que m'a légué Lucas, j'arrange mes dernières photos. Les garçons sont si mignons.

Les grands-parents

De nos jours les enfants et les adolescents ne manquent pas de grands-parents. En Europe, les grands-parents représentent un cinquième de la population. Ceux qui faisaient autrefois figure d'ancêtres ralentis et austères sont désormais gais et dynamiques. Ils sont parfois plus en forme que leurs enfants et plus optimistes que leurs petits-enfants.

Les rôles des grands-parents sont considérables. Ils ont une fonction sociale irremplaçable. Ils apportent souvent un soutien élargi, autant à leurs descendants qu'à leurs ascendants. En se situant au troisième niveau de génération, ils se retrouvent dans une double, voire une triple qualification. Comme la grand-mère ci-dessus, ils sont à la fois les enfants de vieux parents encore vivants, les parents d'enfants adultes ou adolescents (et parfois, sous l'effet des nouvelles unions, parents « sociaux » ou biologiques d'enfants en bas âge) et enfin des grands-parents de petits-enfants. Selon le cumul, ils jonglent pour se situer dans chacune de ces positions générationnelles. Ils sont à la fois coincés entre les besoins et les désirs de leurs descendants de tout âge et ceux de leurs ascendants plus ou moins vulnérables.

Ils n'en restent pas moins des pionniers émerveillés d'être les maillons essentiels de la chaîne de plus en plus longue des générations.

Les maternités sont de plus en plus tardives (entre 30 et 40 ans voire plus). L'âge des grands-parents se voit alors repoussé et correspond de plus en plus à la cessation d'activité professionnelle. Cela tombe bien ! Une fois qu'ils ont consacré l'essentiel de leur vie aux enfants et au travail, les petits-enfants arrivent à point nommé. Ils pourront combler le blues de la retraite, l'ennui d'une conjugalité vieillissante ou la solitude. Mais, pour tous, ces petits-enfants assignent un nouveau statut de grands-parents avec tous les clichés du moment : heureux, disponibles, complices, joueurs, aisés… Les grands-parents coupés-collés ne sont pas dupes de ces images idéales, mais ils s'efforceront de les suivre.

Les aides et le soutien demandés aux grands-parents sont fréquents. Les enfants devenus adultes expriment leurs doléances sur le même registre que par le passé, et il est difficile de le leur refuser. C'est la perpétuation de la relation unilatérale qui agace tant de parents – je te donne tout, tu ne me rends rien. Les grands-parents transmettent, donnent sans compter et se plaignent de l'ingratitude des enfants. Ce mouvement de transmission est ancestral, mais il est sans cesse actualisé (ils en veulent toujours plus ; tout leur est dû aujourd'hui !). Pourtant, depuis toujours cette fonction unilatérale assure une continuité de solidarité entre générations successives. Les petits reçoivent allégrement et ils donneront de même à leurs descendants.

Cette relation garantit la pérennité du rôle protecteur des grands-parents. Ils craquent facilement pour leurs petits-enfants qui représentent une continuité généalogique essentielle. Avec ces petits, ils rattraperont peut-être leurs erreurs et leurs manques éducatifs. À leur contact, les petits-enfants ressentiront une sécurité temporelle et l'illusion d'avoir encore beaucoup de temps devant soi. Une croyance utile pour se projeter dans l'avenir.

Les grands-mères

Les seniors de 50 ans et plus sont les premières femmes de l'humanité à avoir vécu une profonde libération : la contraception et le droit à l'avortement qui leur ont ouvert les voies de l'autonomie sociale et du plaisir sexuel. Elles ont rompu avec le modèle féminin de la soumission, de la dépendance et de l'assignation uniquement maternelle. Ces changements très récents dans l'histoire de l'humanité ne sont pas aussi évidents chez les nouvelles grands-mères venant de sauter une strate générationnelle.

Les pressions sociale et familiale qui définissent le rôle des grands-parents n'hésitent pas à revenir vers des clichés archaïques de grands-mères dynamiques asexuées et réduites aux liens maternels. Les femmes restent toujours menacées par les dérives sexistes des sociétés apparemment libérées, mais en fait tout juste évoluées. Devenues grands-mères, comme la femme de notre exemple, elles se résignent parfois au rôle de mamie confiture qu'elles décriaient il y a peu dans leur salle de gym. Une grand-mère moderne doit être un exemple de vitalité, de liberté et d'autonomie, mais en même temps disponible et soumise dans l'instant.

Concernant tous les membres de la famille, les grands-mères ont souvent cette attention discrète et permanente au bien-être de chacun. C'est une continuité de l'attention maternelle qui persiste quels que soient l'âge et l'éloignement des enfants.

Les grands-mères sont d'autant plus sollicitées pour toutes sortes de services qu'elles sont retraitées ou femmes au foyer. Dans ce cas, comme la grand-mère du récit, elles se retrouvent naturellement au centre des contraintes affectives de toute la famille. Elles se donnent souvent sans compter pour assumer la solidarité familiale. Dans ce dévouement, elles s'oublient souvent elles-mêmes. Leur soutien aux enfants est indéfectible. Elles ne discuteront jamais un service à rendre aux enfants. Quel qu'en soit le prix financier, psychologique ou physique, une grand-mère se sent souvent investie d'une mission, d'un devoir. Pour certaines femmes comme celle de notre exemple, ce rôle maternel a structuré toute leur vie : c'est donc vital. Cette fonction maternelle est alors essentielle, elles la perpétueront jusqu'au bout. Les besoins et les petits plaisirs personnels seront évincés au profit de la solidarité familiale. Lâcher ce rôle qui leur est imposé est impossible et terriblement culpabilisant.

Les gardes

La qualité des relations grands-parents-parents est proportionnelle à celles qu'ils nouent avec leurs petits-enfants. Plus les relations sont distantes ou conflictuelles entre les grands-parents et leurs enfants, plus elles seront distendues et éloignées avec les petits-enfants. La lignée maternelle, par laquelle se transmet l'intimité implicite mère-fille, est classiquement favorisée. Le dicton populaire : « Une fille est une fille pour la vie, un fils reste un fils jusqu'à ce qu'il prenne femme » l'atteste. Les liens affectifs mère-fille sont toujours intenses, et parfois davantage que les liens conjugaux.

Dans une société où 75 % des femmes travaillent et dans laquelle les séparations conjugales se multiplient, les problèmes de garde d'enfants sont cruciaux. Les solutions sociales sont rares et les autres très chères. Une grand-mère maternelle proche est donc précieuse. Elle est souvent désignée d'office pour prendre en charge les petits-enfants. Un refus est inenvisageable, ce serait forcément indigne. Dans notre exemple, la fille s'est installée près de sa mère comme c'est souvent le cas. Cette proximité pratique lui permet de poursuivre sa carrière en confiant le baby-sitting à sa mère forcément dévouée. Elle ne quitte pas son rythme, son planning et affiche son épuisement. Sa mère, soucieuse et soumise, obtempère. La fille, apparemment dans la maîtrise, en rajoute. Elle lui impose, comme elle doit le faire à ses subalternes, des listes de recommandations dont la grand-mère, comme la majorité des grands-parents coupés-collés, ne tient absolument pas compte. Après tout, les modalités de ce précieux soutien la regardent.

Cette disponibilité est contraignante, mais elle confère aux grands-mères une importance prépondérante auprès des petits-enfants. Les modes de garde variés comme les crèches, les haltes-garderies, l'école, le centre de loisirs ou les baby-sitters ne peuvent pas remplacer le lien affectif unique que représente leur présence. Ce lien qui se tisse alors entre grands-parents et petits-enfants est fondamental. Néanmoins, l'idéal serait de limiter ce soutien hebdomadaire trop envahissant. Le réserver à quelques impératifs, et aux nombreuses semaines de vacances scolaires.

Ce qui s'applique généralement aux grands-mères concerne évidemment leur conjoint, grands-pères biologiques ou sociaux. Certains hommes, plutôt en retraite, sont de véritables Mary Poppins. Ils assurent les gardes, jouent avec les petits et en même temps entretiennent l'habitat de leurs enfants. Des factotums magiques et efficaces qui se sont trouvé un nouveau métier affectif.

L'impossible confiance conjugale

Dans le récit, la grand-mère maternelle se substitue très nettement à la mère, mais elle occulte aussi la place du père. Elle affirme que sa fille ne lui ferait pas suffisamment confiance. Cette impression subjective est assez banale dans l'esprit des grands-mères maternelles de substitution. Ce tiers intrusif trop commode entame l'intimité parentale des couples. Dans cette situation, les hommes abdiquent en râlant et se soumettent aux désirs conjugués de leur femme et de leur belle-mère. Une castration classique, qui fait le bonheur des pièces de boulevard. Les hommes infantilisés doivent recevoir l'aval des deux femmes. Mais cette caricature ne blesse pas seulement les hommes. Pour l'épouse qui fait alliance avec sa mère, c'est aussi la perte d'un appui essentiel – son homme – qui lui permettrait de consolider sa féminité. Dans ce soutien trop bienveillant des grands-parents coupés-collés, il y a donc également un désir de maîtrise inconscient du libre arbitre du jeune couple. À leur insu, ils enrayent une fonction essentielle à la structuration du couple : celle du soutien conjugal. Un tiers se rendant trop utile empêche les partenaires de pouvoir vraiment compter l'un sur l'autre. Ils ne sont jamais sûrs de rien. Il y a toujours un doute à propos des compétences parentales, voire conjugales. Ces couples envahis n'arrivent pas à construire une solidarité indispensable à leur devenir. Ils n'ont pas l'opportunité d'explorer leurs capacités et leurs ressources personnelles pour faire face à l'adversité. En cas de danger, il y a toujours une bouée proche. On ne se noie plus, mais on n'évite pas pour autant les naufrages conjugaux.

Parfois, les parents coupés-collés entretiennent avec complaisance cette fragilité, en tolérant une immaturité perpétuelle chez leurs jeunes adultes, même lorsqu'ils deviennent parents. Le couple ne peut plus se consolider dans l'épreuve. Il se laisse porter, en conservant ses privilèges d'enfant gâté. Comme dans le récit, l'un peut continuer à se réfugier dans le sport et l'autre dans le travail. Pas de renoncement aux habitudes personnelles, les obligations de la parentalité seront toujours assurées. Toutes les contingences sont déléguées aux grands-parents : crédits, bricolage, baby-sitting… Le couple parental ne semble alors tenir que grâce à la présence et au soutien des grands-parents. Dans ce jeu de substitution, chacun renoue avec la tradition archaïque de la famille traditionnelle fusionnelle tant décriée par les coupés-collés. La caricature de la belle-mère intrusive revient au galop. C'est une manière insidieuse de perpétuer la tradition du contrôle et de la domination. Les grands-parents redeviennent des aînés peu respectés mais indispensables. Eux seuls seraient capables d'affronter les épreuves existentielles, de s'occuper des contingences, des enfants... Le jeune père du récit qui se réfugie dans le sport n'arrive visiblement pas à se situer. Il abdique docilement sa fonction de père face à l'efficacité de la grand-mère mandatée par sa femme. Pour les gardes du petit, sa femme ne lui demande pas d'être disponible, elle s'en remet systématiquement à sa mère, au demeurant ravie. Ces jeunes parents délestés de leurs devoirs conservent une illusion de liberté d'adolescents gâtés. Ils croient être capables de mener leur vie à deux sans les tracas de la domesticité et de l'éducation. Le soutien permanent les a dessaisis de leurs responsabilités parentales et, par extension, conjugales. Ils ne peuvent plus vraiment s'appuyer l'un sur l'autre. Le soutien de leur partenaire se fragilise et leur couple risque un jour de se fracturer.

Un lien trop proche

Pour les petits-enfants, un lien très proche quasi quotidien avec les grands-parents n'a pas que des aspects positifs. Dans ces situations, une certaine confusion risque de s'installer et l'enfant est confronté à une double perte de repères. Les grands-parents deviennent les parents de deux générations et les parents restent d'éternels enfants, soumis et capricieux. Dans notre exemple, la mère de Léo a l'air d'une femme de choc, pourtant elle délègue énormément sa fonction maternelle à sa mère. Elle reste alors une jeune femme carriériste, ce qui lui évite de vieillir et de se résigner à ressembler à sa mère. L'abnégation maternelle n'est envisageable à ses yeux que pour la grand-mère ; pour elle-même, ce serait l'obligation d'un choix forcément frustrant. Cette délégation si pratique lui retire pourtant la possibilité d'une complicité maternelle. Le lien d'amour avec son fils n'est pas rompu, mais son statut maternel devient flou.

Par ailleurs, dans cet exemple, comme dans de nombreuses situations, la mère qui délègue trop de temps parental à la grand-mère risque de gommer la responsabilité paternelle. Comme on l'a vu, le père, exclu, fuit dans le sport et évite aussi de se rendre très disponible pour son fils. L'enfant récupéré par la grand-mère maternelle pourrait finir par croire qu'il est un peu encombrant. La grand-mère, soumise aux injonctions de sa fille, poursuit son rôle de mère et destitue inconsciemment les parents du petit-fils. Elle perd sa précieuse position générationnelle.

Ce télescopage de générations est apparemment bien vécu dans les « familles tribu » qui ne se décollent jamais. Des mécanismes inconscients déterminent cette impossible séparation. Gare à ceux qui veulent prendre le large ! Ils trahissent le clan et encourent l'exclusion. Pour les petits-enfants, le risque majeur est d'être toujours fragile et perdu à l'extérieur du groupe familial. Il s'ensuit des difficultés de repérages identitaire et temporel, et souvent des difficultés d'apprentissage scolaire. L'extérieur familial devient dangereux, il faut toujours s'empresser de retourner au nid.

Dans ces conditions de rapprochements quotidiens, les liens de parenté risquent de devenir très flous. Les grands-parents dévoués seront vécus comme des référents tout-puissants qui rivalisent avec les figures et l'autorité parentales. Il s'avère alors difficile pour les enfants d'envisager l'avenir sans avoir la proximité de ses parents/grands-parents pour affronter toutes les épreuves de l'existence. Sorti du cercle protecteur de son environnement, l'enfant devient craintif.

Le soutien aux enfants est incontournable. Cependant, bien qu'il soit pratique, il faut se méfier d'un engagement sans limite auprès des petits-enfants. Ce qui devrait être un service ou un dépannage ponctuel se révèle vite une obligation sans fin. Il est préférable de limiter ces soutiens et de les assouplir. La responsabilité parentale doit rester du côté des jeunes parents. La plupart des grands-parents coupés-collés ont dû assumer cette charge parentale, sans demander une aide quotidienne à leurs parents. Ils ont été contraints à des concessions sur leurs loisirs et leur carrière, mais ils ont un lien affectif puissant qui s'est construit autour de cette prise de responsabilité. De plus, la délégation éducative risque de faire perdre un précieux rôle générationnel. Les petits ne situent plus la place des grands-parents et les jeunes parents finiront par se sentir vraiment spoliés. Au moindre dérapage ou « manquement », des conflits aigus peuvent apparaître et faire éclater ces liens trop proches.

L'indépendance résidentielle

Quand on devient adulte, partir du foyer familial, si confortable soit-il, devient indispensable. Cet éloignement, souvent relatif en termes de distance, permet de se libérer de la promiscuité et de l'emprise parentale. Trop d'années de proximité entretiennent les conflits de l'adolescence.

Le nouveau lieu d'indépendance est souvent trouvé par les parents. Malgré des salaires moyens, il est très difficile de se loger sans leur caution. Médiocre ou somptueux selon les moyens parentaux, le nouvel habitat rompt définitivement avec la chambre d'ado. Une véritable étape d'autonomie, relative, qui donne vraiment le sentiment d'être chez soi.

Cependant, même après des années d'éloignement, l'indépendance résidentielle des jeunes adultes n'est jamais totale. Les enfants demandent souvent des coups de main pour leur installation. Ils supposent que leurs parents coupés-collés seront disponibles et corvéables. Ils acceptent le soutien et les subventions qui sont devenus des allégeances filiales naturelles. Ils souhaitent qu'on les assiste, mais ils supportent mal la critique, voire le conseil éclairé. Les agencements utiles les mieux pensés doivent être impérativement négociés, sinon gare aux conflits. Comme dans le récit, le moindre aménagement peut prendre une tournure guerrière. Sur ce terrain hypersensible, toute ingérence dans l'habitat des enfants peut être vécue comme une intrusion insupportable, une véritable persécution. Il est préférable de ne pas trop vouloir peaufiner l'installation du domicile des jeunes adultes sauf s'ils le demandent clairement.

L'enfant écran

Certains jeunes adultes, comme le jeune Lucas, restent parfois coincés près d'un de leurs parents pour des raisons bien plus profondes qu'une hésitation d'orientation scolaire. Nous l'avons déjà évoqué à propos de ces étudiants indécis qui oscillaient entre un désir d'autonomie et de dépendance. Ici, le jeune homme est clairement identifié à un grand bébé. Malgré ses 24 ans, il serait plutôt le frère aîné que l'oncle du petit Léo. Cette continuité de filiation semble réjouir sa mère qui collectionne leurs portraits.

En présence d'aînés et de tout-petits, cette illusion maternelle de continuité est assez banale. En revanche, elle devient troublante quand elle entrave les possibilités d'indépendance du grand. Les garçons, déjà naturellement plus immatures que les filles, peuvent se complaire à jouer les grands frères de leur neveu pour satisfaire la fibre maternelle. Ils ne quittent plus maman et remplacent symboliquement le conjoint absent ou manquant.

Dans notre exemple, la conjugalité vieillissante ne semble pas au mieux. Le père rentre très tard et se plonge dans son ordinateur. Il y a apparemment peu de communication et de tendresse dans le couple. La mission maternelle a l'air bien plus gratifiante que les rapports conjugaux. Dans ce contexte, conserver son petit dernier pour la route n'est pas qu'une caricature. Avec les aléas de crise économique et de scolarité, cela devient tout à fait acceptable voire admirable. Pourtant, chacun sait combien une occupation majeure peut faire écran à des manques et à des douleurs affectives. Qu'il s'agisse de fuir dans le travail, d'avoir des engagements exclusifs, des passions dévorantes, ou tout simplement d'être constamment débordé par les contingences et la prise en charge des enfants. L'écran de ce qui se transforme en obligations essentielles est très efficace. Il évite de penser à son mal-être. Dans le récit, la conservation sous cloche du grand petit dernier souligne aussi un désir œdipien évident. Ce désir est partagé entre une mère tendrement envahissante qui soigne sa solitude conjugale et un jeune adulte qui panique sur l'avenir, préférant rester dans le chaleureux giron maternel. Le nouveau statut de grand-mère, affublée socialement d'un rôle essentiellement maternant va bien dans ce sens. Personne ne pourra jamais reprocher à une adorable grand-mère dévouée, forcément asexuée, de se garder son dernier fils sous le coude.

Jeunes parents impossibles – parents désemparés

Josette ne peut jamais se retenir. Elle me sort toujours ses albums de grand-mère. Toutes ces saynètes rougeaudes d'admiration autour des petits corps grassouillets. Un peu de purée sur un gilet, un sourire édenté, des jouets flottants… un commentaire d'une niaiserie accablante. Elle vient de partir et je me sens si seule et si vieille dans ma grande maison vide. Pourtant je n'en pouvais plus de leur vie hôtelière, de nos conflits, de nos hurlements. J'étais soulagée qu'ils partent. Mais aujourd'hui le silence est mortel. J'allume la télé et j'attends.

Mes enfants célibataires se sont dévoués à des carrières illustres. Leur père est fier de ses bosseurs si brillants. Il les exhibe à chaque repas. Seule la fameuse question sur le couple et les petits-enfants calme son étalage glorieux. Un merveilleux duo de prince et princesse de 29 et 33 ans et pas le moindre désir d'union et d'enfant. Je n'en dors plus. Le généraliste m'a conseillé un psy. Je triture mon passé, je pleure, je m'en veux pour des raisons tordues. Il m'écoute patiemment, il n'y peut rien, mais ça me défoule.

Julien est mon agité-pressé. Une course perpétuelle entre bureau, aéroports et stages de plongée. Il fait le fier, mais il est toujours perdu avec le moindre papier. Son père l'assiste en permanence. Ils s'envoient des mails pour résoudre chaque mystère, depuis la sécu jusqu'aux impôts. Moi, je me contente des lessives et du repassage. En dehors du job et de sa passion, il n'a pas une minute d'espace. Alors un couple et un bébé, même pas en rêve…

Émilie, c'est l'inverse : l'affalée-statique. Elle travaille tout autant, mais reste collée à ses écrans autant en semaine qu'en week-end. Quand elle était ado, on s'engueulait sans arrêt, mais elle est devenue plus sympa. Pendant ses études, on sortait beaucoup, elle me confiait tout, sauf ses flirts. Depuis des années, en dehors du téléphone quotidien, je ne la vois plus que le dimanche, son seul jour de repos. Notre rituel chocolat profite des fermetures boursières. On parle de tout, on dénigre toujours un peu son frère, mais interdiction d'aborder la question des amours. Dimanche dernier, après le thé, je me suis lâchée en lui avouant mes rêves de grand-mère. Elle m'a hurlé qu'elle avait suffisamment de boulot comme ça. Que les enfants sont des charges avides et excitées. Le stress la poursuit assez. Elle ne veut pas finir comme moi, une angoissée éternelle, déjà qu'on est toutes les deux accros au chocolat. Et puis, à presque 35 ans, c'est trop tard, elle risquerait l'anormal. Elle a continué à vitupérer sur les nouveaux pères adeptes du gagatisme mielleux et de la PlayStation, férus de pédo-psy et ronflant paisiblement les nuits où bébé hurle dans les bras de sa mère. Je n'ai pas insisté, on a fini la boîte de chocolats. À dimanche prochain !

Le nid vide

Comme l'illustre cet exemple, après le départ de plus en plus tardif des enfants, les parents sont soulagés. Ils vont pouvoir respirer, en finir avec les conflits d'adolescent éternel, s'occuper d'eux. Paradoxalement, ce soulagement se transforme parfois en douleur. L'absence des enfants sonne le glas d'une période de vie, la nouvelle ère étant autant espérée que redoutée. Seuls ou en couples, les parents ressentent alors un malaise aux résonances mélancoliques.

Cette nostalgie, appelée « syndrome du nid vide », apparaît chez les deux parents, et plus particulièrement les mères au départ du dernier enfant. Cet envol des petits, attendu et indispensable à leur épanouissement, n'en est pas moins douloureux. Les femmes actives ont, comme les hommes, l'écran du travail pour supporter la perte. Les autres, comme la mère du récit, font de vraies dépressions. Souvent, le contrecoup survient quelques années plus tard. La maison est vide, « le silence est mortel ». Les parents se sentent profondément seuls et mutilés. Cette phase coïncide avec la cinquantaine et ses craintes existentielles. Pour les femmes, cela survient à la période troublée de la ménopause qui accuse de surcroît la fin de la maternité. Les hommes se retrouvent face à leur couple après avoir expérimenté avec leurs enfants l'intensité de la tendresse paternelle. Les parents délaissés ne parlent que de leurs enfants et attendent désespérément un coup de fil, un service à rendre, même si c'est agaçant. Ils préfèrent être envahis plutôt que de se retrouver seuls.

La mère de notre exemple éprouve intensément cette angoisse qui se double de son manque de petits-enfants. Elle ne peut pas assurer une continuité de son rôle maternel, elle doit se contenter de la domesticité du fils et de quelques moments tendus avec sa fille. Le nid reste désespérément vide. Sa disponibilité et sa tendresse ne semblent réservées qu'aux enfants. Dans sa détresse, elle n'entrevoit qu'un rôle parental arraché. Face à cette impossibilité d'être grand-mère, elle risque de coller inconsciemment sa fille. Malgré une relation tendue, elles partagent leur mal-être et, dans le fond, elles restent ensemble. Ces angoisses la conduisent chez un psy où elle découvrira peut-être une issue, comme le recours à la vie conjugale. Dans cet espace vide laissé par les enfants, la conjugalité peut reprendre une place importante. Elle n'est plus occultée par les contingences éducatives et laborieuses. Saura-t-on être aussi attentif et tendre avec son conjoint qu'avec les enfants ? Il s'agit d'une véritable nouvelle vie à deux qui doit se chercher un sens sous peine de naufrage. C'est le moment de se retrouver, si c'est possible !

Entre la mère et la fille

L'intensité des liens mère-fille est classique. La relation est si intense et si complexe dans ce couple mère-fille qu'il est bien difficile d'y voir clair. On ne se sépare jamais de l'emprise maternelle. C'est la mère qui donne la vie et qui ressent, avec son enfant, les premiers émois les plus intimes qui permettront son évolution. En mettant au monde une fille, elle lui transmet cette faculté essentielle. C'est peut-être ce qui maintient autant le lien toute la vie durant.

Jusqu'à une époque récente, les mères assistaient systématiquement leurs filles dans la mise au monde des enfants. Elles avaient une fonction de passage et de transmission du maternage. Aujourd'hui, malgré le report éternel du désir d'enfant, la plupart des filles restent proches de leur mère. Celles-ci continuent d'incarner la protection et le soutien. Elles sont souvent les confidentes des problèmes affectifs. À l'adolescence, la relation se conflictualise, les jeunes filles ont besoin de s'affirmer et de se distancier. Elles acquièrent une identité féminine et sont parfois prêtes inconsciemment à haïr leur mère pour se sentir exister. Cependant, il est impossible de la perdre vraiment, sous peine de détresse assurée. Alors, après une longue époque de dramaturgie pénible, ces tensions s'apaisent. Mère et fille se rapprochent. La mère ci-dessus décrit bien cette évolution et la complicité qu'elle a retrouvée après une période de crises. Cette connivence est classique tant qu'un amoureux ne la brise pas. Le couple mère-fille peut parfois se suffire à lui-même, dans une promiscuité anti-homme banalement retrouvée dans toutes les réunions féminines. Ce qui est un jeu de rapprochement affectif peut aussi devenir un piège.

Classiquement, les filles (surtout l'une d'entre elles) ne s'éloignent pas trop géographiquement de leur mère ou s'en rapprochent affectivement avec leur première maternité. Avec la mobilité professionnelle cependant, cette généralité ne se vérifie pas toujours. Pourtant, certaines jeunes femmes, comme celle du récit, gardent un lien d'attachement profond avec leur mère. Malgré leur indépendance financière, elles ne semblent pas pouvoir le rompre pour y revenir plus tard. Les rapports restent alors infiltrés de tensions adolescentes et sont très ambivalents. Dans le récit, la fille tient à avoir sa mère proche et corvéable, mais dès qu'elle la sent un peu intrusive, elle sort ses griffes. Pourtant, elles ne se lâchent pas et se téléphonent sans cesse sous des prétextes futiles. C'est une caricature des besoins paradoxaux d'autonomie et de dépendance des adolescents qui ne paraît pas trop s'éteindre. Par ses dimanches chocolat, comme auparavant ses sorties ciné, la mère conserve son lien de proximité. Toutefois, elle alimente sa propre anxiété par les silences explicites de sa fille quant à ses difficultés amoureuses. Impossible d'aborder ce sujet si sensible. Dans ces conditions, la transmission originelle de la maternité semble définitivement rompue. La mère se culpabilise et cherche à savoir ce qu'elle a pu faire pour en arriver là. Avoir une fille si brillante et si mal à la fois. Les raisons de ces blocages sont souvent très obscures. Un ensemble d'origines pourrait les justifier, mais le plus facile est d'incriminer la maman, mère de tous les maux ! Si la fille ne le fait pas, sa mère coupée-collée bourrée de culpabilité s'en chargera.

Les liens mère-fille sont ainsi si intenses qu'il importe de les ménager en prenant une juste distance. Ceci évite qu'ils ne se transforment en conflit d'où les acteurs sortiront tous vaincus.

Entre le père et le fils

Les liens affectifs entre le père et le fils se sont édifiés entre amour, culpabilité et rivalité. Dans toutes les théories psys, on revient éternellement au père séparateur archaïque et œdipien qui fait barrage à la relation exclusive de l'enfant à sa mère. Comme on l'a vu précédemment, ces rapports père-fils sont essentiels à l'adolescence, lorsque se rejouent les identifications et l'identité de genre. Les pères coupés-collés actuels, plus tendres et plus maternants, n'en restent pas moins des modèles de référence pour leurs fils. Le processus d'adolescence oblige à instaurer une certaine distance affective avec les parents. Pour s'affirmer, filles et garçons ont besoin de se dégager en partie de leurs modèles parentaux. L'imprégnation paternelle se superpose alors à celle des pairs et des adultes idéaux. Cette séparation-individuation ne se fait pas sans tensions psychiques et une certaine culpabilité. La résolution de ces conflits intérieurs se fera en fonction des rapports plus ou moins difficiles que les jeunes hommes auront pu entretenir avec leur père. Ceci est relayé dans de nombreuses cultures, où les fils doivent le respect inconditionnel au père et maintenir un écart d'affection manifeste. Dans nos sociétés, la plupart des pères coupés-collés ont eu des rapports étroits et attendris avec leurs enfants, filles ou garçons. Cette affectivité autrefois réservée aux seules mères s'est bien assouplie depuis plus de trente ans. Les pères ne sont plus des nouveaux pères trop maternants, mais tout simplement des hommes ayant pu expérimenter un lien affectif puissant avec leurs enfants. Ceci ne leur retire pas leur virilité, elle l'enrichit, au contraire. Qui peut vraiment regretter ces pères incapables de communiquer, intolérants et brutaux ?

Cependant, la complicité et la chaleur que les pères ont eues avec leurs enfants correspond à une période infantile qui est forcément bousculée par l'adolescence. Pour leurs filles, ce lien d'emprise infantile est renversé par l'apparition des désirs sexuels. Pour leurs garçons, tout se reporte sur les groupes de pairs. S'affirmer en tant qu'individu nécessite irrémédiablement une distance affective avec leurs gentils papas. Certains pères ne le supportent pas. Angoissés de cette séparation, ils tentent de conserver sous cloche leurs enfants. Ce qui était dévolu classiquement aux mères poules est désormais bien partagé par les pères collants. Comme ils ne peuvent plus utiliser les vieilles recettes totalitaires de l'autoritarisme, ils cherchent des astuces de séduction pour conserver ce lien. Cette manière inconsciente est évidemment plus efficace. Cependant, elle est souvent décryptée par des adolescents qui ne veulent pas rester sous un contrôle affectueux et encore moins s'encombrer de leur père pendant leurs loisirs. Ils préfèrent être entre eux plutôt que de partager une activité très attractive avec leur père. À l'âge adulte, il y a une modulation de cette mise à distance. Les jeux et les activités sportives redeviennent un terrain d'entente pour revivre les moments magiques et intenses de l'enfance. Habituellement, cela se réduit à quelques instants sporadiques, un séjour de ski, une ascension, une semaine d'hôtel-club… Dans ces rares moments, pères et enfants continuent à jouer ensemble comme aux temps infantiles. Il est très rare que les fils et leurs pères partagent ensemble la même passion. Il y a souvent des liens d'identification, mais chacun a son domaine. Certaines familles d'artistes font peut-être exception à la règle.

Une autre façon classique de conserver un certain lien de dépendance est bien imagée dans le récit. Le père, comme bien des mères, décharge son fils de la paperasse administrative. Il devient secrétaire, expert en assurances, conseiller fiscal et financier… Le jeune homme est ravi de cette prise en charge et se laisse porter, comme il le fera peut-être plus tard avec sa femme. Il conserve forcément un lien permanent avec papa sous tous les prétextes administratifs, qui ne manquent pas. Ainsi le père ne le lâche plus, il continue à maintenir un contrôle quotidien malgré l'indépendance relative de son fils.

Ces liens trop étroits masqués par des obligations semblent naturels, pourtant ils empêchent parfois les jeunes hommes de se détacher de leur enfance et de ce lien paternel chaleureux et ultra-efficace. En outre, cette maîtrise utile occulte toute possibilité de rivalité. Impossible de faire face à la pression procédurière de la réalité quotidienne, seuls les parents coupés-collés savent. C'est peut-être ce qui est illustré dans notre exemple, où chaque parent a son enfant à lui. L'autonomie administrative problématique de tous les jeunes est banale, trop l'assister l'encourage. L'ensemble de ces liens d'entraide-contrôle constituent une véritable emprise parentale qui empêche apparemment les jeunes adultes d'avoir des relations affectives en dehors du cercle familial.

La crainte de l'engagement familial

Comme on l'a signalé à plusieurs reprises dans les chapitres précédents, la crainte de l'engagement dans les responsabilités d'adultes effraie souvent les jeunes. Ils résistent par des moyens plus ou moins subtils, allant de la dépendance des Tanguy à l'indécision scolaire et professionnelle. Toutes ces modalités se font souvent, on l'a dit, avec la complicité active, consciente ou non, des parents coupés-collés.

L'appréhension de la parentalité est certainement ce qui est le plus évident. Les jeunes adultes attendent très longtemps le bon moment, la bonne personne pour se lancer dans l'aventure parentale. Cette attente est parfois éternelle, avec des exigences de plus en plus drastiques. Le célibat comporte des avantages de liberté que le couple risque fort d'anéantir. Il faudra renoncer à une partie de soi pour tenir compte des désirs de l'autre. Faire des compromis, avoir des frustrations et risquer de finir par ressembler aux parents. Devenu jeune adulte, la défiance de l'engagement amoureux est surtout associée à la parentalité qui y est naturellement liée.

Dans notre exemple, la jeune femme illustre bien ces craintes. Elle a une représentation cocasse des jeunes pères, qui n'est peut-être pas si éloignée de la réalité. Toutefois, ces clichés ne justifient pas son évitement à l'égard de toute relation affective. Elle ne conserve un lien qu'avec la mère, isolée elle aussi. Elles partagent leurs solitudes réunies. Cependant, la mère semble y réagir et, malgré les risques de conflits, elle exprime son sentiment d'inquiétude. Sa complaisance commence peut-être à céder avec la prise de conscience de sa thérapie. Pour le fils, la relation au père semble tout aussi proche sous couvert d'inaptitude administrative. Passion et travail intense laissent peu de place aux engagements affectifs. Ce remplissage du temps est parfois un écran pratique pour ne pas penser à soi. On peut rester un adolescent éternel qui joue avec ses petits amis et qui compte sur son papa si efficace. À la différence de la sœur qui est ramenée aux standards culturels de la féminité, le frère peut conserver cette posture ludique sans crainte du jugement social. Sa peur de la parentalité n'est même pas pensée : ce sera peut-être pour plus tard ? Les pères (et les mères) tardifs sont si fréquents aujourd'hui. En Inde, un homme de 94 ans vient d'être père !

Jeunes parents tardifs – parents traditionnels

Le coffre est bien garni. J'espère que nous n'avons rien oublié. Plus ils sont petits, plus ils prennent de place. Dans quelques heures, on sentira la mer. J'ai tant de souvenirs joyeux de cet endroit. Mes deux aînées y vont depuis toujours, elles se sont multipliées d'enfants bio et sociaux. Leurs conjoints sont des vrais gendres idéaux charmés par l'efficacité hôtelière des parents. Dans la maison rose, tous les désirs sont forcément comblés. La famille avant tout ! L'inverse de chez Julie où les parents recomposés n'ont jamais le temps ni l'envie de nous recevoir. Chaque été, nous recevons des cartes de la tribu extensive. Depuis cet été où j'avais tant joué avec les neveux, nous ne sommes jamais revenus. Julie étouffait devant tant de complicité. Maman avait enfoncé le clou en lui demandant chaque jour : « À quand le petit ? » Julie s'était braquée. Elle coupa les ponts, refusant le moindre service et surtout le fameux séjour balnéaire. Elle me répétait chaque jour que j'étais sa seule famille et qu'elle ne voulait compter que sur moi. J'étais flatté et j'ai cédé à sa demande d'isolement. Mais à 35 ans, après des années de silence, nous y retournons. Gabriel, notre archange tant attendu, va enfin nous réconcilier avec la tribu. Papa a agrandi la maison. Un studio indépendant nous attend. Je pense à ses grosses mains ébréchées de bricolage. Julie est crispée, elle n'a évidemment pas mon enthousiasme. Elle ausculte le harnachement de Gaby dans le siège auto. Sur la route, elle reparle encore de sa grossesse pénible, si longue avec les risques de malformations qui l'ont clouée au lit à en devenir une plante. Plus jamais ça ! C'est parti, elle s'enflamme et rien de tel que la voiture pour une belle engueulade. La farandole de reproches psy est déroulée : je suis soumis à ma mère, je lui ai forcé la main pour agrandir ma tribu… Gaby hurle et calme le jeu. Je m'arrête en expirant longuement, Julie a les yeux brillants. Elle câline notre archange et m'embrasse.

La plage est gavée de soleil. J'ai trempé Gaby dans un trou de marée. Julie est splendide, si sexy. Elle joue au badminton avec ma sœur. Gabriel l'observe, il balance sa petite main tenant une raquette invisible.

Parents, un jour viendra...

Si la vie de couple moderne ne rime plus forcément avec l'envie d'enfant, il réside en chacun un désir d'être un jour parent. De nos jours, en contrecoup à une adolescence interminable, la parentalité se fait attendre. Le premier enfant arrive autour de la trentaine, cinq ou six ans après qu'on a quitté le nid familial. Cela laisse aux jeunes le temps de l'expérience de la vie à deux, de l'assise professionnelle et du choix du partenaire. Ainsi, pour tous les couples, l'envie et l'arrivée d'un bébé déterminent un réel engagement.

Pour certains couples comme celui de notre exemple, l'attente est plus longue. Des déterminants variés retiennent l'échéance de la parentalité. Dans le récit, c'est apparemment la jeune femme qui a du mal avec ses désirs d'enfant. L'idée de la maternité évoque inévitablement les rapports qu'elle a eus avec sa propre mère. C'est la pression inconsciente considérable d'une mère plus ou moins bien intériorisée. Si, durant l'enfance ou l'adolescence, les relations mère-fille ont été désastreuses, l'accès à la maternité ultérieure sera compliqué. La mère en soi sera menaçante et risquerait de détruire le bébé. Il en va de même avec les relations au père. Une future mère revit inconsciemment ses désirs œdipiens d'avoir un enfant du père. Elle a besoin de l'appui et de l'accord de son père et de sa mère réels pour se lancer dans l'aventure et lâcher ses craintes et sa culpabilité de petite fille. Il est préférable d'apaiser les tensions et les conflits internes avec ses parents avant de pouvoir enfanter.

Par ailleurs, la jeune maman ci-dessus semble choquée par ce trop-plein fédérateur de la « famille tribu » de son mari. Elle-même a des parents très différents, qu'elle sent surtout préoccupés par leurs nouvelles recompositions familiales. C'est une configuration banale aujourd'hui. Une société qui donne tant d'importance à l'enfant, mais qui se soucie peu de la continuité de ses liens d'attachement. La jeune femme du récit, comme de nombreux jeunes, ne croit plus à la cohésion et à la stabilité familiales. Ce processus, pourtant logique, est devenu si rare qu'il en paraît suspect. Dans ces conditions incertaines, à quoi bon se projeter dans un avenir familial qui explosera sûrement ou ne serait qu'une mascarade ? Autant différer ce projet incertain et dangereux. L'attente peut alors se prolonger autour de 35-40 ans, avec des risques de maternité compliquée et d'envies de perfection pour le futur enfant.

Les craintes

La grossesse et l'accouchement ne sont évidemment pas des maladies. Mais leur encadrement médicalisé signale qu'ils comportent des risques. Durant la croissance fœtale, tout peut arriver. Les aînés en ont souvent fait les frais avec des accidents et des malformations inattendus occasionnés par toutes sortes d'incidents pré- ou postnatals. Avec les progrès scientifiques, la prévention précoce est désormais très pointue. Les maternités tardives (jusqu'à 45 ans) sont encadrées par une série d'examens pouvant déterminer de plus en plus finement un risque de maladie ou d'anomalie. Certaines femmes à risque, comme Julie, sont contraintes à rester couchées durant une bonne partie de la grossesse. Ce repos obligatoire souligne l'entrave de liberté qui s'annonce avec la parentalité. Pour un premier enfant, cette annonciation-prison risque d'enrayer les processus psychiques naturels d'appropriation du futur bébé. Pour certaines mères, c'est l'enfer qui débute, mais pour la plupart c'est le signe évident du changement. Un moment particulier qui contraint à se consacrer entièrement à cette nouvelle existence. Une manière excessive, mais claire, de souligner qu'avec l'enfant il faudra forcément changer de rythme et bouleverser sa vie.

Cette situation reste heureusement rare, mais n'empêche pas certains parents de redouter d'avoir un enfant malformé. Une peur classique majorée par un hygiénisme hypersécurisé qui voudrait des naissances à risque zéro. Quoi qu'il en soit, une part de doute reste nécessaire dans le psychisme entre l'enfant réel à venir et celui imaginaire qu'on espère ou qu'on appréhende. Ce doute, s'il n'est pas trop envahissant, sera utile pour se préparer à l'épreuve de la singularité de chaque nouvel humain.

Inutile de chercher des rationalisations pseudo-scientifiques sur internet. Les futurs grands-parents sont beaucoup plus utiles pour endiguer ce genre de craintes anxieuses. Ayant eux-mêmes traversé ces affres, ils peuvent rassurer les parents inquiets. Ils sauront rappeler simplement qu'on a toujours peur de perdre ce que l'on aime par-dessus tout. Ceci prouve surtout qu'avant terme les jeunes adultes sont déjà des parents responsables et attentionnés.

Cet exemple souligne la nécessité d'entretenir ou de restaurer de bons rapports affectifs avec ses parents. Malgré leurs défauts naturels, cette qualité de soutien démontre la valeur et la profondeur de ces liens.

Un couple consolidé

Dans le récit, la jeune mère écarte fermement ses beaux-parents. Elle va jusqu'à refuser le moindre service. Le jeune couple doit se débrouiller sans aucun soutien familial, malgré la proximité de parents coupés-collés attentionnés. La jeune femme réduit la famille à son seul compagnon, flatté de cette marque d'amour pourtant excessive. Pour exister, Marie s'appuie essentiellement sur son conjoint. Elle semble très accaparante, mais cette confiance absolue aide aussi son compagnon à se détacher de ses tendres liens œdipiens (autant maternels que paternels). Ce procédé de captation amoureuse peut paraître étouffant, mais lorsque les sentiments sont partagés, il finit par viriliser les hommes. Les deux partenaires du couple s'appuient l'un sur l'autre. Ils renforcent ainsi leur personnalité et leurs projets d'avenir. Devenus de jeunes parents isolés, ils sont contraints de se créer une nouvelle famille, comme l'avaient fait à leur âge leurs parents coupés-collés. Pour certains jeunes adultes traumatisés dans leur enfance par des séparations, cette union cloisonnée devient indispensable. Le couple répare les blessures infantiles et renforce les failles de la personnalité. Les jeunes couples ont besoin de temps et d'expérience pour ressentir les effets de cette reconstruction. Les grands-parents les plus attentionnés sont contraints d'attendre. Dans le récit, le jeune homme semble souffrir de sa rupture familiale, mais il s'est néanmoins construit une personnalité solide avec sa femme et occupe une place générationnelle très claire. Cet enfermement conjugal a donc des bénéfices. Si elle n'est pas exagérée, cette mise à distance est très utile pour consolider le couple. Les parents coupés-collés, qui devraient y voir une transmission de leurs valeurs d'autonomie, ne le supportent pas vraiment.

La rivalité mère/bru

Il est classique de dire que les femmes amoureuses enlèvent le fils à sa mère. Ceci suppose une mère envahissante et castratrice, qui maintiendrait son garçon dans une passivité infantile. Ce fils à sa maman ne pourrait jamais devenir un homme et avoir une relation conjugale. Cette caricature est très rare même si les mères et les pères coupés-collés courent les rues. En fait, ce qui supprime en partie l'emprise maternelle chez les garçons est leur accession à la paternité. Leurs femmes devenues de jeunes mères prennent définitivement la place maternelle. Le fils a désormais deux mères auprès de lui : celle biologique qui lui a donné la vie, et celle qui s'est constituée avec lui. La jeune mère destitue la vieille et la renvoie au statut secondaire de grand-mère paternelle. L'échelon généalogique est pourtant clair, mais la rivalité amoureuse revient contre toute attente à ce moment intense de la parentalité. Cette situation tendue de rivalité se mêle à la joie immense d'avoir un nouveau bébé.

De la même manière que pour la fille, le fils devenant père revit ses rêves œdipiens d'enfant : période bénie où il souhaitait garder sa maman pour lui seul en excluant le père. Ce rapprochement inconscient peut sembler curieux au moment où ce jeune papa devrait justement se détacher de sa mère. Pourtant, il se sent plus vulnérable et a profondément besoin d'elle. Bien des brus, agacées par ce retour régressif de relation affective entre mère et fils, pourraient en témoigner. Les brus en rajoutent alors avec la crainte d'être spoliées de leur enfant. Une peur classique du vol d'enfant par les ogresses carnivores. L'enfant devient alors un trésor précieux qu'on ne confiera à personne, surtout pas à la belle-mère qui voudrait l'accaparer. Ce sentiment d'exclusivité permet de ressentir combien les enfants sont essentiels et précieux. On ne les lâchera pas.

Cette rivalité et ces craintes de rapt sont aussi agaçantes que nécessaires. Chacun commence à prendre sa place générationnelle.

Avec le temps, les tensions s'apaiseront et les grands-mères les plus astucieuses se résigneront à entretenir des liens positifs avec leur belle-fille. Cette bru rarement adaptée à leurs désirs, leur fils l'a tout de même choisie (et souvent inconsciemment en rapport avec sa propre mère). De plus, elle a fait avec lui des petits-enfants, qui sont les miracles de la perpétuation familiale. Les règles d'or des relations grand-mère/bru sont alors le compromis et le silence. Point d'hypocrisie, mais de la délicatesse pour éviter l'affrontement et la rétention de petits-enfants.

La création familiale

Dans notre exemple, le jeune père a besoin de retrouver l'ensemble de sa famille. Sa femme avait rompu les liens, son fils les renoue. Il les inscrit tous les deux dans la lignée généalogique. Sa femme ayant eu une famille désunie ne le comprend pas, mais elle en a autant besoin que lui. On ne construit pas une famille en occultant ses origines, fussent-elles funestes.

Le jeune père a besoin de prouver à son père qu'il est capable lui aussi d'entrer dans le cercle paternel. Lorsqu'il présente son enfant à son père, il en fait un acte hautement symbolique. Il devient un homme et s'éloigne de la culpabilité infantile inconsciente. Il pourra revivre psychiquement des fantaisies infantiles avec un décalage évident. Il sera capable de pardonner les erreurs de ses parents, qu'il reproduira peut-être lui-même avec son bébé. Il prendra de la distance avec ses ressentiments d'enfant et relativisera ce qu'il croyait être des traumatismes.

C'est une épreuve essentielle, qui permet de s'identifier pleinement à une image paternelle. Le fils s'intègre dans l'histoire familiale. L'enfant crée le père, mais sa présentation au grand-père l'instaure définitivement.

Les liens familiaux sont toujours chargés d'histoires, de nostalgie magnifiée et de rancœurs. C'est un attachement essentiel, forcément imparfait. Chaque jeune parent ressent cette nécessité de se rattacher à une famille. Le nouveau-né rappelle cette exigence. À l'heure de l'éclatement social et familial, il souligne l'indispensable sentiment de continuité qui structure l'espèce humaine.

Conclusion

À travers toutes les situations présentées dans l'ouvrage, nous avons pu percevoir l'étendue et la complexité des liens d'interdépendance entre parents et jeunes adultes.

Les parents qui s'étaient construits en opposition au modèle familial traditionnel ont voulu inverser ce qu'ils pensaient être un avilissement. Dans leurs familles, ils ont inventé un nouveau style de communication et d'éducation plus ouvert. Ils ont mélangé les idéologies libertaires et humanistes à la psychologie de l'enfant. Désabusés du collectif, ils ont édifié des bulles individuelles trop fragiles, qui ont souvent éclaté.

Après s'être autofondés dans l'indépendance, ces parents coupés-collés affichent fièrement leur soutien et leur protection. L'élan de solidarité qui a porté leur jeunesse survit dans l'intime familial. Ils reviennent même vers les vieux parents fragiles qu'ils avaient autrefois abandonnés.

Anxieux et coupables, ils redoutent de laisser leurs jeunes adultes affronter le tumulte social et affectif qu'ils ont créé. Ils aimeraient leur épargner toute souffrance. Eux seuls sont en mesure de supporter la rupture. Le soutien parental est devenu inconditionnel, la séparation impossible.

Les jeunes adultes sont contrôlés, dépossédés de leurs angoisses et de leurs erreurs. Il faut les surprotéger d'un monde chaotique, pourtant pacifié. Chaque étape de leur vie est encadrée, balisée. Devant leurs impasses et leurs souffrances, l'anxiété parentale est devenue la défense incontournable. Ils n'auraient plus rien à craindre. Ce protectorat continuel risque pourtant de les vider de leur élan vital. Ils conservent trop longtemps leur malaise d'adolescent et se sentent persécutés. Ils se retrouvent alors coincés dans une phase de transition persistante du doute et de l'incertitude. Cependant, après une longue attente surprotégée, la chrysalide finit par enfin craquer. L'inconnu inquiétant devient une issue possible.

Pourtant, en guidant et en protégeant leurs enfants, les coupés-collés ne les ont pas forcément asphyxiés. Ils ont pu saisir la profondeur et la nécessité des liens filiaux qu'ils avaient souvent reniés autrefois. Cette proximité envahissante fragilise, mais elle donne aussi une véritable résistance psychique. Les individus reliés sont bien plus solides que ceux qui sont isolés.

Certains jeunes gâtés et capricieux étoufferont sous la cloche hermétique de coupés-collés avides de bonheur par procuration. Mais, la plupart s'envoleront, avec dix ans de maturité décalée. Ils auront offert à leurs parents une prolongation de leur rôle. Une décennie de rajeunissement, pour ces coupés-collés qui redoutent tant de vieillir.

Ils finiront par développer, ensemble, une conviction solide, celle de la continuité affective.

Bibliographie

Agassi André, *Open*, Plon, 2009.
Bergeret Jean, *La Violence fondamentale*, Dunod, 1984.
Bourdieu Pierre, *La Misère du monde*, Le Seuil, 1993.
— et Passeron Jean-Claude, *Les Héritiers*, Minuit, 1964.
Cyrulnik Boris, *Ces enfants qui tiennent le coup*, éd. Hommes et Perspectives, 1998.
Dolto Françoise, *La Cause des adolescents*, Robert Laffont, 1988.
— *L'Échec scolaire*, Pocket, 1989.
Dubet François, *Les Places et les Chances*, Le Seuil, 2010.
Freud Sigmund, *Trois essais sur la théorie de la sexualité*, Gallimard, 1987.
— *Malaise dans la civilisation*, Payot, 1929.
Giral Marie, *Les Adulescents*, Le Pré aux Clercs, 2002.
Gutton Philippe, *Le Pubertaire*, PUF, 1991.
Hefez Serge, *Quand la famille s'emmêle*, Hachette, 2004.
Héritier Françoise, *Masculin-Féminin*, Odile Jacob, 2007.
Mannoni Maud, *Éducation impossible*, Le Seuil, 1973.
Marcelli Daniel et Braconnier Alain, *Adolescence et psychopathologie*, Masson, 2005.

Olievenstein Claude, *La Drogue et la Vie*, Robert Laffont, 1983.
Roudinesco Élisabeth, *La Famille en désordre*, Fayard, 2002.
Valleur Marc, *Toxicomanies*, Masson, 2005.
Winnicott Donald Woods, *Jeu et réalité*, Gallimard, 1975.
— *De la pédiatrie à la psychanalyse*, Payot, 1995.
Winter Jean-Pierre, *Homoparenté*, Albin Michel, 2010.

Remerciements

Aux milliers de patients de 0 à 89 ans, qui m'apprennent tant ;
Aux artistes, plasticiens, écrivains, cinéastes, qui illuminent mon regard ;
Aux philosophes et aux psys géniaux, qui éclairent ma pensée ;
À ma chaleureuse et pragmatique éditrice, qui me fait confiance ;
À ma femme-muse, qui me soutient et m'amuse ;
À mes précieux enfants, qui s'envolent enfin…

Table

DU MÊME AUTEUR

Une nouvelle vie pour les seniors.
Psychologie de la retraite
Albin Michel, 2005

CHEZ LE MÊME ÉDITEUR

Claude Allard, *L'Enfant au siècle des images*

Annie Birraux et Didier Lauru (dir.), *Adolescence et prise de risques*

Gérard Bonnet, *Défi à la pudeur. Quand la pornographie devient l'initiation sexuelle des jeunes*

Nicole Catheline, *Harcèlements à l'école*

Pr Patrick Clervoy, *Le Syndrome de Lazare. Traumatisme psychique et destinée*

Patrick Delaroche, *La Peur de guérir*
– *Psychanalyse du bonheur*

Joëlle Desjardins-Simon et Sylvie Debras, *Les Verrous inconscients de la fécondité*

Pierre Delion, *Tout ne se joue pas avant 3 ans*

Caroline Eliacheff, *La Famille dans tous ses états*
– *Puis-je vous appeler Sigmund ?*
– et Daniel Soulez Larivière, *Le Temps des victimes*
– et Nathalie Heinich, *Mères-filles, une relation à trois*

Christian Flavigny, *Avis de tempête sur la famille*

Fernando Geberovich, *No satisfaction. Psychanalyse du toxicomane*

Dr Alain Gérard, *Du bon usage des psychotropes. Le médecin, le patient et les médicaments*
– et le CRED, *Dépression, la maladie du siècle*

Sylviane Giampino, *Les mères qui travaillent sont-elles coupables ?*
– et Catherine Vidal, *Nos enfants sous haute surveillance : évaluations, dépistages, médicaments…*

Roland Gori et Pierre Le Coz, *L'Empire des coachs, une nouvelle forme de contrôle social*

Jean-Michel Hirt, *L'Insolence de l'amour. Fictions de la vie sexuelle*

Patrice Huerre et François Marty (dir.), *Alcool et adolescence, jeunes en quête d'ivresse*

– *Cannabis et adolescence. Les liaisons dangereuses*

Jean-Marie Jadin, *Côté divan, côté fauteuil. Le psychanalyste à l'œuvre*

Pr Daniel Marcelli, *La Surprise, chatouille de l'âme*

– *L'Enfant, chef de la famille. L'autorité de l'infantile*

– *Les Yeux dans les yeux. L'énigme du regard*

– *Il est permis d'obéir. L'obéissance n'est pas la soumission*

Anne Marcovich, *Qui aura la garde des enfants ?*

Jean-Paul Mialet, *Sex æquo. Le quiproquo des sexes*

Gustavo Pietropolli Charmet, *Arrogants et fragiles. Les adolescents d'aujourd'hui*

Xavier Pommereau, *Ado à fleur de peau*

– *Ados en vrille, mères en vrac*

– et Jean-Philippe de Tonnac, *Le Mystère de l'anorexie*

Jean-Philippe de Tonnac, *Anorexia. Enquête sur l'expérience de la faim*

Jean-Jacques Rassial, *Pour en finir avec la guerre des psys*

Serge Tisseron, *Comment Hitchcock m'a guéri. Que cherchons-nous dans les images ?*

– *Vérités et mensonges de nos émotions*

– *Virtuel, mon amour. Penser, aimer, souffrir à l'ère des nouvelles technologies*

– *L'Empathie au cœur du jeu social*

Jean-Pierre Winter, *Homoparenté*

Composition IGS-CP
Impression : Imprimerie Floch, avril 2011
Éditions Albin Michel
22, rue Huyghens, 75014 Paris
www.albin-michel.fr

ISBN : 978-2-226-22093-6
N° d'édition : 19306/01 – N° d'impression : 79553
Dépôt légal : mai 2011
Imprimé en France